BIENVENUE À LONDRES

Big Ben.
imageBROKER/hemis.fr

Arriver à Londres

En train

Les trains **Eurostar** *(☞ p. 152)* arrivent en gare de St Pancras International.

En car

Les compagnies de car *(☞ p. 152)* arrivent à la gare routière de Victoria.

En avion

☞ Compagnies aériennes, p. 153.

Depuis Gatwick

Aéroport – www.gatwickairport.com.
Gatwick Express (train) – www.gatwickexpress.com. 30mn jusqu'à Victoria Station - dép. ttes les 30mn : 5h40-23h10 - 19,50 £ AS.
Thameslink (train) – www.thameslinkrailway.com. 30 à 50mn jusqu'à Blackfriars ou London Bridge - 24h/24 dép. ttes les 15mn à 1h (la nuit) - à partir de 13,20 £ aller.
Taxi – 70-100 £ jusqu'au centre (1h).

Depuis Heathrow

Aéroport – www.heathrow.com.
Piccadilly Line (métro) – 50mn jusqu'à Piccadilly Circus - dép. ttes les 5mn : 5h-23h45, tte la nuit vend. et sam. - 6,70 £ AS (5,60 £ avec CB sans contact ou Oyster Card) - www.tfl.gov.uk.
Elizabeth Line (métro) – 30mn jusqu'à Paddington - dép. ttes les 15mn : 5h15-0h - 12,80 £ AS - www.tfl.gov.uk.
Heathrow Express (train) – 15mn jusqu'à Paddington Station - dép. ttes les 15mn : 5h10-23h50 - 25 £ AS - www.heathrowexpress.com.
Taxi – 50-70 £ jusqu'au centre (50mn).

Depuis London City

Aéroport – www.londoncityairport.com.
Docklands Light Railway (DLR) – 21mn jusqu'à Bank - dép. ttes les 8-15mn : 5h35-0h15 - 6,70 £ AS (à partir de 3 £ avec l'Oyster Card).
Taxi – 35/45 £ jusqu'au centre.

Depuis Luton

Aéroport – www.london-luton.co.uk.
National Express (bus) – www.nationalexpress.com. Bus vers les gares de Paddington (1h20) et Victoria (1h45) - 24h/24 dép. ttes les 15mn à 30mn (la nuit) - à partir de 12 £ AS.
Train – www.thetrainline.com.
La navette Luton Dart relie la gare de Luton Airport Parkway en 10mn : de là, train vers St Pancras International - à partir de 32mn et 10 £.
Taxi – min. 80 £ jusqu'au centre (1h40).

Depuis Stansted

Aéroport – www.stanstedairport.com.
Stansted Express (train) – www.stanstedexpress.com. 45mn jusqu'à Liverpool Street Station ou Victoria Station - dép. ttes les 15mn : 6h-0h30 - à partir de 21,90 £ AS.
Taxi – Env. 90 £ jusqu'au centre (1h15).

Depuis Southend

Aéroport – www.southendairport.com.
Train – greateranglia.co.uk. Trains jusqu'à Liverpool Street Station (53mn ; 20,10 £ AS) - dép. ttes les 15/30mn de 5h30 à 0h30.
Taxi – 70-100 £ jusqu'au centre (1h15).

☞ Métro, mode d'emploi, p. 160.

Nos incontournables

notre sélection des plus beaux sites

★★★ Westminster et Big Ben
Plan E5-6 - p. 14

★★★ The National Gallery
Plan E4 - p. 21

★★★ La City
Plan GH3-4 - p. 48

★★★ The British Museum
Plan E3 - p. 46

★★★ La relève de la garde à Buckingham
Plan D5 - p. 24

★★★ La Tour de Londres

★★★ Les grands musées de South Kensington
Plan AB6 - p. 76-78.

★★ Notting Hill
p. 82

★★★ The Queen's Walk
et la Tate Modern
Plan FG4 - p. 60 et 64

★★★ Regent's Park
Plan BC1-2 - p. 86

Nos coups de cœur

S'offrir une balade bucolique le long des canaux de la Petite Venise *(p. 82)* jusqu'à Camden *(p. 90)*, et profiter en chemin du spectacle des péniches colorées et du Regent's Park. Le parcours peut également se faire en bateau *(voir Jason's Trip p. 163)*.

Flâner aux puces dans l'un des deux marchés mythiques de Londres : les vendredi et samedi à Portobello (Notting Hill) et toute la semaine à Camden Town (plus d'ambiance le week-end). On y furète parmi les étals et les boutiques pour dénicher de bonnes affaires, des vêtements vintage, des antiquités ou des objets de collection. *Voir p. 82 et 90.*

Prendre une bière dans un des pubs historiques de la ville, en fin de journée, notamment à Hampstead. Havres cosy et joyeux, certains s'agrémentent de banquettes en cuir, de vastes miroirs et d'antiques boiseries, d'autres s'ouvrent sur un décor de bric et de broc, un vieux juke-box, un éclairage aux chandelles ou un feu de cheminée. *Voir p. 131.*

Se prêter au rituel de l'« afternoon tea » dans le cadre élégant d'un hôtel prestigieux. Tradition oblige, le thé se prend vers 16h-17h, accompagné de *finger sandwiches* et de délicieux scones servis avec de la confiture de fraises et de la crème fraiche. *Voir p. 130 et 185.*

Se lancer dans une virée rock, pop & co à travers la ville, dans les pas des Beatles à Abbey Road, des Pink Floyd à Battersea Power Station *(p. 103)*, de David Bowie à Brixton *(p. 102)* ou encore d'Amy Winehouse à Camden *(p. 92)*, sans oublier un passage par le carnaval caribéen de Notting Hill, fin août *(p. 166). Voir aussi p. 182.*

Déjeuner au Borough Market pour l'ambiance unique du plus vieux marché alimentaire de Londres, dont l'origine remonte au Moyen Âge. C'est dans cette halte gourmande, typiquement *british*, que viennent s'approvisionner de grands chefs. *Voir p. 62.*

Visiter le Sir John Soane's Museum pour une immersion totale dans l'univers poétique de ce cabinet de curiosités. Et pour une atmosphère plus mystérieuse encore, on profite de la visite aux chandelles proposée en soirée. *Voir p. 43.*

Prendre le pouls d'un quartier en pleine mutation autour de la British Library et des gares de St Pancras et de King's Cross. Des bâtiments industriels réhabilités, où fleurissent logements, bureaux, écoles, boutiques, cafés et restaurants trendy, dessinent un nouvel espace de vie le long de Regent's Canal. *Voir p. 92.*

Ph. Renault/hemis.fr

Péniches à la jonction du Grand Union Canal et du Regent's Canal, quartier de Paddington.

Prendre de la hauteur au sommet du Shard, du Walkie Talkie (Sky Garden), du London Eye, de la cathédrale St-Paul ou sur la passerelle du Tower Bridge pour admirer le *skyline* londonien. Et si l'on changeait de point de vue sur la capitale ? Direction l'ancienne cheminée d'usine de Battersea Power Station avec son panorama à 360°. *Voir p. 179 et p. 103.*

Se mettre au vert dans les quartiers de Hampstead et de Highgate. Le premier possède un charme fou, avec son atmosphère de village, ses rues pavées et fleuries, ses maisons où vécurent poètes et artistes et sa lande. Le second est surtout connu pour son cimetière, où sont enterrés nombre de personnalités. *Voir p. 94.*

Aiguiser son regard à la découverte du street art londonien. Des artistes locaux proposent des circuits accompagnés dans les rues de Spitalfields et de Shoreditch pour aider à dénicher les perles de l'art urbain : graffitis traditionnels, collages, pochoirs, sculptures... L'art s'exprime en plein air ! *Voir p. 100.*

Assister à une comédie musicale dans le West End, réputé pour ses excellents *musicals*. Pour une place à prix réduit, se rendre au kiosque TKTS sur Leicester Square ou passer au guichet du théâtre le matin même. Les anglophones opteront pour une pièce élisabéthaine au Shakespeare's Globe. *Voir p. 63 et 144.*

Londres en 3 jours

Jour 1

▶ Matin

Démarrez la journée en visitant l'**abbaye de Westminster★★★** *(p. 16)*, non loin de **Big Ben★**, du **Parlement★★★** *(p. 14)* et de **Whitehall★** *(p. 19)*. Après un tour à **St James's Park★★** *(p. 24)*, ne manquez pas la **relève de la garde★★★** *(p. 24)* devant Buckingham Palace à partir de 11h.

▶ Midi

Déjeunez autour de St James's Park, Trafalgar Square ou Piccadilly *(p. 117)*.

Tolga_TEZCAN/Getty Images Plus

La cathédrale St-Paul depuis le Millennium Bridge (Foster+ Partners).

▶ Après-midi

Flânez autour de **Piccadilly Circus★** *(p. 30)*, de **Regent Street★★** *(p. 31)* et d'**Oxford Street★** *(p. 84)*, à la découverte des grands magasins londoniens : Fortnum & Mason, Liberty, Hamleys, Selfridges, etc. Cédez à la tradition de l'*afternoon tea* dans l'un des beaux hôtels du quartier (pensez à réserver à l'avance) *(p. 130)*.

▶ Soirée

Terminez cette première journée en beauté en allant voir une comédie musicale dans le **West End** *(p. 144)*. Envie de poursuivre jusqu'au bout de la nuit ? Enchaînez avec une petite virée dans **Soho★** *(p. 31)*, connu pour ses clubs et ses folles soirées.

Jour 2

▶ Matin

Une visite de la **Tate Britain★★★** *(p. 18)* s'impose pour qui souhaite découvrir un panorama passionnant de l'art anglais et britannique jusqu'au milieu du 20e s. Plutôt amateur d'art contemporain ? Rendez-vous à la **Tate Modern★★★** *(p. 64)*. Vous pouvez aussi conjuguer les deux visites en empruntant la navette fluviale *(p. 162)*. De la Tate Modern, suivez la **Queen's Walk★★★** *(p. 60)*, la promenade le long de la Tamise, vers le **Shakespeare's Globe★★** *(p. 63)* et la cathédrale de **Southwark★★** *(p. 62)*. Grimpez éventuellement au sommet du **Shard★★** *(p. 61)*.

Midi

Déjeunez au **Borough Market** *(p. 62)* ou dans l'une des pittoresques auberges de **Southwark** *(p. 62)*.

Après-midi

Passez devant le **City Hall** *(p. 61)*, empruntez **Tower Bridge★★** *(p. 59)* et allez visiter la **Tower of London★★★** *(p. 58)*. Promenez-vous dans la **City★★★** *(p. 48)*, entre les gratte-ciel et les églises anciennes. Attention, le quartier est désert le week-end. Bouclez votre tour par une visite de la **cathédrale St-Paul★★★** *(p. 48)*.

Soirée

Terminez la journée par un cocktail au sommet de la **Heron Tower** *(voir SushiSamba p. 135)* ou de l'**Oxo Tower** *(p. 121)*, d'où vous apprécierez le panorama nocturne.

Jour 3

Matin

Après une petite visite de la **National Gallery★★★** *(p. 21)* ou du **British Museum★★★** *(p. 46)*, faites un tour à **Covent Garden★** *(p. 33)*, tout proche, puis dirigez-vous, le vendredi ou le samedi, vers le marché aux puces de **Portobello Road★** *(p. 82 et 140)* à Notting Hill. Le dimanche, optez pour celui de **Camden Lock★★** *(p. 90)* ou le marché aux fleurs de **Columbia Road** *(p. 142)*, dans l'East End, bordé de jolies boutiques, d'où vous pourrez rejoindre **Brick Lane★** *(p. 97 et 142)* et **Spitalfields★** *(p. 96)*.

Midi

Déjeunez sur place, à Notting Hill, Camden ou Brick Lane.

S'il pleut...

N'hésitez pas à visiter d'autres musées selon vos centres d'intérêt : **Victoria and Albert Museum★★★**, **Science Museum★★★**, **Wallace Collection★★★**, **Imperial War Museum★★★**, **The Courtauld Gallery★★**, **Museum of London Docklands★★**, **Sir John Soane's Museum★★**, etc. Allez au pub, parcourez les marchés couverts ou faites du shopping chez **Harrods★★**, à **Covent Garden★** ou sous les impressionnants volumes de **Battersea Power Station★**.

S'il fait beau...

Les parcs de Londres ne manquent pas d'activités, et c'est un bonheur de s'y prélasser ! Enfourchez un vélo, brunchez en terrasse, faites une balade en péniche sur les canaux, suivez à pied la **Queen's Walk★★★** le long de la Tamise, explorez les **Docklands★**, arpentez les pelouses de **Greenwich★★★**, les allées du **cimetière de Highgate★★** ou la lande à **Hampstead★★**.

Après-midi

Arpentez les canaux, de Camden à **Little Venice** *(p. 82)* (ou inversement), et les allées de **Regent's Park★★★** *(p. 86)*, ou montez vers **Highgate★** et **Hampstead★★** *(p. 94)*, séduisants quartiers à l'atmosphère villageoise.

Soirée

Concluez votre séjour par une halte dans un pub traditionnel *(p. 131)*. Pour sortir, essayez les bars et les clubs du nouveau quartier de **King's Cross** *(p. 92)*, d'Islington ou de Clerkenwell.

VISITER LONDRES

Le Sky Garden, au sommet du Walkie Talkie, par l'architecte Rafael Viñoly.
Jon Arnold Images/hemis.fr

Londres aujourd'hui

À la fois excentrique et classique, traditionnel et déjanté, calme et animé, éternel et en mutation, Londres est une ville cosmopolite, caractérisée par une véritable dualité qui lui donne un côté tout à la fois inoxydable et insaisissable. Son nom, en français, s'écrit avec un « s », comme pour mieux traduire sa pluralité. Il y a le Londres royal, en rouge et or, de Westminster et Whitehall ; le Londres bigarré et animé de Brixton et Brick Lane, avec ses marchés et ses bouis-bouis ; le Londres festif de Soho, Covent Garden et Camden, des *musicals* et des clubs ; le Londres chic de Chelsea et Mayfair, avec ses demeures patriciennes à colonnades ; le Londres historique de la Tour, le Londres bobo de Notting Hill, le Londres administratif et financier de la City, où règne une armée en costume anthracite...

Contrasté, immense et protéiforme, Londres est aussi en pleine mutation. Il faut prendre de la hauteur (depuis le London Eye, le Shard, le Sky Garden du Walkie Talkie) pour mieux appréhender le changement en cours. Cité horizontale aux maisonnettes victoriennes à deux ou trois étages, la voilà qui se verticalise à grand renfort de gratte-ciel futuristes se dressant, telles des pièces d'échecs, au cœur de la City, à Canary Wharf et sur la rive sud de la Tamise. La frénésie de construction qui s'est emparée de Londres, liée entre autres à la poussée démographique (la population devrait passer de 8,3 à 10 millions d'ici à 2030), transforme radicalement sa physionomie. Les grues qui hérissent le ciel de nombreux quartiers en témoignent, tout comme l'incroyable capacité à donner une nouvelle vocation à des lieux désaffectés.

Quoi qu'on en pense, il s'en dégage une vitalité incroyable, prouvant que Londres est tout le contraire d'une ville-musée ! Et alors que s'annoncent des temps nouveaux pour le Royaume-Uni, en proie aux difficultés depuis sa sortie de l'Union européenne, puis endeuillé par le décès de la reine Élisabeth II en septembre 2022, Londres semble encaisser tous les chocs grâce à la vitalité de sa City et demeure plus que jamais une « ville-monde ».

On distingue **Inner London**, le centre comprenant 13 *boroughs* (districts) plus la City, et **Greater London** (le Grand Londres), qui englobe 19 communes de banlieue. Chaque *borough* comprend différents quartiers aux identités affirmées. C'est à l'échelle de ces « villages » qu'il faut aborder la ville.

Le West End et le nord

Les quartiers de **Soho** et **Covent Garden** vous entraîneront dans le tourbillon de la vie nocturne et du music-hall. À l'ouest et au nord de **Piccadilly Circus** s'étirent deux des plus célèbres artères londoniennes, Piccadilly et Regent Street, qui délimitent le très chic quartier de **Mayfair**. Au nord de celui-ci, **Oxford Street**, avec son foisonnement de magasins, vous donnera le vertige. Depuis **Trafalgar Square**, lieu de tous les rassemblements, on rejoint les quartiers institutionnels qui s'étirent plus au sud : **Westminster**, son

palais (le Parlement) et son abbaye, **Buckingham Palace** et le très huppé quartier **St James's**. Plus à l'ouest, dominé par le grand magasin Harrods, le quartier chic de **Knightsbridge** est réputé pour ses boutiques de luxe. Au sud, autre quartier à l'allure distinguée, **Chelsea** fut longtemps apprécié des artistes. Moins élitiste, mais tout aussi élégant, **South Kensington** abrite trois des plus grands musées londoniens, dont le Victoria and Albert Museum.
Au nord-ouest de **Hyde Park**, le quartier résidentiel de **Notting Hill** attire une population bohème avec ses airs villageois, sa culture alternative, ses bars et restaurants branchés.
Au nord, le très cossu quartier de **Marylebone** et le superbe **Regent's Park** réservent de belles surprises comme la Wallace Collection. Non loin de là, **Camden Town** profite de son image de quartier alternatif et de la popularité de ses marchés aux puces. Plus à l'est, jadis mal famés, les quartiers encombrés de **King's Cross** et de **St Pancras**, rassemblés autour de leurs gares monumentales, voient peu à peu se redorer leur blason.
Plus au nord, **Hampstead** et **Highgate**, séparés par Hampstead Heath, une lande préservée avec des étangs, permettent de se mettre au vert.
À la limite est du West End, les paisibles quartiers de **Bloomsbury** et **Holborn** entretiennent leur côté intellectuel grâce à la présence du British Museum, de la British Library et de l'université de Londres.

La City, hier et aujourd'hui

Centre historique de la capitale, la City en est aujourd'hui le cœur économique. Au milieu des gratte-ciel se dressent la Tour de Londres, l'un des plus anciens monuments de la ville, et la cathédrale Saint-Paul. Au nord de la City, Clerkenwell et Islington comptent parmi les quartiers les plus bobos.

À la reconquête de l'est… et du sud

L'**East End**, ancienne zone miséreuse et ouvrière, compte aujourd'hui plusieurs quartiers tendance comme **Spitalfields** (boutiques *vintage* et créateurs), Whitechapel, **Shoreditch** (*hipster* jusqu'au bout des ongles).
Chassés par la hausse des prix de l'immobilier de l'Est londonien, les *hipsters* ont mis le cap vers d'autres poches populaires, et la gentrification (*p. 180*) gagne désormais le sud de la capitale, notamment **Brixton**. Avant que ces quartiers ne deviennent inabordables à leur tour.

Renaissance le long du fleuve

Longtemps ignorés, les anciens quartiers industriels de **South Bank** et **Southwark** incarnent désormais la modernité. Réhabilités, ces hauts lieux culturels et touristiques s'agrémentent d'une belle promenade en bord de Tamise. À l'ouest, autour de l'ancienne centrale électrique de **Battersea**, c'est le tout nouveau quartier de **Nine Elms** qui sort de terre. À l'est, les anciens **docks**, réaménagés, voisinent avec les tours futuristes de **Canary Wharf**, à l'image de One Canada Square dressée à 236 m. Sur l'autre rive, **Greenwich**, connu pour son méridien, figure au Patrimoine mondial de l'Unesco pour sa remarquable architecture.
Vous l'aurez compris : un seul week-end ne suffira pas pour appréhender tout ce que cette métropole en perpétuel mouvement peut offrir.

Westminster★★★

Le nom de Westminster évoque l'histoire monarchique et politique : les sacres et autres célébrations royales prestigieuses se tiennent à l'abbaye de Westminster, et l'ouverture des sessions parlementaires se fait en grand apparat dans le palais. Lors des visites d'État, les personnalités royales et les dignitaires sont accompagnés d'une impressionnante escorte et honorés par la cavalerie. Le palais de Westminster, dont Big Ben est le phare, a séduit Monet qui trouva dans l'association de la pierre monumentale, du fleuve et du ciel changeant matière à l'une de ses plus célèbres « séries » picturales.

▶**Accès :** ⊖ Westminster, Pimlico, Victoria.
Plan de quartier p. 17. Plan détachable E5-6-7.
▶**Conseils :** Le Parlement n'est ouvert au public que durant les vacances parlementaires, et le samedi le reste de l'année. Réservez votre billet à l'avance. Pour déjeuner ou faire une pause, pensez à l'excellent café-restaurant de l'abbaye de Westminter, Cellarium (*p. 116*).
Après la visite de la Tate Britain, pourquoi ne pas rejoindre la Tate Modern (*p. 64*) à bord d'une navette fluviale Thames Clippers (*p. 162*) ?

Palace of Westminster ★★★

E5-6 *Parliament Square - ⊖ Westminster - ☏ 0870 906 3773 - www.parliament.uk/visiting - ♿ - août-oct. : lun.-vend. 9h-17h ; reste de l'année : sam. et j. hors session parlementaire (se rens. à l'avance) - visite guidée en plusieurs langues (voir calendrier sur le site Internet) 29 £ (5-15 ans 13 £) ; multimedia tour 22,50 £ (5-15 ans 9,50 £). Billetterie au niveau de Victoria Embankment.*

À l'époque médiévale, les rois d'Angleterre firent agrandir et embellir le palais d'**Édouard le Confesseur**, mais la plupart des anciens bâtiments, que le Parlement occupa ensuite, furent ravagés par un incendie en 1834. Après le sinistre, c'est à Charles Barry et Augustus Pugin que revint le soin de réorganiser le palais, qui prit le nom de **Houses of Parliament**. Ils édifièrent un somptueux palais néogothique, chef-d'œuvre d'architecture victorienne, terminé en 1860. Le bâtiment compte plus de 1000 pièces, 100 escaliers et 3 km de couloirs, le tout représentant une superficie totale de 3 ha.

Big Ben★

Visite réservée aux citoyens britanniques.

Symbole de la ville, l'emblématique tour de l'Horloge fut achevée en 1859. Le nom désignait à l'origine l'énorme cloche (pesant 13,5 t) sise dans la tour haute de 96 m. La lumière qui brille au-dessus de l'horloge reste allumée lors des séances de la Chambre des communes.

Le palais de Westminster et l'emblématique Big Ben.

Westminster Hall★

Épargnée par l'incendie de 1834, cette grande salle que Guillaume le Roux ajouta au palais entre 1097 et 1099 est la plus ancienne de l'édifice. Westminster Hall, où se déroulaient banquets royaux et joutes au Moyen Âge, fut transformé entre 1394 et 1399, époque où l'on construisit un splendide **plafond★★★** de bois en carène renversée conçu par le maître charpentier du roi, Hugh Herland, et orné d'anges volants. C'est ici que le cercueil d'**Élisabeth II** a reposé durant quatre jours, en septembre 2022, pour permettre aux Britanniques de rendre un dernier hommage à leur reine. L'affluence était telle, que certains ont dû patienter plus de 24h au terme d'une file d'attente s'étirant jusqu'à 16 km le long de la Tamise !

House of Commons★
(Chambre des communes)

Détruite par un bombardement en 1941 et reconstituée en 1950, la Chambre des communes, décorée simplement, comporte à une extrémité le fauteuil couvert d'un dais du président *(speaker)*. Le gouvernement et la majorité prennent place à sa droite, l'opposition et le « cabinet fantôme » à sa gauche. Les bandes rouges qui bordent les deux côtés du tapis vert marquent la limite infranchissable par les députés qui s'adressent à la Chambre.

House of Lords★★
(Chambre des lords)

Richement décorée, elle est garnie d'or et de rouge écarlate. Le trône occupé par la famille royale le jour de l'ouverture de la session, surmonté d'un large dais de style gothique, totalement doré, occupe tout le fond de la salle. Sous un plafond doré et nervuré s'alignent des banquettes de maroquin rouge et l'étrange *woolsack*, siège du Grand Chancelier rappelant les sacs de laine sur lesquels prenaient place jadis les conseillers du roi.

Westminster Abbey ★★★

E6 *Parliament Square - ⊖ Westminster - ✆ 020 7222 5152 - www.westminster-abbey.org - ♿ - horaires variables (voir calendrier sur le site Internet) - 27 £ (6-17 ans 12 £) ; billet suppl. pour The Queen's Diamond Jubilee Galleries 5 £ (-17 ans gratuit).*

Église de la plupart des couronnements depuis celui de Guillaume le Conquérant (1066), des mariages et des enterrements royaux (dont celui d'Élisabeth II, *voir encadré p. 18*), l'**abbaye de Westminster**, est l'un des édifices les plus emblématiques de Londres. Bâtie par Édouard le Confesseur dans le style roman, elle acquit son apparence gothique après sa reconstruction sous Henri III, en 1220. Ce dernier commença par faire ériger la **chapelle de la Vierge** pour y abriter la châsse d'Édouard le Confesseur, canonisé en 1163. Il fallut plus de deux siècles pour achever l'édifice, que compléta en 1503-1519 la chapelle Henri VII, chef-d'œuvre du style Perpendicular. Les ajouts, comme les tours occidentales de **Christopher Wren** et Nicholas Hawksmoor élevées en 1722-1745, ont été réalisés dans le même esprit gothique.

Intérieur – Les voûtes sont splendides, les sculptures et ciselures des clôtures

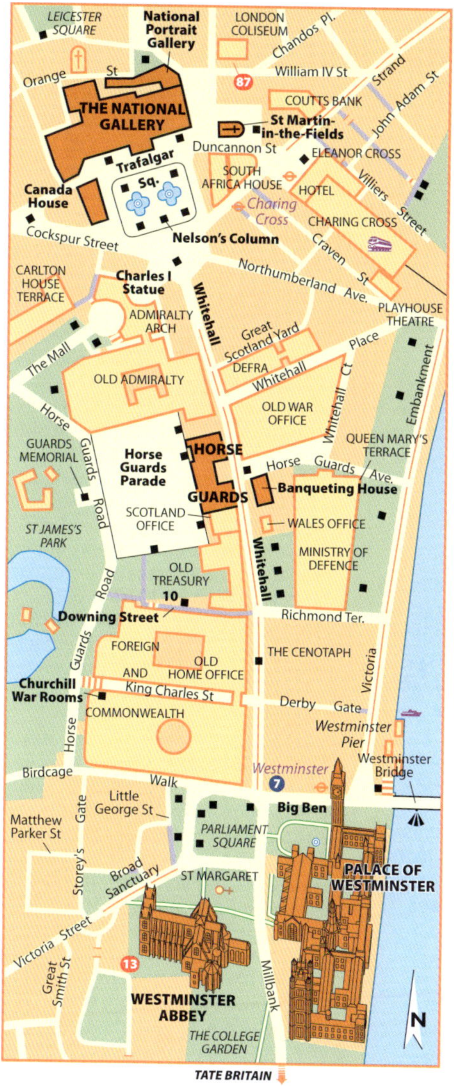

et arches sont délicates, souvent merveilleuses, parfois humoristiques ; les tombes des chapelles Henri VII et St Edward, ainsi que les chapelles rayonnantes, sont solennelles autant qu'expressives. Les bras du transept et les bas-côtés abondent en monuments sculptés, particulièrement le croisillon droit et son fameux **Poets'Corner★** (coin des poètes). C'est dans le sanctuaire situé au-delà du chœur que se déroule la cérémonie du couronnement. Sur la droite se trouve une tapisserie du 16e s., derrière un grand retable du 15e s. d'une rare beauté. Un peu plus loin, on peut voir un ancien siège ecclésiastique à baldaquin dont les retombées sont ornées de têtes sculptées (Henri III, Édouard Ier).
La **chapelle Henri VII★★★**, avec son superbe plafond à voûtes en éventail, est le

WESTMINSTER WHITEHALL TRAFALGAR SQUARE

0 — 100 m
100 yards

SE RESTAURER

Cellarium Café & Terrace........ 13
Bancone........ 87

PRENDRE UN VERRE

St Stephen's Tavern........ 7

Des funérailles historiques

Le 19 septembre 2022, les funérailles de la reine Élisabeth II, décédée le 8 septembre après 70 ans de règne, ont rassemblé à l'abbaye de Westminster plus de 2000 dignitaires et invités, dont 500 chefs d'État. Un événement historique, retransmis en direct et suivi par plus de 4 milliards de téléspectateurs dans le monde !

plus beau des nombreux trésors de l'abbaye. Les étendards des chevaliers grands-croix de l'ordre du Bain trônent encore au-dessus des stalles, ornées d'inventives miséricordes des 16e-18e s. et des armoiries de leurs anciens occupants et de leurs écuyers.

Dans la **chapelle d'Édouard le Confesseur★★** *(visite guidée uniquement)*, la châsse du saint roi est entourée des tombeaux de cinq rois et trois reines. Au centre, adossé à une clôture de pierres sculptées (1441), se trouve le **trône du couronnement** sous lequel on place la **pierre de Scone**.

La **salle capitulaire★★** (1248-1253), octogonale, présente des voûtes à liernes et à tiercerons retombant sur un pilier central à huit colonnettes en « marbre » de Purbeck. Des peintures médiévales ornent une partie des murs.

Les **Queen's Diamond Jubilee Galleries★** *(accès par Weston Tower, depuis Poets Corner)* constituent un espace d'exposition exceptionnel, aménagé dans le triforium, en surplomb de la nef. On y découvre manuscrits, statues et mobilier, ainsi qu'une vue imparable sur l'abbaye.

Tate Britain ★★★

E7 *Accès principal : Atterbury St. - ⊖ Pimlico - ✆ 020 7887 8888 - www.tate.org.uk - ♿ - 10h-18h - visite nocturne certains soirs (« Late at Tate »), se rens. - gratuit.*

C'est en 1891 que **Henry Tate**, courtier sur le marché du sucre et collectionneur d'art moderne, donna sa collection à la nation et 80000 livres pour la construction d'un bâtiment. L'emplacement de l'ancienne prison de Millbank fut offert par le gouvernement. La Tate, dont le fonds comptait aussi un grand nombre de tableaux acquis par l'État depuis la création de la National Gallery (1824), ouvrit ses portes en 1897 en qualité de musée d'Art moderne britannique. Juridiquement indépendante de la National Gallery depuis 1955, la Tate a rénové ses bâtiments et défini une nouvelle politique après l'ouverture de la Tate Modern en 2000 (*☛ p. 64*).

Consacrées à l'**art britannique de 1500 à nos jours**, les collections présentent un parcours chronologique qui permet de voir l'évolution de la peinture et les thèmes récurrents selon les époques. Vous y découvrirez les plus grands peintres britanniques, tels que Reynolds, Hogarth, Blake, Constable, Gainsborough, les préraphaélites, des représentants de la période contemporaine – Bacon, Freud, Hockney – et de l'art conceptuel, mais aussi les sculptures de Henri Moore ou de Barbara Hepworth. La Clore Gallery renferme la plus grande collection d'œuvres de **Turner** (plus de 300 huiles et un nombre très important d'aquarelles), dont certaines sont exposées par roulement.

Whitehall★ et Trafalgar Square★★

C'est à cette fameuse place, connue dans le monde entier, avec sa célèbre statue, ses fontaines et la National Gallery en arrière-plan, qu'aboutit l'avenue de Whitehall, qui prend naissance au palais de Westminster. Trafalgar Square sert de forum aux meetings politiques comme aux rassemblements de Noël, autour du sapin norvégien, ou de la Saint-Sylvestre en attendant que sonnent les douze coups de minuit au carillon de Big Ben…

▶**Accès :** ⊖ Charing Cross, Westminster, St James's Park.

Plan de quartier p. 17. Plan détachable E4-5.

▶**Conseil :** Profitez de l'entrée gratuite dans les grands musées nationaux pour échelonner votre visite et ne pas tenter de tout voir dans la journée.

WHITEHALL ★

E5 ⊖ *Charing Cross ou Westminster.*
L'axe formé par Whitehall, qui portait autrefois le nom de King Street, et Parliament Street est bordé de bâtiments officiels. Whitehall est le quartier du pouvoir exécutif.

Churchill War Rooms ★★

E5 *Clive Steps, King Charles St. - ⊖ Westminster ou St James's Park - ✆ 020 7930 6961 - www.iwm.org.uk - ♿ - 10h-18h - gratuit (donation suggérée) - audioguide inclus.*
L'abri qui avait été installé pour protéger Winston Churchill, son **cabinet de guerre** et les chefs d'état-major contre les attaques aériennes fut le quartier général de la Seconde Guerre mondiale. Les différentes pièces de ce labyrinthe souterrain, où vécurent des centaines de personnes, sont demeurées à l'identique depuis 1945. Elles abritent un musée consacré à Churchill, où l'on peut découvrir autant le chef d'État que l'homme dans son intimité. L'exposition s'articule autour d'une gigantesque biographie interactive à travers les cinq grandes périodes de sa vie : sa jeunesse (1874-1900), son ascension politique (1900-1929), les années 1930, le chef de guerre (1939-1945) et l'homme d'État durant la guerre froide (1945-1965).

Downing Street

E5 ⊖ *Westminster.*
Cette fameuse rue est bordée de maisons de style georgien.
Le **n° 10** est la résidence officielle du Premier ministre depuis sa reconstruction par Robert Walpole en 1732.

Banqueting House ★★

E5 *Whitehall - ⊖ Charing Cross ou Westminster - ✆ 020 3166 6154 - www.hrp.org.uk - ♿ - ouv. lors d'événements privés ou de rares occasions (calendrier sur le site Internet).*

La seule partie subsistante du palais de Whitehall (habité par les souverains jusqu'en 1689) fut réalisée par **Inigo Jones** pour Jacques Ier en 1619.

À l'extérieur, côté ouest, se découvre une bonne vue de la façade. Son élévation comporte des colonnes à ordres superposés, ioniques et corinthiennes, que surmontent des balustres ; Jones y a apporté sa note personnelle en omettant la traditionnelle porte centrale, ce qui donne plus de majesté à l'ensemble.

À l'intérieur, très belle salle avec un balcon doré ; au-dessus, des poutres richement décorées divisent le plafond en compartiments ornés de magnifiques peintures (1634-1635) de **Rubens**.

Horse Guards ★★★

E5 *Face à Banqueting House - ⊖ Charing Cross ou Westminster - www.householddivision.org.uk/changing-the-guard - relève de la garde montée : lun., merc., vend. et dim. à 11h ; juil.-août : tlj (vérifier le calendrier sur le site Internet) - parade sur le Mall entre Horse Guards et la caserne de Hyde Park.*

Les sentinelles en faction devant le bâtiment témoignent de son rôle d'entrée officielle du palais de Buckingham. Une foule de touristes s'y presse chaque jour pour faire un *selfie* aux côtés de ces fiers cavaliers casqués et cuirassés d'argent et de leurs superbes chevaux à robe noire, qui tous demeurent imperturbables. Avec son corps central surmonté d'une tour-horloge et percé de trois arches, la caserne du régiment, édifiée au milieu du 18e s. par William Kent, encadre Horse Guards Parade. C'est sur cette esplanade, à l'arrière du bâtiment, que se déroulent la **relève de la garde montée** et, au mois de juin, la cérémonie **Trooping the Colour**, parade militaire qui célèbre l'anniversaire officiel du souverain.

TRAFALGAR SQUARE ★★

E4 *⊖ Charing Cross.*

Piétonne et vouée à toutes sortes de manifestations, cette place, devenue un symbole national, reste le lieu de rassemblement privilégié lors de grands événements. Achevée vers 1840, quand Charles Barry la nivela et fit construire la terrasse nord de la National Gallery, elle est dominée depuis 1842 par la célèbre **colonne de Nelson**, composée d'une statue de 4,50 m représentant l'illustre amiral qui perdit la vie en remportant la bataille de Trafalgar contre la flotte de Napoléon.

Aux quatre coins, un socle est surmonté d'un héros historique, sauf un qui resta vide jusqu'en 2005, faute de moyens au moment de l'aménagement de la place. C'est chose réparée puisque, tous les deux ans, le « **Fourth Plinth** » accueille une sculpture d'art contemporain. Face à Whitehall, la statue équestre de **Charles Ier** a été exécutée par Le Sueur en 1633. Sur la gauche de la façade

VWpics/hemis.fr

La National Gallery.

de la National Gallery, **Canada House**, édifice classique en pierre de Bath, fut érigé de 1824 à 1827 par Robert Smirke.

The National Gallery ★★★

E4 *Trafalgar Square - ⊖ Charing Cross, Leicester Square, Embankment et Piccadilly Circus - ✆ 020 7747 2885 - www.nationalgallery.org.uk - ♿ - 10h-18h, vend. 10h-21h - gratuit.*
L'embryon de la collection se composa de 38 toiles réunies par le courtier **John Julius Angerstein** (1735-1823) et achetées par le Parlement en 1824. Pour les accueillir, on confia à William Wilkins la construction d'un musée orné d'un portique à colonnes corinthiennes. Achevé en 1838, il se révéla vite trop petit pour ces collections, sans cesse croissantes : transferts et agrandissements se succédèrent jusqu'en 1991 avec la réalisation de l'**aile Sainsbury**. Celle-ci est consacrée aux œuvres antérieures à 1500 (écoles italienne, flamande et allemande) : Giotto, Léonard de Vinci et sa *Vierge à l'Enfant avec sainte Anne et saint Jean-Baptiste*, une *Bataille de San Romano* d'Uccello, Masaccio, Botticelli avec *Vénus et Mars*, Mantegna, Piero della Francesca avec un *Baptême du Christ* ; Van Eyck et ses célèbres *Époux Arnolfini*, Bosch, Gérard David, Memling, Dürer et le *Père du peintre*.
L'**aile ouest** abrite le 16e s. : Michel-Ange, Titien, le Tintoret y côtoient Bruegel l'Ancien, Cranach, Holbein *(Les Ambassadeurs)* et Altdorfer.

L'époque classique (17e s.) est rassemblée dans l'**aile nord**. Vermeer *(Dame debout à l'épinette)*, Ruysdael, Rubens, Rembrandt *(Autoportrait âgé)* et Hals représentent les Hollandais ; Vélasquez *(Vénus à son miroir)*, Zurbarán, Murillo, pour l'Espagne ; l'Italie est présente avec le Caravage, le Guerchin et A. Carrache ; Claude Lorrain, Poussin, Philippe de Champaigne avec le portrait du *Cardinal de Richelieu* et les frères Le Nain témoignent de l'art français. L'**aile est** mène de 1700 à 1930 avec les Anglais (Constable, Gainsborough, Turner, Reynolds), les Italiens (Canaletto, Guardi, Tiepolo), le *Duc de Wellington* de Goya et une très riche collection française des 18e (Chardin, Fragonard, Boucher, Greuze, etc.) et 19e s. (David, Ingres, Delacroix, Daumier, Courbet, Corot, les impressionnistes, Van Gogh et ses *Tournesols*, Gauguin, etc.).

National Portrait Gallery ★★

E4 *St Martin's Place - ⊖ Leicester Square ou Charing Cross - ✆ 020 7306 0055/12 2463 - www.npg.org.uk - ♿ - 10h30-18h (vend.-sam. 21h) - gratuit sf expositions temporaires.*

Fondée en 1856, puis installée en 1896 dans un bel édifice Renaissance derrière la National Gallery, la National Portrait Gallery a rouvert en juin 2023 après trois ans de travaux de rénovation et d'agrandissement. Son extraordinaire collection rassemble plus de 12 000 portraits de Britanniques célèbres, exposés par roulement. Si certaines œuvres ont été réalisées par les plus grands artistes britanniques, tels Hogarth, Reynolds, Gainsborough ou Watts, le musée mérite le détour pour son intérêt historique. Peintures, dessins, caricatures, photographies, sculptures et vidéos nous révèlent le visage des personnalités qui ont forgé l'histoire et la culture du pays, de l'époque Tudor à nos jours.
Le musée est organisé de façon chronologique et la visite commence au 3e étage avec les portraits de l'époque Tudor. Passionnant !

St Martin-in-the-Fields Church ★

E4 *Trafalgar Square - ⊖ Charing Cross - ✆ 020 7766 1110 - www.stmartin-in-the-fields.org - ♿ - 9h-17h - concerts (voir calendrier sur le site Internet).*

Construite par **James Gibbs** entre 1722 et 1726, quatrième église érigée sur ce site depuis le Moyen Âge, elle est décorée d'un portique corinthien et d'une élégante flèche. Elle possède une excellente acoustique et une longue tradition musicale qui s'est notamment incarnée par la création, en 1959, de la fameuse Academy of St Martin-in-the-Field, un orchestre de chambre fondé à l'initiative du violoniste Neville Mariner, à l'origine du renouveau de la musique baroque. La crypte abrite un café-restaurant.

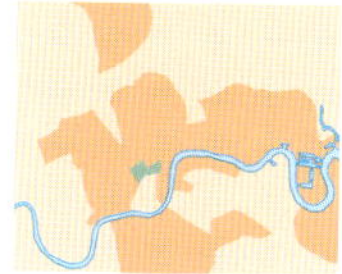

St James's★★

Le prestigieux quartier de St James's abrite, outre un palais royal, de vénérables demeures servant de résidences royales ou princières, des bâtiments officiels, des clubs pour gentlemen, des boutiques spécialisées et des théâtres. À l'orée de St James's Park se dresse le palais de Buckingham. Résidence officielle de la famille royale à Londres, il est accessible au public l'été, quand le monarque part en vacances. Ses annexes, les écuries royales et la Queen's Gallery restent ouvertes toute l'année.

Accès : ⊖ St James's Park, Victoria, Green Park, Charing Cross.
Plan de quartier p. 25. Plan détachable C/D/E5-6.
Conseil : Buckingham Palace n'ouvre au public que de mi-juil. à fin sept., Clarence House en août seulement. Les billets étant datés, il faut réserver longtemps à l'avance.

St James's Palace ★★

D5 *Palais fermé au public, à l'exception de Clarence House en août (10h-16h30, w.-end 10h-17h30 - 11,30 £, -16 ans 6,80 £). Accès par Stable Yard - ⊖ Green Park - ✆ 030 3123 7324 - www.rct.uk.*
Le manoir de style Tudor, dans lequel le roi et sa cour s'installèrent après la destruction du palais de Whitehall en 1698, fut construit en 1530-1532 à la demande d'Henri VIII. Sa façade crénelée en brique brune, dominée par un imposant pavillon d'entrée d'allure médiévale, détonne quelque peu aux côtés des bâtiments d'architecture classique qui s'élèvent sur **Pall Mall**★ et St James's Street. **Charles III** y a été officiellement proclamé roi le 10 septembre 2022.
Attenante au palais, **Clarence House**, fut la résidence d'Élisabeth Bowes-Lyon, mère de la reine Élisabeth II, puis celle de Charles III et de Camilla.

Birute/Getty Images Plus

La relève de la garde.

Les hôtes de marque sont quant à eux logés à **Lancaster House**, un hôtel particulier voisin, utilisé pour certaines réceptions officielles.
Au moment des offices, il est possible d'accéder à la **Chapel Royal** *(Ambassadors Court - merc.-sam. 10h-16h30)* et à la **Queen's Chapel** *(Marlborough Rd - se rens.)*. C'est dans cette dernière que furent exposés les cercueils de Diana et d'Élisabeth Bowes-Lyon, mère de la reine Élisabeth II, avant leurs obsèques.

The Mall ★★

D/E5 ⊖ *Charing Cross.*
Cette belle avenue arborée, que parcourent les grands défilés royaux, longe St James's Park au nord et relie Admiralty Arch au **Queen Victoria Memorial**, qui s'élève devant Buckingham Palace. L'artère est dominée par les façades néoclassiques de **Carlton House Terrace**, deux vastes résidences dessinées en 1829 par **John Nash**.

St James's Park ★★

D5 ⊖ *St James's Park - ✆ 0300 061 2350 - www.royalparks.org.uk - 5h-0h.*
Ce parc royal de 23 ha, créé par Henri VIII en 1532 pour agrémenter les abords marécageux du manoir qu'il venait de faire construire *(☛ p. 23)*, fut redessiné au 17e s. à la demande de Charles II, puis remanié au 19e s. par John Nash, l'architecte favori de Georges IV. Avec ses allées fleuries et son petit **lac**, autour duquel vit une inattendue colonie de pélicans *(nourris*

La relève de la garde★★★ à Buckingham Palace

La Relève de la garde est l'une des attractions majeures de Londres, et elle se déroule généralement un jour sur deux *(consulter le calendrier sur www.householddivision.org.uk)*. Dès 11h, le détachement responsable du palais de Buckingham est inspecté, rejoint 15mn plus tard par celui du palais de St James's. Ils forment ensemble la « garde descendante », par opposition à la « garde montante » qui viendra prendre la relève. Partie de la caserne de Wellington avec l'orchestre du régiment et le corps des tambours, celle-ci arrive à 11h30. Elle salue la « garde descendante » avant de se voir remettre symboliquement les clés du palais. Les sentinelles sont alors remplacées. 35mn plus tard, la « garde descendante » quitte la cour du palais de Buckingham pour rejoindre la caserne Wellington, tandis que la « garde montante » se sépare en deux et qu'un détachement se dirige vers le palais de St James's.
La garde est composée de cinq régiments à pied. Ils sont vêtus de la tunique rouge à collet bleu foncé et du bonnet en poil d'ours; ils se distinguent par la couleur du plumet et la disposition des boutons : les **Grenadiers** (1656) ont un plumet blanc à gauche et les boutons espacés régulièrement; les **Coldstream** (1650), un plumet rouge à droite et les boutons groupés par deux; les **Scots** (1642), aucun plumet et les boutons par trois; les **Irish** (1900), un plumet bleu à droite et les boutons par quatre; les **Welsh** (1915), un plumet vert et blanc à gauche et les boutons par cinq.

tlj entre 14h30 et 15h), il constitue un lieu de promenade fort agréable. Le **pont** qui enjambe le lac offre une vue sur le palais de Buckingham et Whitehall.

Buckingham Palace ★★

D5 *Buckingham Palace Rd - ⊖ Victoria - ✆ 020 7766 7300 - www.rct.uk - ♿ - de mi-juil. à fin sept. : 9h30-19h30 (18h30 en sept.) ; dernière entrée 2h15 av. fermeture - 33 £ (5-17 ans 18 £), audioguide inclus ; billet combiné avec la Queen's Gallery et les Royal Mews 58,50 £ (5-17 ans 32 £) - réserv. recommandée.*

Le palais que l'on découvre aujourd'hui a pour origine la demeure en brique

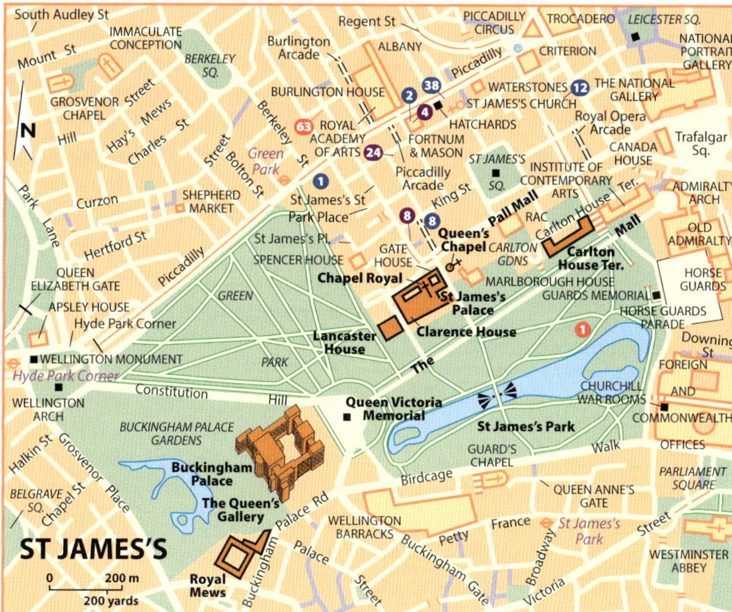

SE RESTAURER
- St James's Café 1
- Gymkhana 63
- Fortnum & Mason's Restaurants 2
- Golden Lion 8
- Ole and Steen 12
- Maison Assouline 38

PRENDRE UN VERRE
- The Ritz London 1

SHOPPING
- Fortnum & Mason 4
- Lock & Co. Hatters 8
- Hilditch & Key 24

construite en 1702 pour le premier duc de Buckingham et rachetée en 1762 par le roi **Georges III** pour l'agrément de sa jeune épouse, la reine Charlotte. D'importantes modifications furent apportées à l'édifice au cours du siècle suivant, sous les règnes de Georges IV, Guillaume IV et Victoria, mais la majeure partie des travaux fut conduite par l'architecte **John Nash** à la fin du 18e s. Victoria fut la première souveraine à s'installer à Buckingham en 1837, et l'étendard royal y flotte depuis lors, quand le monarque est présent au palais.
Sur les 660 pièces que compte le palais, seules 19, les **State Rooms**, sont ouvertes à la visite. Il s'agit d'opulentes salles d'apparat utilisées pour les réceptions et banquets officiels. On accède à la salle des Gardes par le Grand Hall et le majestueux **Grand Escalier**. On admire le Salon vert, la salle à manger, le Salon bleu, le salon de musique et le Salon blanc, tous richement ornés, mais le « must » de la visite demeure la **salle du Trône** et la **galerie** de portraits rassemblant des chefs-d'œuvre de Van Dyck, Rubens, Rembrandt, Vermeer et Canaletto, entre autres.

Queen's Gallery ★★

D5 *Buckingham Palace Rd - ⊖ Victoria - ✆ 030 3123 7324 - www.rct.uk - ♿ - jeu.-lun. 10h-17h30 (dernière entrée 1h15 av. fermeture) - 17 £ (-16 ans 9 £).*
Bâtie à l'emplacement d'une ancienne chapelle privée, cette salle présente, au cours d'expositions temporaires, les œuvres provenant de la superbe collection royale.

Royal Mews ★★

D6 *Buckingham Palace Rd - ⊖ Victoria - ✆ 030 3123 7324 - www.rct.uk - ♿ - mars-oct. : jeu.-lun. 10h-17h (dernière entrée 1h av. fermeture) - 15 £ (5-17 ans 9 £).*
La visite du palais de Buckingham ne saurait être complète sans celle des **Écuries royales**, qui abritent les calèches et les voitures officielles que la famille royale utilise lors de ses déplacements. Réaménagées par l'architecte **John Nash**, elles furent installées ici en 1825 sur ordre du roi Georges IV. Le « clou » de cette extraordinaire collection d'équipages est sans conteste le **Carrosse d'or** *(Golden State Coach)*, exécuté en 1762 à la demande de Georges III et utilisé pour chaque couronnement. Dessiné par **William Chambers**, réalisé par des artistes de renom comme le sculpteur Joseph Wilton et le peintre florentin G. B. Cipriani, il pèse 4 t et doit être tiré par huit chevaux.
Depuis l'introduction en 1901 de la première automobile dans les écuries par le roi Édouard VII, huit voitures officielles dont 3 Rolls Royce et 2 Bentley sont également garées ici. Mais une seule est exposée en permanence. On verra enfin les boxes immaculés des chevaux royaux, les Windsor Greys et les Cleveland Bays, ainsi qu'une belle collection d'articles de sellerie.

Mayfair★ et Piccadilly★

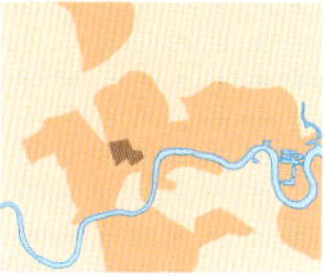

Le seul nom de Mayfair suffit à évoquer l'élégance et le luxe symbolisés par les superbes vitrines des boutiques de Bond Street. Au sud, le quartier est bordé par Piccadilly. Son extrémité est, Piccadilly Circus, avec sa statue d'Éros et sa multitude d'enseignes lumineuses, constitue l'un des centres névralgiques de Londres et un point de ralliement incontournable pour tous ses visiteurs.

▶**Accès :** ⊖ Bond Street, Green Park, Piccadilly Circus, Marble Arch, Hyde Park Corner.

Plan de quartier **p. 28-29****. Plan détachable C/D4-5.**

MAYFAIR ★

Shepherd Market ★

C5 ⊖ *Green Park - www.shepherdmarket.co.uk.*

Ce **marché** est constitué d'un dédale de ruelles et de cours pavées reliées par des passages voûtés. Les pubs d'époque victorienne et édouardienne, les petites maisons avec leurs échoppes au rez-de-chaussée, les cafés en terrasse, les restaurants d'inspiration étrangère et les **magasins d'antiquités** donnent à l'endroit un air de village cosmopolite.

Berkeley Square

C4 ⊖ *Green Park.*

Le souvenir du bois de Berkeley demeure grâce aux platanes plantés en 1789. La place fut aménagée en 1737. Du cadre architectural ancien subsistent quelques maisons du 18ᵉ s. sur le côté ouest avec leurs balcons en fer forgé, leurs porte-lanternes et leurs éteignoirs.

Jon Arnold Images/hemis.fr

Berkeley Square.

Mount Street

C4 ⊖ *Marble Arch ou Hyde Park Corner.*

Une atmosphère de tranquillité règne dans Mount Street qui serpente jusqu'au coin nord-ouest de Berkeley Square en passant devant le **Connaught**, édifice emblématique des luxueux hôtels de la fin du 19e s. Bordée de hautes maisons de brique aux pignons irréguliers ornés de terre cuite, cette rue est une succession de vitrines de mobilier ancien, de tableaux, de porcelaine, etc. Pendant la guerre civile, les membres du Parlement y élevèrent des barricades, ce qui explique le nom et la topographie de l'endroit.

Bond Street ★

C/D4 ⊖ *Bond Street.*
Ancienne ruelle de l'époque Tudor, elle traverse Mayfair du nord au sud. **New Bond Street**, construite en 1720, a compté parmi ses résidents le Tout-Londres qui employait les tailleurs sur mesure et parfumeurs du quartier. Depuis, elle est LA rue de l'élégance, bordée de maroquineries de luxe, de grands couturiers, de papeteries chic et de marchands d'art.
Au n° 35 se trouve **Sotheby's**, qui, depuis ses débuts en 1744, est devenue la plus importante salle des ventes au monde. Sa grande rivale, **Bonhams**, se situe dans le même périmètre *(101 New Bond St.)*.

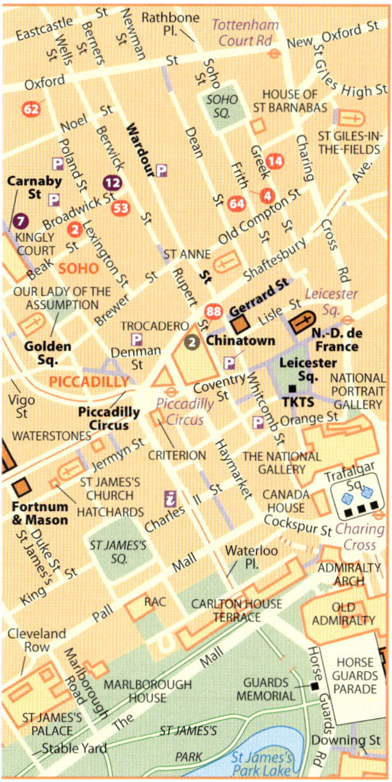

MAYFAIR PICCADILLY SOHO

0 — 500 m — 500 yards

SE RESTAURER
- BAO ... 2
- Ceviche Soho ... 4
- 10 Greek Street ... 14
- Yauatcha Soho ... 53
- Scott's ... 57
- Golden Union ... 62
- Koya Bar ... 64
- L'Autre ... 70
- The Palomar ... 88

PRENDRE UN VERRE
- Claridge's ... 4
- The Connaught Bar ... 6
- Argyll Arms ... 9
- Sketch ... 15

SHOPPING
- Vivienne Westwood Couture ... 5
- Stella McCartney ... 6
- The Rolling Stones Store ... 7
- Charbonnel et Walker ... 11
- Berwick Street ... 12
- Penhaligon's ... 20
- Hamleys ... 38

SORTIR
- Bar Rumba ... 2
- Cirque le Soir ... 21

Après le groupe de bronze en hommage à Churchill et Roosevelt s'étend **Old Bond Street★**, bordée de commerces de luxe à la réputation bien établie. Non loin se trouve le passage Regency de **Burlington Arcade**.

Burlington House ★

D4 ⊖ *Piccadilly Circus.*
En 1664, le 1er comte de Burlington acquit cette propriété. Son descendant entreprit en 1715 de reconstruire la demeure dans le style palladien. Restauré au 19e s., le bâtiment fut modifié une nouvelle fois en 1867-1873 dans le style néo-Renaissance. En 1869, l'arrière de Burlington House fut transformé dans le style néogothique. Ornée de tours, d'un portique et d'un porche monumentaux, cette aile de l'édifice arbore une vingtaine de statues de magistrats.
Elle abrite notamment le siège de la **Royal Academy of Arts** (Académie des beaux-arts) qui soutient la création contemporaine et organise de nombreuses expositions *(accès par Burlington House ou Burlington Gardens - ☎ 020 7300 8090 - www.royalacademy.org.uk - ♿ - mar.-dim. 10h-18h, vend. 10h-21h).*

PICCADILLY ★

C/D4-5 ⊖ *Piccadilly Circus ou Hyde Park Corner.*
Cette célèbre artère s'étire de Piccadilly Circus à Hyde Park Corner, séparant les quartiers de St James's (☞ *p. 23*) et de Mayfair. Elle est bordée de bâtiments élégants, de clubs élitistes, de boutiques luxueuses et d'hôtels prestigieux comme le **Ritz**.

Depuis son ouverture en 1906, ce bâtiment d'inspiration française classique, décoré en style Louis XVI, accueille les grands de ce monde.
Fondée en 1707, **Fortnum & Mason** *(181 Piccadilly)* est une épicerie fine à la réputation internationale.
Elle est aussi connue pour son horloge musicale qui représente les deux fondateurs du magasin se saluant toutes les heures (☞ *p. 136*).

Piccadilly Circus ★

D4 ⊖ *Piccadilly Circus.*
Autrefois considéré comme le centre de l'Empire britannique, ce carrefour bruyant s'inscrit au croisement de trois avenues importantes.
Sa belle **fontaine** a été érigée en 1893 en hommage à Lord Shaftesbury (1801-1885), célèbre philanthrope britannique. L'*Ange de la charité chrétienne* en bronze doré qui la surmonte, communément assimilé à Éros, est devenu l'un des emblèmes de la capitale, au même titre que les enseignes lumineuses de la place.

Soho★

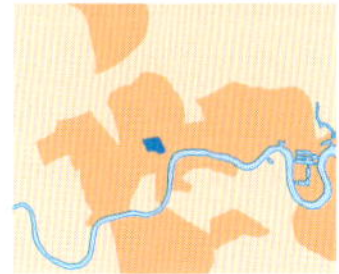

Quartier bohème à l'atmosphère parfois interlope, Soho est le repaire des publicitaires, de l'industrie cinématographique, de la mode et c'est aussi le fief de la communauté gay. La nuit, le ballet des noctambules anime les pubs, les restaurants français, italiens, grecs, chinois, antillais tandis que la foule afflue aux abords des théâtres, cinémas, clubs de jazz et boîtes de nuit.

▶**Accès :** ⊖ Oxford Circus, Tottenham Court Road, Leicester Square, Piccadilly Circus.
Plan de quartier p. 28-29. Plan détachable D/E3-4.

Regent Street ★★

D4 ⊖ *Oxford Circus ou Piccadilly Circus.*
Cette artère élégante tracée par John Nash demeure le royaume du shopping. On y trouve les grandes enseignes britanniques et internationales, notamment l'immense magasin de jouets Hamley's *(☞ p. 137)*... sans oublier le célèbre hôtel Café Royal.

Liberty ★★

D4 *Great Marlborough St.-* ⊖ *Oxford Circus.*
Dans cet « emporium », fondé en 1875 par Arthur Liberty, on trouvait un vaste choix d'articles importés de l'Empire britannique, que complétait du mobilier fabriqué dans des ateliers de Soho. Le magasin créa ses propres lignes de produits, copiés sur des modèles traditionnels indiens ou commandés auprès de grands créateurs proches de l'esthétisme et du mouvement Arts & Crafts. La joaillerie importait ses modèles Art nouveau du continent. Mais la marque Liberty est surtout réputée pour ses tissus de coton léger aux motifs floraux très caractéristiques, popularisés en France dans les années 1960 par la maison Cacharel.
Notez la magnifique colonnade de l'ancienne façade sur Regent Street, dominée par la statue monumentale de *Britannia* entourée de trois figures de pierre. La **façade Tudor** (1924) donnant sur Great Marlborough Street fut dessinée par Edwin T. et Stanley Hall, puis construite avec du chêne et du teck provenant des deux dernières goélettes de la Royal Navy.

Carnaby

D4 ⊖ *Oxford Circus.*
Ce quartier en grande partie piétonnier, autour de **Carnaby Street**, a été un haut lieu du Swinging London des années 1960 *(☞ p. 182)*. Il abrite désormais des magasins sophistiqués, des bars branchés, des restaurants et des clubs. Partez explorer les ruelles et cours alentour, telle la jolie **Kingly Court**, dont les coursives abritent cafés et restaurants.

Golden Square

D4 ⊖ *Piccadilly Circus.*
Cette belle place, qui comporte un jardin clos par des grilles, est la chasse gardée du milieu de la mode et des médias. Le calme qui y règne tranche avec l'agitation du quartier.

Wardour Street

D3-4 ⊖ *Leicester Square.*
Symbole de l'industrie cinématographique des années 1930, la rue est restée le siège de nombreuses maisons de production de films. L'animation bat son plein le soir dans ses bars et restaurants.

Chinatown ★

D4 ⊖ *Leicester Square.*
Gardée par de grands portiques orientaux, **Gerrard Street** est le centre de ce petit quartier coloré, qui frappe par le caractère exotique de ses restaurants, de ses boutiques et autres centres de médecine chinoise. C'est là que se déroulent chaque année les célébrations traditionnelles du Nouvel An chinois *(janv. ou fév.)*.

Leicester Square ★

D/E4 ⊖ *Leicester Square.*
Entièrement piétonne, cette vaste place fut longtemps le cœur du monde du spectacle londonien, comme en témoigne toujours le bâtiment de l'Empire Theatre (1884) au nord de la place.
Aujourd'hui bordée de magasins, de restaurants et de salles de cinéma, Leicester Square est un lieu de passage très fréquenté et animé, où on appréciera une petite pause face à la

PurpleImages/Getty Images Plus

Chinatown,
décorations pour le Nouvel An chinois.

fontaine élevée en 1874 à la mémoire de Shakespeare.
Côté sud, le **kiosque TKTS** *(p. 144)* permet de se procurer des places de théâtre à demi-tarif pour le jour même. Au nord-est de la place, l'**église Notre-Dame-de-France** renferme des fresques de **Jean Cocteau** (1959) et une tapisserie d'Aubusson de Dom Robert (1954). *5 Leicester Pl. - www.ndfchurch.org - 10h30-18h, dim. 12h-16h30.*

Covent Garden★

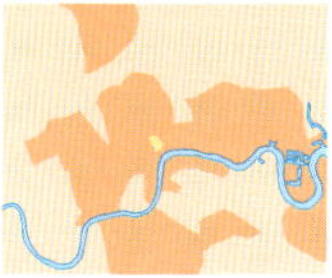

Covent Garden n'est pas le quartier le plus typique de Londres, mais il constitue le cœur vivant du centre touristique. Les badauds venus flâner sur la Piazza ont remplacé les commerçants qui envahissaient jadis les abords du marché. En soirée, la clientèle des pubs déborde sur les trottoirs, et les amateurs de théâtre se pressent dans les restaurants avant d'aller assister à l'un des nombreux spectacles donnés dans le quartier.

▶**Accès :** ⊖ Covent Garden.

Plan de quartier p. 34. Plan détachable E4.

The Piazza ★

E4 Bâtie sur l'emplacement du jardin *(garden)* d'un couvent (*covent ;* en fait l'abbaye de Westminster), cette place fut conçue en 1631 par **Inigo Jones** à la demande de Francis Russell, 4e comte de Bedford, devenu propriétaire du domaine après la Réforme. Le célèbre architecte *(p. 176)* s'inspira de la Place royale de Paris (actuelle place des Vosges) et de la Piazza Grande de Livourne (Italie) qu'il avait pu admirer quelques années auparavant. De la place qu'Inigo Jones conçut ne restent que les maisons situées à l'ouest de Russell Street, reconstruites depuis.

St Paul's Church ★

E4 *Entrée par la Piazza ou Bedford St. - ✆ 020 7836 5221 - actorschurch.org - ♿ - 8h30-17h30, dim. 9h-13h.*
Cette harmonieuse église en brique rose de style toscan, bâtie par Jones en 1633, fut fidèlement reconstruite après l'incendie qui l'endommagea en 1795. Elle est également connue sous le nom d'église des Acteurs *(Actors'Church)*, car ses caveaux et son cimetière abritent plusieurs célébrités, parmi lesquelles l'actrice Edith Evans (1888-1976) et le sculpteur **Grinling Gibbons** (1648-1721), dont plusieurs œuvres ornent l'église.

Covent Garden Market

E4 Sous la belle halle, l'ancien marché aux fleurs, aux fruits et aux légumes fondé au 16e s. (et que rendit célèbre l'Eliza Doolittle de G. B. Shaw) a été transféré en 1974 à Nine Elms (près de Battersea), et remplacé par un marché artisanal. Des boutiques, cafés et restaurants ont été aménagés dans les anciens entrepôts, dessinés en 1832 par Charles Fowler et reliés par des verrières en 1872.

Jubilee Market Hall

E4 Aux marchands de souvenirs qui occupent la halle du mardi au vendredi succèdent artistes et artisans les samedi et dimanche, et des antiquaires le lundi. Le **Jubilee Hall** (1904) abrite un centre sportif.

SE RESTAURER
MOC Kitchen........................ 41
Rules.................................. 48
Flat Iron.............................. 65

PRENDRE UN VERRE
The Savoy............................ 3

Lamb & Flag......................... 10
Brigit's Bakery..................... 31
One Aldwich......................... 36

SHOPPING
Magma................................. 13

Neal's Yard Dairy.................. 14
Neal's Yard Remedies.......... 15
Tatty Devine 40

SE LOGER
Hub by Premier Inn
Covent Garden.............. 8

Pubs et clubs de gentlemen

La partie sud-ouest de Covent Garden est célèbre pour ses Gentlemen's clubs. Le **Garrick** (1831 ; *15 Garrick St.*) et le **Beefsteak** (1867 ; *9 Irving St.*) perpétuent cette tradition. Le **Rules** *(34-35 Maiden Lane)*, plus ancien restaurant de Londres (1798), connaît toujours une affluence mondaine (*« Nos adresses/Se restaurer » p. 119*). Quant à la plus vieille taverne du quartier, le **Lamb & Flag**, elle est ouverte depuis 1623 (*« Nos adresses/Prendre un verre » p. 132*).

London Transport Museum ★

E4 *Covent Garden Piazza - 020 7379 6344 - www.ltmuseum.co.uk - ♿ - 10h-17h - 21 £ (-17 ans gratuit).*

Très apprécié des familles, ce musée interactif retrace 200 ans d'histoire et de technologie. Constituée dans les années 1920 et 1930 par la London General Omnibus Company, la collection fut transférée en 1980 dans ce bâtiment de l'ancien marché aux fleurs. Les expositions présentent le développement et l'impact sur Londres de son réseau de transports urbains, l'un des plus vastes au monde, notamment au moyen d'animations audiovisuelles. On y voit aussi des véhicules tels que l'omnibus à cheval Shillibeer (1829-1834), une motrice de métro de 1866 ou le premier autobus de 1910.

Theatre Royal Drury Lane

E4 *Catherine St. - 020 7557 7300 - lwtheatres.co.uk - visite guidée (1h) : tlj sf mar., se rens. pour les horaires - 18,50 £.*

Fondé en 1663, il est le quatrième théâtre élevé à l'emplacement d'un premier édifice construit à la Restauration. Le bâtiment actuel est l'œuvre de Benjamin Wyatt (1812). C'est là que le roi Charles II rencontra en 1665 l'actrice anglaise Nell Gwyn (1650-1687), la plus célèbre de ses maîtresses, dont il eut deux enfants illégitimes.

Royal Opera House ★

E4 *Bow St. - 020 7304 4000 - www.roh.org.uk - ♿ - visite guidée (1h15), voir formules et calendrier sur le site Internet - réserv. indispensable - 16 £ (-16 ans 12 £).*

L'**Opéra royal** fut fondé en 1732. L'édifice actuel, bâti de 1856 à 1858 par Edward M. Barry, est le troisième théâtre à avoir été construit sur cet emplacement et a subi d'importants travaux de rénovation dans les années 1990. Dédié à l'opéra et au ballet, il abrite une salle de plus de 2 200 places et accueille l'Opéra royal, le Ballet royal et l'Orchestre royal.

Neal's Yard ★

E4 *Entre la rue Shorts Gardens et Monmouth St.*

Restaurants végétariens, fromagerie, magasins de produits biologiques et de médecine douce sont venus s'installer dans cette cour pittoresque et colorée, qui a su conserver son charme d'antan avec ses systèmes de levage, ses pigeonniers, ses jardinières et ses arbres décoratifs en bacs.

The Strand★

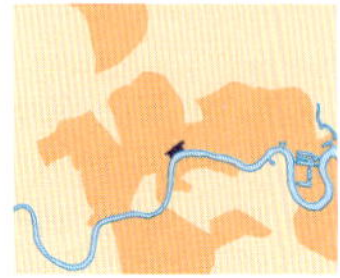

Situé à la lisière de Covent Garden et de la City, le quartier ne manque pas de charme, malgré le trafic incessant qui l'encombre. Bordé de beaux immeubles hérités de son passé aristocratique, il abrite d'élégants hôtels, des théâtres animés et, à Somerset House, les magnifiques collections d'art de la Courtauld Gallery, tout en restant fidèle à sa réputation de quartier où l'on sort.

▶**Accès :** ⊖ Temple, Charing Cross, Embankment.

Plan de quartier p. 34. Plan détachable E/F4-5.

Charing Cross Station

E4-5 ⊖ *Charing Cross ou Embankment.*

Desservant, avec Victoria Station, le sud de l'Angleterre, la gare de Charing Cross a été édifiée en 1863. Juste à côté, l'**Hôtel de la Gare** (1864) néogothique, dont les deux étages supérieurs furent ajoutés ultérieurement, est l'œuvre d'E. M. Barry. À l'arrière, les bâtiments datant de 1990 sont remarquables par la grande arche blanche qui couvre partiellement le viaduc ferroviaire dû à Terry Farrel. **Charing Cross Collectors Market**, un marché des collectionneurs, se tient le samedi au bout de Villiers Street, sous le viaduc.

Victoria Embankment Gardens ★

E4 ⊖ *Embankment.*

Sur le **quai Victoria**, des jardins ont été créés en 1864 ; des concerts y sont donnés en été. De l'autre côté, sur le bord du fleuve, s'élève **Cleopatra's Needle** (L'aiguille de Cléopâtre), obélisque égyptien en granit rose érigé en 1878 et offert à Georges IV par Méhémet Ali, vice-roi d'Égypte. Il ne s'agit cependant pas de l'aiguille originale, qui se trouve aujourd'hui dans Central Park à New York. Sans son piédestal, l'obélisque mesure 21 m de hauteur (celui de New York, 23,5 m ; celui de Rome, 25 m) et il pèse 182,5 t.

The Adelphi

E4 ⊖ *Charing Cross ou Embankment.*

Ce quartier abrité se cale entre le Strand et la Tamise, de Villiers Street à Adam Street. Il fut, aux 18e et 19e s., une sorte de petite Athènes ayant la faveur des artistes. À partir de 1768, les **frères Adam**, tous trois architectes, réalisèrent le quartier des Adelphi, créant un ensemble urbain sur plan régulier dont les rues étaient bordées de façades similaires, de style antique. Malheureusement, la famille Adam fut ruinée et les demeures devaient presque toutes disparaître à partir de la seconde moitié du 19e s. Deux beaux exemples au moins subsistent, typiques du style Adam. Dans **John Adam Street**, au n° 8, la charmante façade arrière, surmontée d'une jolie statue, de la **Royal Society of Arts** (1774), est visible du haut du petit escalier qui relie Durham House Street au Strand. Un peu plus loin, au n° 7, une maison présente des pilastres sculptés de chèvrefeuilles.

The Savoy ★

E4 ⊖ *Charing Cross.*
Le Savoy est un complexe comprenant une chapelle, un **théâtre** construit par Richard d'Oyly Carte en 1881, le premier immeuble londonien éclairé à l'électricité, et un **hôtel** d'exception dû au même architecte. Typiquement britannique, l'hôtel Savoy, l'un des plus connus de Londres, occupe l'emplacement du palais de Savoie bâti en 1246 par Henri III Plantagenêt et résidence de Pierre, comte de Savoie.

Somerset House ★★

E4 *Accès par le Strand et Victoria Embankment - ⊖ Temple - ✆ 020 7845 4600 - www.somersethouse.org.uk - ♿ - à partir de 8h - visites guidées de Somerset House (1h env., 5 £), conférences, projections, concerts (calendrier sur le site Internet).*
Ce superbe édifice en pierre de Portland s'étirant entre le Strand et la Tamise fut dessiné par l'architecte **William Chambers** (☛ p. 177) et érigé à la fin du 18e s. sur le site d'un ancien palais royal voulu par le lord-protecteur Somerset en 1547. Son étroite façade sur le Strand n'impressionne pas vraiment, mais l'on saisit toute la beauté du lieu une fois le portique franchi. Une vaste cour est piquetée d'élégants jets

ultraforma/Getty Images Plus

La patinoire éphémère devant Somerset House.

d'eau qui font en été le bonheur des petits et des grands. De nombreuses animations (concerts, spectacles son et lumière, etc.) sont organisées sur la Piazza de Somerset House tout au long de l'année.

The Courtauld Gallery ★★

E4 *Somerset House - ⊖ Temple - ✆ 020 7848 2526 - courtauld.ac.uk - ♿ - 10h-18h - 11 £ en sem., 13 £ le w.-end (gratuit -18 ans).*
Installée dans les salons de la Somerset House donnant sur le Strand, admirables par leurs proportions et leurs élégants plafonds de stuc, cette galerie rénovée en 2021 accueille sur trois niveaux les exceptionnelles collections du Courtauld Institute of

Art, fondé en 1932 par l'industriel et mécène anglais Samuel Courtauld. Le premier étage est dévolu à l'**art médiéval**, avec notamment une remarquable *Mise au tombeau*, de Robert Campin.
Au deuxième étage, les **Blavatnik Fine Rooms** mettent en lumière des chefs d'œuvre de la Renaissance au 18e s., en particulier des écoles italiennes et du Nord. Parmi les immanquables : *La Sainte Trinité* (ou *Pala delle Convertite*) de Botticelli, *Adam et Ève* de Cranach l'Ancien, *La Fuite en Égypte* de Bruegel l'Ancien et les huiles de Rubens, dont la *Descente de croix* et *La Famille de Jan Bruegel*.
Mais c'est surtout pour sa collection d'**œuvres impressionnistes** et post-impressionnistes que la Courtauld Gallery est connue. Ces pièces sont désormais exposées au troisième étage, notamment dans la **LVMH Great Room** : Manet *(Un bar aux Folies-Bergère)*, Van Gogh *(Autoportrait à l'oreille bandée)*, Cézanne *(Les joueurs de carte)*, Monet, Seurat, Renoir, Degas, Gauguin et Modigliani figurent parmi les artistes représentés. Au même étage, une salle montre par roulement quelques œuvres réalisées par les artistes du **Bloomsbury Group** et un espace est consacré aux expositions temporaires, organisées à partir des incroyables réserves de la galerie.

St Mary-le-Strand

E4 *The Strand - ⊖ Temple - stmarylestrand.com - lun.-jeu. 12h-16h.*
Bâtie par **James Gibbs** entre 1714 et 1724, cette église de style baroque présente un porche en rotonde, un toit en terrasse et un clocher étagé se terminant par un lanternon.
À l'intérieur, son plafond à caissons est sculpté de motifs de fleurs ou de chérubins. Abstraction faite du clocher, l'édifice ressemble à un petit palais.Il est connu comme « l'église des chauffeurs de taxi ».

St Clement Danes ★

F4 *St Clement Danes Church Strand - ⊖ Temple - ✆ 020 7242 8282 - stclementdanesraf.org - ♿ - 10h-16h, w.-end 10h-15h.*
Des Danois furent jadis enterrés en ce lieu où **Christopher Wren** construisit, en 1682, l'actuel édifice. Le clocher, refait par Gibbs en 1719, présente un certain nombre d'analogies avec celui de St Mary. L'église, incendiée en 1941 lors des bombardements du Blitz, a été restaurée entre 1955 et 1958 sous les auspices de la Royal Air Force dont elle est devenue le sanctuaire (735 écussons d'unités sont incrustés dans le sol). L'intérieur, très harmonieux, présente les bancs et les tribunes chers à Wren ; leurs teintes foncées contrastent avec les tons clairs des piliers et de la voûte aux stucs se détachant en blanc sur des fonds gris. La chaire a été réalisée par **Grinling Gibbons**.

Temple★ et Chancery Lane★

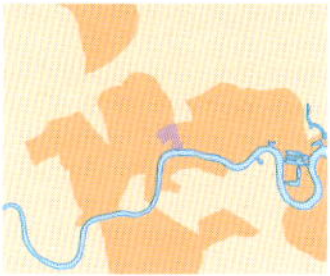

L'imposant vaisseau de pierre des Royal Courts of Justice marque le cœur du Londres juridique. Tout autour se déploient les prestigieuses Inns of Court, ces écoles de droit qui supervisent la profession et préparent les étudiants en fin d'études à l'accession au barreau. Elles sont au nombre de quatre : Gray's Inn et Lincoln's Inn dans le quartier de Chancery Lane, au nord du Palais de justice ; Inner Temple et Middle Temple, dans l'ancien quartier des Templiers, vers la Tamise. Faufilez-vous dans ce dédale d'édifices, de courettes et de squares d'un autre âge. L'atmosphère y est paisible et studieuse, voire auréolée d'un certain mystère, à peine troublée par le pas pressé des avocats. Pour prolonger ce voyage dans le temps, perdez-vous dans les coins et recoins du Sir John Soane's Museum, un cabinet de curiosités inclassable.

▶**Accès :** ⊖ Temple, Holborn, Chancery Lane.
Plan de quartier p. 41. Plan détachable E/F3-4.

Royal Courts of Justice ★

F4 *The Strand - ⊖ Temple - theroyalcourtsofjustice.com - ♿ - lun.-vend. sur réserv. (horaires variables, se rens. sur le site Internet) - visite guidée en anglais (1h) 16 £ (-14 ans 14 £).*
Édifié entre 1874 et 1882, le **Palais de justice** de style néogothique est incontestablement imposant : 5 km de couloirs, plus de 1000 salles, 35 millions de blocs de pierre et un **Great Hall** aux dimensions intimidantes, ressemblant à s'y méprendre à la nef d'une cathédrale. C'est ici que se déroulent les audiences civiles et les procès en appel (les affaires criminelles étant jugées à Old Bailey). À l'exception des procès à huis clos, les audiences sont ouvertes à tous (les deux dernières rangées de bancs sont réservées au public). À l'extérieur

naumoid/Getty Images Plus

Temple Church.

de chaque *court*, une feuille mentionne le nom des parties et précise si le procès se tiendra *robed* ou *unrobed* (avec ou sans robe). Pour les audiences formelles, les juges siègent en robe et portent parfois leur longue perruque. Les avocats, reconnaissables à leur col amidonné avec des rubans, ont quant à eux une perruque plus modeste.
Au 1er étage du bâtiment, on peut voir une petite exposition d'anciens costumes d'audience.

Temple ★

F4 *Accès par Inner Temple Gateway (entre les nos 16 et 17 de Fleet St.).*
Un surprenant dédale de cours, de voûtes, de passages et de jardinets descend vers les berges de la Tamise. Ces terrains, qui doivent leur nom aux templiers établis ici au 12e s. avant de céder la place à l'ordre de Malte, furent occupés après la Dissolution par des écoles et des cabinets d'avocats. Toujours voué aux activités juridiques, c'est un véritable havre de paix qui abrite des édifices des 17e et 18e s.

Temple Church★★

King's Bench Walk - ✆ 020 7353 8559 - www.templechurch.com - ♿ - lun.-vend. 10h-16h (sf exceptions, voir le calendrier sur le site Internet) - 5 £ - concerts (certains gratuits).
Cette église est bien connue des fans du *Da Vinci Code* de Dan Brown, puisqu'elle est l'un des lieux clés du roman et du film. Bâtie au 12e s. sur le plan circulaire propre aux églises de l'ordre de Malte, elle présente un porche roman. La rotonde, dans le style de transition roman-gothique, contient quelques gisants de chevaliers (12e-13e s.), tandis que le chœur offre un bel exemple de style Early English.

St Bride's Church ★

F4 *Fleet St. - ⊖ Blackfriars - ✆ 020 7427 0133 - www.stbrides.com - 8h-17h, sam. 10h-15h30, dim. 10h-18h30 - gratuit - concerts.*
La célèbre **flèche★★** blanche de St Bride's conçue par **Christopher Wren** fut incendiée en 1940 ; seuls la carcasse et le clocher restèrent debout. L'extérieur de l'édifice a été restauré d'après la conception originale de Wren, avec de grandes baies arrondies entre les portes à frontons surmontés de fenêtres circulaires. À l'intérieur, un retable néoclassique clôture la nef et ferme l'abside.

Lincoln's Inn ★★

F3 ⊖ *Chancery Lane - ✆ 020 7405 1393 - www.lincolnsinn.org.uk - parc : lun.-vend. 7h-19h - chapelle : lun.-vend. 9h-19h - visite guidée des bâtiments (se rens.).*

Fleet Street

F4 Cette rue fut le domaine des journalistes jusqu'à ce que la technologie transforme la production des grands quotidiens, qui ont, dans les années 1980, progressivement migré vers les Docklands. Cette grande artère, qui est aussi une route royale, est bordée d'imposants immeubles de styles très variés.

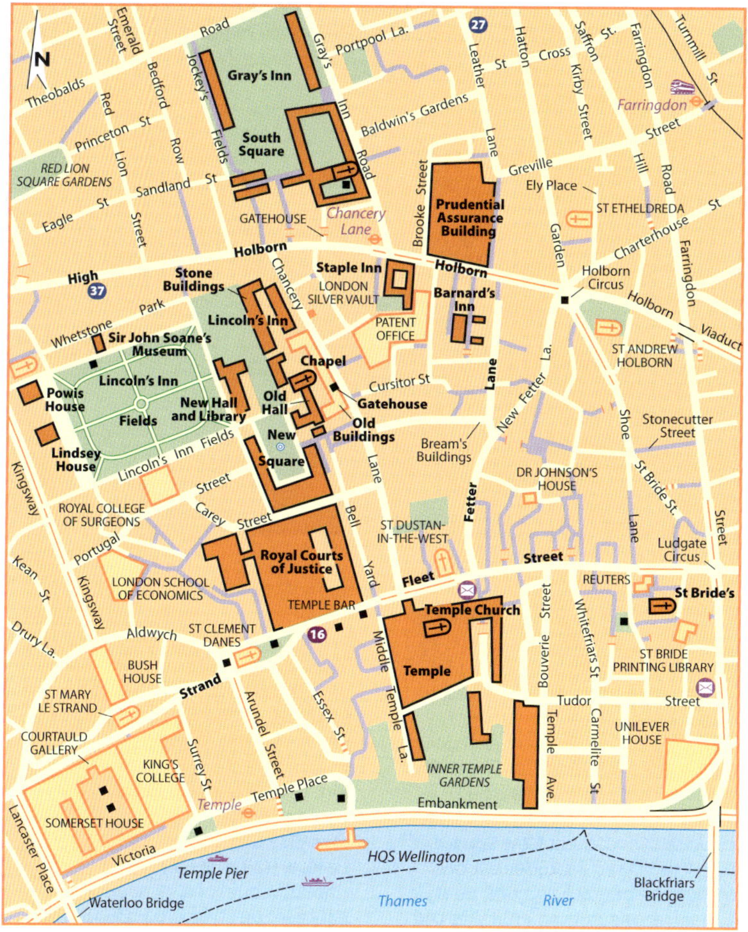

TEMPLE CHANCERY LANE

0 — 200 m — 200 yards

PRENDRE UN VERRE

- Craft Beer Co. 27
- Rosewood Hotel 37

SHOPPING

- Twinings 16

Alamy/hemis.fr

New Square, Lincoln's Inn.

Le site appartint aux dominicains jusqu'en 1276, puis fut acquis par le comte de Lincoln qui y fit construire une grande demeure devenue une résidence pour étudiants en droit. Une porte principale donne accès à l'enchevêtrement de cours et de bâtiments entourés de jardins et de remises. Des constructions du 17e s., occupées surtout par des cabinets d'avocats, encadrent **New Square**. La partie sud est marquée par des édifices de brique à pignons, de style Tudor (reconstruits en 1609), les **Old Buildings**. L'immeuble le plus ancien de Lincoln's Inn, l'**Old Hall**, date de 1490. La **chapelle** *(accès par escalier à gauche du Old Hall)* est de style gothique, bien que reconstruite entre 1619 et 1623. Les vitraux de la même époque sont dus à des artistes flamands, les frères Van Linge. Jadis, les avocats recevaient leur clientèle dans la galerie basse. Les fidèles et les trésoriers y ont laissé leurs noms et leurs armoiries : Thomas More, Richard Cromwell, Horace Walpole, William Pitt, Lord Brougham, Disraeli, etc. Les **Stone Buildings** ont été édifiés vers 1775 dans le style classique. Le **New Hall** et la **Library** (bibliothèque) occupent un grand bâtiment de style Tudor (1845-1873). **Gatehouse**, le pavillon d'entrée en brique et à tourelles d'angle, date de 1518. Les massives portes de chêne qui ferment l'arche à quatre cintres sont d'origine. Les armes d'Henri VIII, du comte de Lincoln et de Sir Thomas Lovell figurent juste au-dessus.

Lincoln's Inn Fields

E3 *Holborn.*

Vers 1650, un lotisseur, qui avait acquis les terrains s'étendant à l'ouest de Lincoln's Inn, édifia des maisons sur trois des côtés du jardin, havre de paix au cœur d'un quartier très animé.

L'une d'elles, **Lindsey House**, probablement dessinée par Inigo Jones, existe encore, bien que divisée aujourd'hui (nos 59 et 60).

Plusieurs maisons datent du 18e s., comme celles des nos 57 et 58, construites en 1730 dans le style palladien, et **Powis House** (1777) au no 66, dont la baie centrale est surmontée d'un fronton.

Sur le côté nord, les nos 1-2 sont du début du 18e s.; les nos 5 à 9, de style georgien; et le no 15, du milieu du 18e s.

Au sud s'élèvent l'ancien **Land Registry** (cadastre, aujourd'hui London School of Economics), de style Jacques Ier, le néogeorgien collège Nuffield de chirurgie (1956-1958) et le Collège royal des chirurgiens (fin 19e-début 20e s.).

À l'angle de Portsmouth Street, un bâtiment à moitié en bois affiche la date de 1567.

Sir John Soane's Museum ★★

E3 *13 Lincoln's Inn Fields - Holborn - 020 7405 2107 - www.soane.org - - merc.-dim. 10h-17h - gratuit - visites nocturnes aux chandelles (Soane Lates), calendrier sur le site Internet.*

Même s'il reste ouvert, le musée enchaîne les campagnes de rénovation. Certaines pièces peuvent être fermées à la visite lors de votre passage.

Entre 1792 et 1823, l'**architecte John Soane**, qui conçut notamment les plans d'origine de la Bank of England, acquit, remodela et réunit les nos 12, 13, 14 de Lincoln's Inn Fields pour en faire sa résidence familiale, ses bureaux et un musée. En 1833, le Parlement britannique vota une résolution garantissant la pérennité de son musée après sa mort, sans qu'aucune modification ne soit apportée à l'aménagement intérieur. Aussi, les collections, outre leur intérêt propre, permettent de pénétrer dans l'univers d'un grand collectionneur de cette époque pour une visite au charme insolite.

Les pièces sont petites, les couloirs étroits, les escaliers modestes, mais la disposition ingénieuse des miroirs, cloisons mobiles, éclairages et fenêtres sur cours intérieures ainsi que la décoration augmentent volumes, surfaces et perspectives.

Fragments, moulages et modèles sont exposés de part et d'autre des galeries, tandis qu'au sous-sol se trouvent la crypte (urnes et vases funéraires), le parloir du moine et la chambre sépulcrale contenant le sarcophage de Séthi Ier (vers 1300 av. J.-C.).

Au rez-de-chaussée, la salle à manger, le bureau, la salle à coupole réservée au petit-déjeuner et le portrait de Soane à 75 ans peint par Lawrence sont très évocateurs. La **collection de tableaux** (salle des peintures) comprend des dessins originaux de Piranèse, des scènes satiriques de

Hogarth, mais aussi des toiles de Canaletto, Reynolds et Turner.
Au 1er étage sont exposés estampes, plans d'architecture, livres rares et pas moins de 40 maquettes qui permettent de prendre conscience de l'étendue du travail de l'architecte.
Le salon sud contient un tableau de Turner, accroché en face de la cheminée. La chambre d'Eliza Soane, épouse de l'architecte, la salle de bain et plusieurs pièces de vie ont également été reconstituées à l'identique.

Gray's Inn ★

E/F3 *South Square - ⊖ Chancery Lane.*
Les fondations de cette école de droit remontent au 14e s., tandis que les bâtiments datent du 16e s.
L'entrée principale est marquée par un élégant corps de garde de 1688.
À l'intérieur de l'enceinte, **South Square**, entièrement reconstruite à l'exception du n° 1 qui date de 1685, est ornée d'une belle statue en bronze du philosophe **Francis Bacon**, le membre le plus illustre de Gray's Inn.
Le hall a été rebâti dans le style du 16e s. avec des gables aux rampants étagés sur chaque pignon et un remplage Perpendicular tardif.
Les jardins étaient alors l'une des promenades favorites des Londoniens. De magnifiques grilles en fer forgé du début du 18e s. les ferment au sud.

Staple Inn ★

F3 *⊖ Chancery Lane.*
À la limite de la City, Staple Inn est l'une des neuf écoles de la chancellerie où les étudiants en droit passaient leur première année ; elle dépendait de Gray's Inn. Construite en partie en bois, elle représente l'une des très rares vues du Londres médiéval.
La façade sur Holborn, à pans et balcons en encorbellement, remonte aux années 1586-1596 et constitue le seul exemple d'architecture urbaine élisabéthaine subsistant dans la ville.
Un passage voûté donne accès à une charmante cour entourée de d'édifices du 18e s., au-delà desquels s'étend un jardin.

High Holborn

F3 *⊖ Chancery Lane.*
Sur le chemin de Holborn Circus s'élève l'édifice massif en brique rouge du **Prudential Assurance Building**, également connu sous le nom de Holborn Bars, conçu par A. Waterhouse (début du 20e s.).
Juste en face, celui de **Barnard's Inn** abrite aujourd'hui le **Gresham College**, la première université libre de Londres. Fondée en 1597 par Sir Thomas Gresham dans sa résidence de Bishopsgate au cœur de la City, l'institution s'installa dans ces constructions en 1843.

Sir John Soane's Museum.

Bloomsbury★

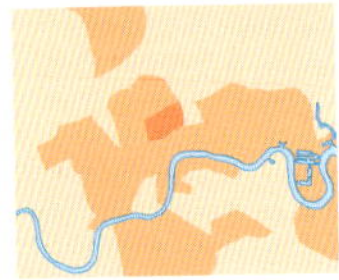

Bloomsbury abrite de belles places des 18e et 19e s., bordées de demeures georgiennes et victoriennes. Jadis très prisé des artistes et des écrivains, ce quartier résidentiel fut, au début du 20e s., le berceau du Bloomsbury Group, auquel appartenait Virginia Woolf. De grandes institutions, comme le British Museum et l'université de Londres, perpétuent cette tradition artistique et intellectuelle.

▶**Accès :** ⊖ Tottenham Court Road, Goodge Street, Russell Square.
Plan détachable D/E2-3.
▶**Conseils :** Le British Museum est immense, ne prévoyez pas un programme trop ambitieux. Pourquoi ne pas suivre l'une des nombreuses visites guidées thématiques gratuites (en anglais) proposées chaque jour ?

Bedford Square ★★

D/E3 ⊖ *Tottenham Court Road.*
La plus belle et la mieux conservée des places de Bloomsbury fut aménagée à partir de 1775 par l'architecte Thomas Leverton. Les maisons de brique de trois étages ont des portes arrondies, surmontées d'élégantes fenêtres en demi-lune, et des balcons rehaussés d'un fronton central en stuc au premier étage.

The British Museum ★★★

E3 *Great Russell St. - ⊖ Tottenham Court Road ou Holborn - ✆ 020 7323 8000 - www.britishmuseum.org - ♿ - 10h-17h (vend. 20h30) - fermé 24-26 déc. - gratuit (sf expos temporaires).*
☺ *Une quinzaine de visites guidées gratuites (en anglais) sont organisées chaque jour (programme à l'accueil ou sur le site Internet). Des animations permettent aussi d'en savoir plus sur certains objets et de les manipuler : recherchez les panneaux « Hands on ».*

Aussi incontournable que le Louvre, le British Museum est le plus ancien des musées nationaux au monde (1759). Surtout connu pour ses collections antiques et ethnographiques, il retrace à travers une soixantaine de galeries plus de deux millions d'années d'histoire de l'humanité sur les cinq continents.
La **Great Court**, recouverte par Norman Foster d'une vaste verrière aux armatures d'acier, constitue le cœur du musée. Enserrant la salle de lecture circulaire de l'ancienne British Library, ce vaste atrium abrite la librairie et les boutiques du musée, des cafés et des sculptures donnant un avant-goût des richesses du musée.
L'**Antiquité** est la période la mieux représentée. Ne manquez pas notamment les collections égyptiennes, dont la fameuse **pierre de Rosette**, qui permit à Champollion de déchiffrer les hiéroglyphes, et les six salles consacrées aux rites funéraires. Particulièrement riche, la **section assyrienne et babylonienne** présente

des reliefs du palais d'Assourbanipal de Ninive. De grandes salles sont réservées aux **sculptures du Parthénon**, rapportées d'Athènes par Lord Elgin au début du 19e s., et dont le gouvernement grec réclame, en vain, la restitution depuis les années 1980. Admirez également les statues récupérées sur le site du **mausolée d'Halicarnasse**, l'une des sept merveilles du monde antique, et le **vase de Portland** (1er s.), référence de l'art du verre camée romain.
Très fournies, les salles sur l'Europe couvrent entre autres l'**archéologie des îles britanniques**, allant de la préhistoire (homme de Lindow, 1er s.) au Moyen Âge (bateau saxon de Sutton Hoo, 7e s. ; jeu d'échecs de Lewis, 12e s.).
Les collections d'art islamique, d'Amérique précolombienne, d'Asie et d'Afrique complètent la visite.
Ne partez pas sans avoir exploré, au rez-de-chaussée, la reconstitution d'un **cabinet de curiosités** typique de l'époque des Lumières et la galerie **Les morts et les vivants** (Living and Dying) qui résume l'importance et la nature des rituels à travers le monde.

Russell Square

E2-3 ⊖ *Russell Square.*
Construit en 1800, Russell Square est bordé de très belles maisons victoriennes. Le jardin, qui occupe presque toute la place, lui donne un air quelque peu bucolique.

Charles Dickens Museum

E2 *48 Doughty St. - ⊖ Russell Square - ✆ 020 7405 2127 - dickensmuseum.com - ♿ - merc.-dim. 10h-17h - 12,50 £ (6-16 ans 7,50 £).*

TPX/Prisma/age fotostock

Salle des Antiquités égyptiennes au British Museum.

Un agréable café, ouvert à tous, est installé dans le jardin.
Le musée occupe la maison du 18e s. que le plus célèbre des romanciers britanniques habita avec sa famille d'avril 1837 à décembre 1839. C'est la seule de ses résidences londoniennes qui existe encore aujourd'hui. Il n'y vécut que deux ans, mais c'est ici qu'il écrivit certaines de ses œuvres les plus importantes : *Les Aventures de M. Pickwick*, *Nicolas Nickleby* et surtout *Oliver Twist*. Portraits, mobilier, effets personnels, manuscrits, les premiers exemplaires brochés de ses romans et les notes qu'il utilisait pour ses lectures publiques, tout est mis en scène dans les différentes pièces de la demeure.

The City★★★

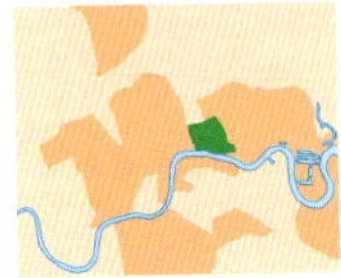

(La Cité)

Également connue sous le nom de « Square Mile » (mile carré), la City est limitée par le tracé de l'ancien mur de Londres qui définissait la ville romaine et médiévale. Quartier financier de la capitale et place boursière mondiale de première importance, la City est un quartier qui a su évoluer et qui compte nombre de grandes réussites architecturales, juxtaposées ici et là avec des églises et des passages surgis d'un passé lointain. L'ensemble ne manque pas de surprendre et possède un charme indéniable.

▶**Accès :** ⊖ St Paul's, Mansion House, Bank, Cannon Street, Monument, Aldgate, Barbican, Liverpool Street.

Plan de quartier p. 50-51. Plan détachable F/G/H3-4.

▶**Conseil :** Très animé en semaine et en journée (nombreux bars, restaurants, boutiques), le quartier se vide en deuxième partie de soirée et le week-end.

St Paul's Cathedral ★★★

G4 St Paul's Churchyard - ⊖ St Paul's - ✆ 020 7246 8350 - www.stpauls.co.uk - ♿ - lun., mar., jeu. et sam. 8h30-16h30, merc. 10h-16h30 - 20,50 £ (6-17 ans 9 £) - audioguide ou visite guidée inclus (tarif réduit sur le site Internet).

Couronnant la City de sa gigantesque coupole, la cathédrale St-Paul, chef-d'œuvre de **Christopher Wren** (*☛ p. 176*), s'élève sur la colline de Ludgate. La première pierre de la cathédrale, conçue après le Grand Incendie (1666), fut posée le 21 juin 1675. Trente-trois ans plus tard, le fils de l'architecte plaça au sommet de la lanterne la dernière pierre de l'édifice.

Extérieur

À la différence du dôme de St-Pierre-de-Rome qui influença Wren, le **dôme★★★** de St-Paul n'a pas vraiment la forme d'un hémisphère. Son tambour comporte deux niveaux : le niveau inférieur est ceint d'une colonnade et coiffé d'une balustrade, tandis que le niveau supérieur forme une galerie panoramique circulaire, la **Stone Gallery**. Au sommet du dôme, la lanterne est dans le sobre style baroque anglais, avec des colonnes sur ses quatre côtés ainsi qu'une petite coupole servant de plinthe à la calotte d'or de 2 m de diamètre.

L'**extrémité ouest**, précédée de deux larges volées d'escaliers, présente un portique à deux niveaux et des colonnes sous un fronton décoré, surmonté du portrait de saint Paul.

De l'autre côté s'élancent les tours les plus baroques jamais réalisées par Wren comme pour mettre en valeur le dôme. Ne manquez pas d'observer les sculptures extérieures, réalisées en partie par **Grinling Gibbons**.

Mauro_Repossini/Getty Images Plus

La cathédrale St-Paul au cœur de la City.

Intérieur

Riche et imposant, il vaut notamment pour l'époustouflante envolée de sa grande coupole, aussi large que la nef et ses bas-côtés réunis, et décorée par **James Thornhill** de peintures en grisaille. Dans la nef, remarquez l'imposant mausolée du duc de Wellington, vainqueur de Napoléon à Waterloo ; en face, dans le transept nord, une peinture de W. Holman Hunt exécutée en 1900, *La Lumière du monde*. De la **Whispering Gallery** (galerie des Murmures) située sous la coupole *(259 marches)*, le visiteur sera impressionné par les vues vertigineuses sur le transept et la coupole. Notez l'effet acoustique bizarre qui a valu son nom à la galerie.

Le **panorama★★★** depuis la **Golden Gallery** (galerie d'Or), tout en haut de la coupole *(543 marches)*, permet de découvrir une ample **vue** sur Londres. Les bras du transept sont peu profonds : le bras gauche contient des fonts baptismaux sculptés en 1727 par **Francis Bird**, le droit abrite la superbe statue de Nelson par **Flaxman**. Dans le chœur, les magnifiques **stalles★★** sont encore l'œuvre de **Gibbons**. La gracieuse sculpture de la Vierge à l'Enfant placée dans le bas-côté nord est due à **Henry Moore** (1984). Dans le déambulatoire de droite, notez l'étonnante statue du poète John Donne, doyen de St-Paul entre 1621 et 1631, et les installations vidéo de Bill Viola, *Martyrs* dans l'aile sud, et une Pietà, lui faisant face.

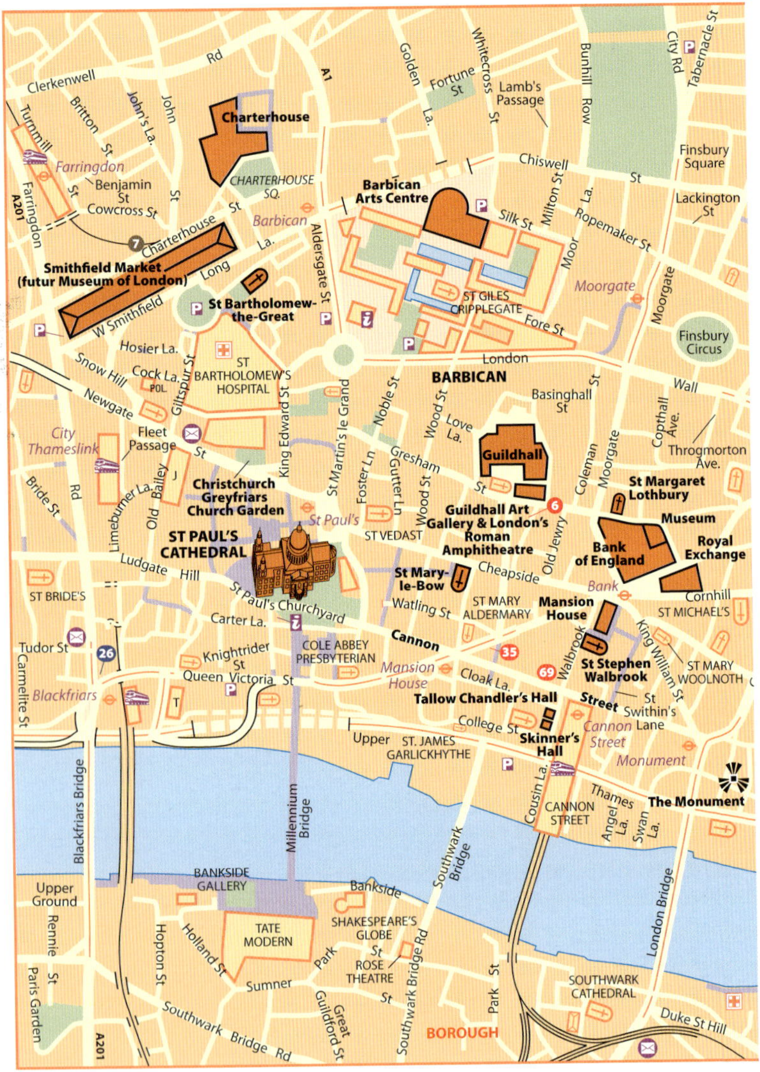
Charterhouse
CHARTERHOUSE SQ.
Barbican
Barbican Arts Centre
Smithfield Market (futur Museum of London)
St Bartholomew-the-Great
ST BARTHOLOMEW'S HOSPITAL
BARBICAN
ST GILES CRIPPLEGATE
Farringdon
City Thameslink
Christchurch Greyfriars Church Garden
ST PAUL'S CATHEDRAL
St Paul's
Guildhall
Guildhall Art Gallery & London's Roman Amphitheatre
St Mary-le-Bow
ST VEDAST
St Margaret Lothbury
Museum
Bank of England
Royal Exchange
Bank
Mansion House
ST MARY ALDERMARY
St Stephen Walbrook
ST MICHAEL'S
ST MARY WOOLNOTH
ST BRIDE'S
COLE ABBEY PRESBYTERIAN
Mansion House
Tallow Chandler's Hall
Skinner's Hall
Cannon Street
Monument
The Monument
ST. JAMES GARLICKHYTHE
CANNON STREET
Blackfriars
Moorgate
BANKSIDE GALLERY
TATE MODERN
SHAKESPEARE'S GLOBE
ROSE THEATRE
SOUTHWARK CATHEDRAL
BOROUGH
Blackfriars Bridge
Millennium Bridge
Southwark Bridge
London Bridge
Clerkenwell Rd
Turnmill
Britton St
John's La.
John St
Farringdon
A201
Benjamin St
Cowcross St
Charterhouse St
Long La.
W Smithfield
Aldersgate St
A1
Golden La.
Fortune St
Whitecross St
Lamb's Passage
Bunhill Row
City Rd
Tabernacle St
Chiswell St
Finsbury Square
Lackington St
Silk St
Milton St
Ropemaker St
Moor La.
Moorgate
Fore St
Finsbury Circus
London Wall
Hosier La.
Snow Hill
Cock La.
POL
Giltspur St
Newgate St
Fleet Passage
Basinghall St
Copthall Ave.
Throgmorton Ave.
Noble St
Wood St
Love La.
Gresham St
Gutter Ln
Foster Ln
St Martin's le Grand
King Edward St
Bride St
Rd
Limeburner La.
Old Bailey
Coleman St
Moorgate
Old Jewry
Cheapside
Ludgate Hill
St Paul's Churchyard
Carter La.
Watling St
Cornhill
Tudor St
Carmelite St
Knightrider St
Queen Victoria St
Cannon Street
Cloak La.
Walbrook
King William St
St Swithin's Lane
College St
Upper Thames St
Cousin La.
Angel La.
Swan La.
Upper Ground
Rennie St
Paris Garden
Hopton St
Holland St
Sumner St
Park St
Bankside
Great Guildford St
Southwark Bridge Rd
Park St
Southwark Bridge Rd
Duke St Hill
A201

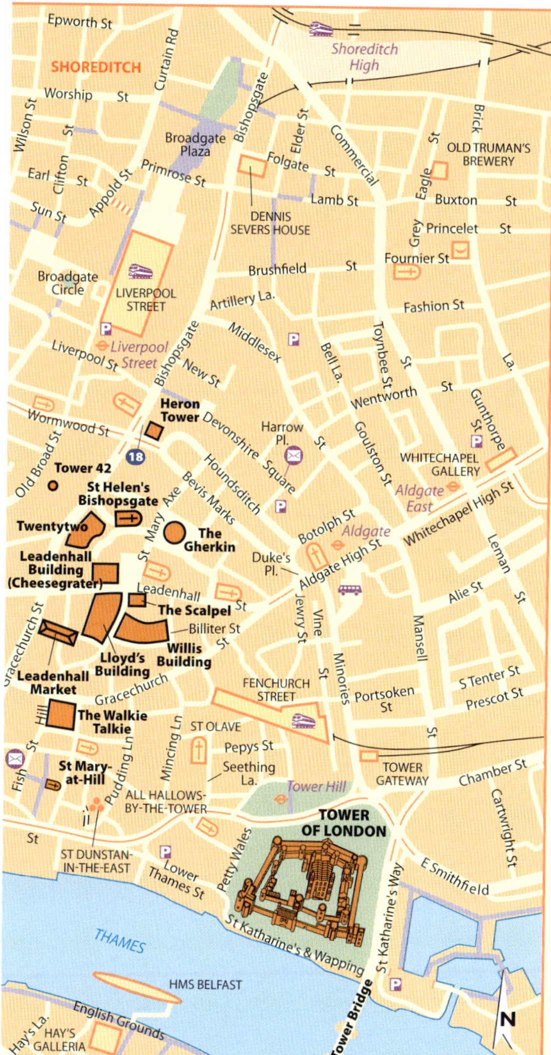

THE CITY

0 — 200 m
0 — 200 yards

SE RESTAURER

City Càphê ... 6
Sweetings ... 35
Caravan City ... 69

PRENDRE UN VERRE

Sushi Samba ... 18
The Blackfriar ... 26

SORTIR

Fabric ... 7

Christchurch Greyfriars Church Garden

F/G3 *King Edward St. - ⊖ St Paul's - www.cityoflondon.gov.uk - accès libre.*
Cette **église** datée du 13e s. est le seul vestige d'un monastère franciscain. Reconstruite par Christopher Wren à la fin du 17e s. après le Grand Incendie de Londres, elle fut ravagée par les bombardements du Blitz en 1940. Dans ses ruines, préservées comme un mémorial après la guerre, on a finalement aménagé un **jardin public** où dominent les roses. Un lieu inattendu et rempli de charme.

Barbican ★

G3 ⊖ *Barbican*
Dévasté par les bombardements de la Seconde Guerre mondiale, ce quartier a été entièrement reconstruit à partir de 1958 comme une utopie architecturale enclose et austère, où les piétons circulent dans des espaces réservés au niveau supérieur tandis que la circulation automobile s'opère au niveau inférieur. Un univers de béton très particulier, où les amateurs d'architecture brutaliste déambuleront entre d'immenses complexes résidentiels, des pièces d'eau, des jardins et des terrasses avant de gagner le **Barbican Arts Centre** *(www.barbican.org.uk)*, lieu majeur de la vie culturelle de Londres (théâtre, salle de concerts, galerie d'art, bibliothèque, restaurants, etc.).

St Bartholomew-the-Great ★★

G3 *West Smithfield - ⊖ Barbican - ✆ 020 7600 0440 - www.greatstbarts.com - ♿ - 10h-17h, dim. 8h30-18h30 - gratuit.*
Cette église, sans doute la plus charmante de Londres, est le dernier vestige d'un prieuré de chanoines augustins dissous en 1539. Bâtie en 1123, elle séduit par son éclectisme, mélange d'architectures romane et gothique.
La sobriété du **chœur** (12e s.) est rehaussée par une belle loggia sculptée. Remarquez les **fonts baptismaux** (15e s.), parmi les rares à avoir survécu à la Réforme à Londres, et sur lesquels fut béni le peintre William Hogarth en 1697. L'église apparaît dans certaines scènes des films *Quatre mariages et un enterrement* et *Shakespeare in Love*. Elle abrite également des œuvres d'art contemporain.

Smithfield Market

F3 *201-232 Charterhouse St. ⊖ Barbican, Farringdon.*
C'est dans les bâtiments désaffectés de ce marché de la viande datant de l'ère victorienne que s'ouvrira, en 2026, le tout nouveau **Museum of London★★**, anciennement situé près du Barbican et qui a fermé ses portes fin 2022 *(www.museumoflondon.org.uk)*.
Les bâtiments de brique rouge flanqués de tours à chaque extrémité furent érigés à partir de 1868 sur plus de 3 ha.

Charterhouse ★

F/G3 *Charterhouse Square - ⊖ Barbican - ✆ 020 7253 9503 - thecharterhouse.org - mar.-sam. 10h30-16h30 - fermé 25-27 déc. et 31 déc.-2 janv. - gratuit.*

Fondé en 1371, cet ancien couvent de chartreux fut transformé en manoir Tudor quand Henri VIII eut dissous la communauté et confisqué ses bâtiments (1537). En 1611, l'édifice fut racheté par **Thomas Sutton** (1532-1611), qui y établit un hospice pour indigents et une école pour garçons.
La chartreuse a été réaménagée au cours des siècles, mais on peut encore y admirer le splendide **Great Hall**, grande salle Tudor avec charpente à diaphragmes, boiseries et galeries du 16e s. ; la **Great Chamber** (Grande Chambre) de style élisabéthain, ornée d'une cheminée monumentale peinte, de plafonds dorés et de fenêtres à résilles de plomb ; ou encore la **chapelle** qui occupe depuis 1614 l'ancienne salle capitulaire.
Le **musée** propose une rétrospective détaillée de l'histoire avec documents d'époque et même un squelette d'une victime de la Grande Peste.

Guildhall ★

G3 *Gresham St. - ⊖ St Paul's - ✆ 020 7332 1313 - www.cityoflondon.gov.uk - visites guidées certains jours, se rens. pour les horaires.*
L'hôtel de ville de la City (à ne pas confondre avec celui de la ville de Londres) est le siège de la Corporation of London en charge d'administrer ce district. Il offre un cadre majestueux à de fastueuses cérémonies. Cet édifice du début du 15e s. a miraculeusement survécu au Grand Incendie de 1666, mais a subi de nombreuses restaurations suite au Blitz de 1940.
Le **Great Hall** (Grand Hall) impressionne par ses vastes proportions et son superbe plafond en chêne supporté par des arches de pierre, habilement restauré par Sir Giles Gilbert Scott. Il est souligné d'une frise colorée portant les armes d'Angleterre et de la City, au-dessus de laquelle flottent les bannières des douze principales corporations (Great Livery Companies) de la ville. Le hall conserve quelques éléments d'origine comme le porche extérieur ou le vitrail du mur sud (première fenêtre à droite de l'entrée).
Parmi les monuments érigés en l'honneur de personnalités nationales, notez de part et d'autre de la galerie ouest (dite « des Musiciens ») les hautes effigies en bois de **Gog** (au nord) et **Magog** (au sud). Ces deux géants légendaires seraient intervenus en 1000 av. J.-C. dans le conflit opposant les Bretons aux envahisseurs troyens. Installée dans l'aile ouest érigée en 1974, la **bibliothèque** conserve plus de 14 000 ouvrages, documents et archives sur Londres.

Guildhall Art Gallery and London's Roman Amphitheatre★

✆ 020 7332 3700 - www.cityoflondon.gov.uk - 10h-16h - gratuit - réserv. nécessaire sur le site Internet.
Dans l'aile située à l'est de la cour, restaurée dans les années 1990 par Richard Gilbert Scott, cette galerie expose par roulement quelque 250 œuvres de l'importante collection d'art rassemblée par la Corporation of London depuis le 17e s. Celle-ci compte près de 4 000 œuvres. Au sous-sol, une partie des vestiges d'un **amphithéâtre romain** est visible.

St Mary-le-Bow ★★

G4 *Cheapside - ⊖ Mansion House - ✆ 020 7248 5139 - www.stmarylebow.co.uk - lun.-vend. 7h30-18h - importante programmation musicale (voir le site Internet).*

Faites une pause pour déjeuner au Café Below, installé dans la crypte *(www.cafebelow.co.uk).*

La tour en saillie sur Cheapside renferme les célèbres **cloches de Bow** et supporte le majestueux **clocher★★** (1671-1680) où Christopher Wren fit appel aux cinq ordres classiques. Un dragon de cuivre monté par un funambule sert de **girouette**. Achevé en 1673, l'édifice en pierre de Portland construit par Wren, qui s'inspira de la basilique de Constantin à Rome, fut bombardé en 1941. L'extérieur fut restauré conformément à l'original mais la décoration intérieure remaniée. La **crypte** romane, édifiée en 1087 sur les ruines d'une église saxonne, abrite les colonnes originales à chapiteaux cubiques.

St Margaret Lothbury ★

G3 *⊖ Bank - ✆ 020 7726 4878 - stml.org.uk - ♿ - lun.-vend 7h-18h.*

Paroisse de la Banque d'Angleterre, St Margaret a été bâtie (1686-1690) sur les plans de Christopher Wren. Sa tour de section carrée est coiffée d'une **flèche★** que couronnent une boule dorée et une girouette. À l'intérieur, admirez le beau travail de **sculpture sur bois★** des panneaux, bancs, clôture en chêne, chaire et retable. L'élégante **clôture★** provient de l'église All Hallows *(Upper Thames St.)*. Les **fonts baptismaux★** en marbre sont attribués à Grinling Gibbons.

Bank of England

G4 *⊖ Bank (sortie Lombard St.).*

Fondée en 1694, la Banque d'Angleterre marque le cœur de la City. L'actuel édifice fut construit entre 1924 et 1939 par Sir Herbert Baker pour remplacer un bâtiment plus ancien de Sir John Soane.

Bank of England Museum★

Bartholomew Lane - ✆ 020 3461 5545 - www.bankofengland.co.uk - ♿ - lun.-vend. 10h-17h.

Il retrace 1500 ans d'histoire des échanges économiques mais aussi le passé de la Banque d'Angleterre, de sa fondation à nos jours, à travers de nombreux objets et œuvres d'art.

Mansion House ★

G4 *⊖ Bank - ✆ 020 7626 2500 - www.cityoflondon.gov.uk (rubrique « About the City ») - visite guidée, sur réserv. seult : mar. à 13h50 - 9,50 £.*

C'est la résidence officielle du premier magistrat de la ville, le lord-maire de Londres. Bâtie entre 1739 et 1752, elle arbore une façade de style palladien rythmée par six colonnes corinthiennes surmontées d'un large fronton triangulaire.

St Stephen Walbrook ★

G4 *39 Walbrook - ⊖ Bank ou Cannon St. - ✆ 020 7626 9000 - ststephenwalbrook.net - lun.-vend. 10h-15h30 - programmation musicale (voir le site Internet).*

Cette œuvre audacieuse (1672-1677) de Wren présente un **dôme★** vert-de-gris. À l'ouest, la **tour** carrée de pierre

Jon Arnold Images/hemis.fr

La City et la cathédrale St-Paul depuis la Tamise.

brute est surmontée d'une élégante balustrade. Le **clocher★**, en pierre de Portland, fut ajouté en 1717.
À l'intérieur, la coupole, légèrement décentrée, repose sur un anneau de huit arches. Les travées sont marquées par des colonnes corinthiennes groupées de façon à produire des contrastes entre les sombres lambris de chêne et le mobilier sculpté en bois clair. L'autel monumental de travertin situé sous la coupole est l'œuvre (1986) de **Henry Moore**.

Royal Exchange ★

G4 *Angle Threadneedle St. et Cornhill - ⊖ Bank.*
De style néoclassique, l'ancienne Bourse de Londres a cessé son activité en 1939. Le bâtiment abrite des restaurants et boutiques de luxe.
Sur l'esplanade précédant le monumental portique corinthien de la façade est érigée une statue équestre de **Wellington**.

Leadenhall Market ★

H4 *Leadenhall St., Gracechurch St. et Lime St. - ⊖ Bank - ✆ 020 7332 1523 - leadenhallmarket.co.uk - accès libre.*
Jadis spécialisée dans la vente au détail, cette très belle halle de verre et de fer forgé, à l'architecture victorienne, semble faire de la résistance sous les gratte-ciel voisins. Figurant dans le premier film de **Harry Potter**, elle est bordée de boutiques, de restaurants et de pubs qui font le plein chaque vendredi après-midi.

Décrypter le skyline de la City

H3-4 ⊖ *Bank, Monument ou Algate.*

À l'extrémité sud de Lime Street se détache la silhouette massive et évasée du **Walkie Talkie★** *(20 Fenchurch St.)*, un bâtiment de 160 m signé Rafael Viñoly. Un jardin avec terrasse panoramique, le **Sky Garden★★** flanqué d'un bar et d'un restaurant, est accessible au 35e étage *(skygarden.london - 10h-18h, w.-end et j. fériés 11h-21h - gratuit - sur réserv. via le site Internet, idéalement quelques jours à l'avance)*.
Plus au nord, le **Lloyd's Building★★** *(1 Lime St.)*, siège du célèbre groupe d'assurances, présente des ressemblances avec le Centre Georges-Pompidou de Paris, ce qui n'est guère étonnant puisqu'il est l'œuvre de Richard Rogers, l'un des deux architectes de Beaubourg. Le style avant-gardiste de cette tour en béton habillée d'acier inoxydable, qui expose en façade ses conduits et ascenseurs pour mieux libérer l'espace intérieur, fit couler beaucoup d'encre lors de son inauguration en 1986.
Face au bâtiment du Lloyd's, le **Willis Building** *(51 Lime St.)* dresse son large profil concave à trois gradins, qui évoque une carapace de crustacé. Cette tour de verre haute de 125 m est due à Norman Foster.
Juste à côté s'élance un gratte-ciel de 190 m de haut surnommé le **Scalpel** *(52-54 Lime St.)*, du fait de sa forme anguleuse, imaginé par Kohn Pedersen Fox.
De l'autre côté du croisement s'élève l'imposante silhouette du **Leadenhall Building** *(122 Leadenhall St.)*, baptisé le *Cheesegrater* (« râpe à fromage ») en raison de sa forme en prisme effilé. Cette réalisation de Richard Rogers, Graham Stirk et Ivan Harbour, se hisse à 225 m.
Le **Gherkin★★** *(30 St Mary Axe)*, le « cornichon » comme l'appellent familièrement les Londoniens, est l'immeuble du réassureur Swiss Re et l'une des grandes réussites architecturales du *skyline* londonien. Il a été achevé en mai 2004 sur les plans de Norman Foster.
Plus à l'ouest, le **Twentytwo** *(22 Bishopsgate)*, inauguré fin 2020, s'impose comme le plus haut gratte-ciel de la City (62 étages, 278 m), avant que d'autres géants de verre et d'acier ne viennent le détrôner... Le quartier devrait en effet accueillir une dizaine de nouveaux gratte-ciel d'ici 2026, dont certains sont déjà en construction, à commencer par le **1 Undershaft** *(1 Great St Helen's)* avec ses 290 m et ses 73 étages.
À 300 m au nord du Twentytwo, la **Heron Tower** *(110 Bishopsgate)* pointe son antenne à 230 m. Dessinée par Kohn Pedersen Fox et achevée en 2011, elle utilise des panneaux solaires pour générer son énergie. Deux restaurants et un bar occupent le sommet. Plus classique, la **Tower 42** *(25 Old Broad St.)*, due à Richard Seifert (1980), fait déjà l'effet d'une fleur un peu fanée.

St Helen's Bishopsgate ★

H3 *Great St Helen's - ⊖ Liverpool Street ou Aldgate - ✆ 020 7283 2231 - www.st-helens.org.uk - ♿ - tlj sf sam. 9h-17h, dim. 9h30-19h30.*
La façade de pierre présente un double fronton à gables crénelés ; elle est surmontée d'une tourelle carrée à lanterne (17e s.) couronnée d'une girouette. À l'intérieur, les **monuments funéraires★**, riches tombeaux de notables, lui ont valu le surnom de « Westminster de la City ».

Cannon Street

G4 *⊖ Mansion House ou Cannon St.*
Cette rue s'appelait au Moyen Âge « Candelwriteystrete » car elle abritait des fabricants de chandelles et de mèches. Cela explique la présence dans Dowgate Hill du **Tallow Chandler's Hall** (Maison des Fabricants de chandelles) et du **Skinner's Hall** (Maison des Peaussiers), bâtie à la fin du 18e s. Au n° 111, la **pierre de Londres** *(London Stone)*, un bloc de calcaire inséré dans le mur d'un immeuble moderne, proviendrait (selon la légende) de l'autel érigé en 800 av. J.-C. par Trojan, fondateur mythique de la Bretagne insulaire.

The Monument ★

G4 *Fish St. Hill - ⊖ Monument - ✆ 020 7403 3761 - www.themonument.org.uk - 9h30-13h, 14h-18h - fermé 24-26 déc.- 6 £ (5-15 ans 3 £).*
En 1667, Christopher Wren se vit confier le soin d'ériger une imposante **colonne dorique** qui commémore le Grand Incendie de Londres survenu un an plus tôt. Sa hauteur (62 m) représente la distance qui la sépare du lieu où le feu prit naissance, dans Pudding Lane. Baptisée « le Monument » par les Londoniens, elle ménage une **vue★** sur la City *(311 marches)*.

St Mary-at-Hill ★★

H4 *The Rectory - ⊖ Monument - ✆ 020 7626 4184 - mar.-jeu. 10h-16h - concerts.*
L'austère façade à horloge en potence et baie vénitienne de cette église, élevée entre 1670 et 1676 par Christopher Wren, cache une architecture intérieure intéressante. Son **plan★** en croix grecque est coiffé d'une basse coupole que supportent quatre colonnes corinthiennes ; la décoration de style Adam est bleu pastel et or. Restaurée en 1843, mais endommagée par un incendie en 1988, l'église était réputée pour ses boiseries. Remarquez, sous un massif abat-voix, la chaire décorée de fruits et de fleurs à laquelle on accède par un escalier cintré (19e s.) de William Gibbs Rogers.

Tower of London★★★

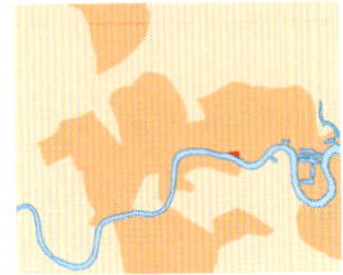

La silhouette « romantique » de la Tour de Londres, à jamais associée à l'histoire du pays, fut le théâtre de scènes d'horreur autant que de pompe royale. Une visite de cette forteresse s'impose pour frissonner aux sombres récits des « Yeomen Warders », les gardes en habit Tudor, et admirer le scintillement des joyaux de la Couronne.

▶**Accès :** ⊖ Tower Hill, Tower Gateway (DLR).

Plan de quartier p. 50-51. Plan détachable H4-5.

▶**Conseil :** Achetez votre billet à l'avance afin d'éviter la file d'attente aux caisses.

Tower of London ★★★

H4 *Entrée par West Gate - ⊖ Tower Hill - ✆ 020 3166 6000 - www.hrp.org.uk - ♿ - mars-oct. : 9h-17h30, dim.-lun. 10h-17h30 (dernière entrée 2h av. fermeture) ; reste de l'année : se rens. - 30 £ (5-15 ans 15 £), incluant une visite guidée en compagnie des Yeomen Warders.*

Des corbeaux planent sur la Tour de Londres, mais ces oiseaux ne sont ici nullement de mauvaise augure. Bien au contraire. Leur présence est liée à une légende selon laquelle la monarchie s'effondrerait si ces volatiles venaient à disparaître de la Tour, raison pour laquelle ils sont nourris et choyés. C'est entre ces murs que se sont écrites certaines des pages les plus sanglantes de l'histoire londonienne. En atteste notamment la **Bloody Tower** (Tour sanglante), où furent probablement assassinés, en 1483, les fils d'Édouard IV.

Des têtes couronnées aux joyaux de la Couronne

Guillaume le Conquérant (r. 1066-1087) fit construire ici une première forteresse de bois en 1067, à laquelle succéda onze ans plus tard un bâtiment de pierre. Sa position à proximité du fleuve permettait de voir les ennemis traverser la Tamise. Les successeurs du roi normand surent apprécier cet atout et firent agrandir la forteresse, qui occupa bientôt 7 ha. Construite pour servir de refuge à la famille royale, elle devint une prison d'État à partir du 13e s. et fut le théâtre d'exécutions politiques célèbres. Grâce à ses ouvrages défensifs, elle assuma aussi différentes fonctions au cours des siècles, regroupant notamment la Ménagerie royale (1235-1834) et l'Hôtel de la Monnaie (1300-1810), puis abritant l'Armurerie royale et, depuis 1661, les joyaux de la Couronne.

La **Beauchamp Tower★** (13e s.) était quant à elle réservée aux prisonniers de haut rang, comme en témoignent les graffitis gravés dans la pièce principale. À proximité s'élèvent le site de l'échafaud *(Scaffold Site)* et la **chapelle St Peter-ad-Vincula** *(accessible lors des visites guidées)* où reposent quelques-uns des suppliciés de la Tour, dont Ann Boleyn et Catherine Howard, infortunées épouses du roi Henri VIII. Le buffet d'orgue a été sculpté par Grinling Gibbons.

Au centre de la Haute Cour, le donjon, connu sous le nom de **White Tower★★★** (Tour blanche), est la partie la plus caractéristique de la Tour; c'est l'une des premières forteresses de cette dimension réalisées en Europe occidentale. Il fut commandé par Guillaume Ier en 1078 et terminé vingt ans plus tard. Les murs de pierre hauts de 31 m forment un quadrilatère avec, aux angles, une tour circulaire et trois tours carrées. Le donjon abrite la **collection royale d'armures**, l'une des plus grandes au monde. Au second étage, **St John-the-Evangelist★★** est une chapelle de pierre s'élevant sur deux niveaux, restée pratiquement telle qu'elle était en 1080.

Le clou de la visite demeure toutefois **Jewel House** et ses fameux **joyaux de la Couronne★★★**, parmi lesquels la Grande Étoile d'Afrique, deuxième plus gros diamant du monde (530 carats), qui orne le sceptre royal, et le célèbre diamant Koh-i-Noor, monté sur la couronne de la reine mère Élisabeth Bowes-Lyon. Cette fabuleuse collection de bijoux et d'insignes royaux est pour l'essentiel postérieure à 1660, la plus grande partie du trésor antérieur ayant été vendue ou fondue par Cromwell.

Ne manquez pas non plus de vous promener sur le **chemin de ronde**. Les remparts offrent une belle vue sur l'intérieur de la forteresse, sur la Tamise et Tower Bridge.

Tower Bridge ★★

H5 ⊖ *Tower Hill ou London Bridge River Boat vers Tower Pier - ✆ 020 7403 3761 - www.towerbridge.org.uk - ♿ - 9h30-18h - 11,40 £ (5-15 ans 5,70 £).*

Construit entre 1886 et 1894 par John Wolfe Barry et Horace Jones, sa longueur totale atteint 805 m. Reliées aux rives de la Tamise par deux ponts suspendus, les massives tours gothiques qui constituent l'armature de l'ouvrage sont unies entre elles par un pont routier formant pont-levis et, à l'étage supérieur, par une passerelle pour piétons désormais équipée d'un plancher en verre offrant des **vues panoramiques★★★** à couper le souffle. À 42 m au-dessus de la Tamise, elle forme un observatoire privilégié pour l'ouverture du pont.

Le pont routier comporte deux tabliers basculant pour livrer passage aux navires. La manœuvre ne dure qu'une minute et demie, et s'effectue plusieurs fois par jour. Le mécanisme de levage hydraulique n'est jamais tombé en panne; en 1977, il a été remplacé par un système hydroélectrique.

Depuis 1992, les tours et la salle de levage abritent un **musée didactique**. À partir de la tour nord, le visiteur est guidé à travers une exposition relatant la conception et la construction du pont.

Southwark★★

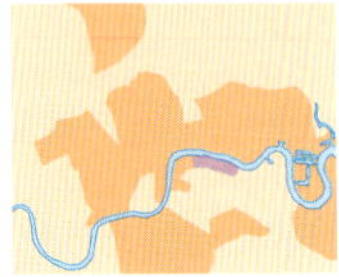

Sur la rive sud de la Tamise, le grand borough de Southwark est en plein renouveau. Dans le quartier de Bankside, à la réputation autrefois sulfureuse, la foisonnante Tate Modern, le Millennium Bridge de Norman Foster et le théâtre du Globe illustrent parfaitement le mariage réussi de l'Histoire et de la modernité.

▶**Accès :** ⊖ London Bridge, Southwark.

Plan de quartier p. 66-67. Plan détachable F/G/H4-5-6.

▶**Conseils :** L'entrée de la Tate Modern étant gratuite, vous pouvez échelonner votre visite et ne pas tout voir le même jour. Réservez en ligne et à l'avance l'accès à la vue depuis The Shard, pour garantir votre entrée et un meilleur tarif. Pour le déjeuner, profitez des étals et restaurants du Borough Market ou du Maltby Street Market le week-end.

Butler's Wharf

H5 ⊖ *London Bridge.*
Appartements de standing, cafés et restaurants posés sur la berge ont envahi cet ensemble d'entrepôts de brique rénovés dans les années 1980.

China Wharf

H5 ⊖ *London Bridge.*
Érigé en 1988, au-dessus des eaux de la Tamise, cet impressionnant édifice, festonné dans les tons rouge orangé, a valu à ses architectes, le groupe CZWG, plusieurs récompenses. Parmi les autres reconversions notables d'entrepôts : le **Conran Building** *(22 Shad Thames)*, le moderne **Saffron Wharf** *(18 Shad Thames)* et le **Camera Press**, en bois brut *(21-23 Queen Elizabeth St.)*.

Maltby Street Market

H6 *Maltby St., Ropewalk - ⊖ Bermondsey - ✆ 079 7370 5674 - www.maltby.st - marché : sam. 10h-17h, dim. 11h-16h.*
Installé chaque week-end aux abords des arches du chemin de fer, le petit

The Queen's Walk★★★

Sur la rive gauche de la Tamise, The Queen's Walk est une longue promenade qui, de Westminster Bridge, rejoint Southwark, Tower Bridge et, au-delà, Bermondsey. South Bank *(☛ p. 65)* est la première partie de cette promenade. Du côté de Bankside, le Shakespeare's Globe *(☛ p. 63)* et la Tate Modern *(☛ p. 64)* sont deux institutions emblématiques qui font le lien entre passé et présent. À l'est de la station London Bridge, le quartier de London Bridge City, très animé, et la belle galerie commerçante Hay's Galleria *(☛ p. 61)* contribuent à la vitalité du borough de Southwark.

marché gastronomique de Maltby Street s'enorgueillit d'une sélection alléchante de *street food*. Si les bouchées piochées sur les différents étals ne vous contentent pas, quelques restaurants en dur se cachent sous les arches.

Bermondsey Market

H6 *À l'angle de Bermondsey St. et Long Lane - ⊖ London Bridge - vend. 6h-14h.*
Le petit **marché d'antiquités** de Bermondsey fait le bonheur des flaneurs et des collectionneurs matinaux. Les amateurs d'argenterie y trouveront notamment un beau choix de bijoux, couverts, vaisselle, etc. Le poinçon représentant un lion indique l'origine anglaise de l'objet.

City Hall

H5 *The Queen's Walk - ⊖ Tower Hill - ✆ 020 7983 4000 - www.london.gov.uk - ♿ - accès autorisé (portique de sécurité) au café du rdc et, par la rampe, aux deux premiers étages - lun.-jeu. 8h30-18h, vend. 8h30-17h30 - gratuit.*
La silhouette étincelante de l'**Hôtel de Ville**, étonnant édifice aux courbes de verre (2002), a été dessinée par **Norman Foster**.
À ses pieds, une « arène » accueille aux beaux jours performances théâtrales et chorégraphiques.

HMS Belfast

H5 *The Queen's Walk - ⊖ London Bridge - ✆ 020 7940 6300 - www.iwm.org.uk - ♿ - 10h-16h - 24,50 £ (5-15 ans 13,50 £), audioguide inclus.*
Ancré en amont de Tower Bridge depuis 1971, ce croiseur de 11 500 t se distingua durant la Seconde Guerre

stockinasia/Getty Images Plus

Le Millennium Bridge (Foster+ Partners) et la Tate Modern (Herzog & de Meuron).

mondiale, en particulier lors du débarquement en 1944.

Hay's Galleria

H5 *Tooley St. - ⊖ London Bridge.*
Orné de sculptures contemporaines, cet ancien entrepôt à la courbure élégante abrite magasins et cafés. L'emprunter permet de déboucher face à la gare de London Bridge.

The Shard ★★

G5 *Joiner St. - ⊖ London Bridge - ✆ 084 4499 7111 - www.theviewfromtheshard.com - ♿ - été : 10h-22h (horaires variables : consulter le site Internet) - accès à la terrasse : 28 £ en réserv. à l'avance, 32 £ le jour même.*

Conçu par l'architecte Renzo Piano, le Shard (2012) culmine à 310 m : c'est le plus haut bâtiment de Londres et d'Europe occidentale. Les visiteurs peuvent accéder à une **terrasse panoramique**★★★ au 72e étage, à 244 m *(The View)*. L'immeuble, tout en verre, comprend aussi des bureaux, un hôtel, des bars, des restaurants et des appartements privés.

Cours et auberges de Southwark

G5 ⊖ *London Bridge.*

Une succession de ruelles et de cours *(yards)* abritait des auberges *(inns)* où logeaient les voyageurs arrivés à Londres après la fermeture des portes de la City. En empruntant Borough High Street (dos tourné à Tower Bridge), vous découvrirez successivement **King's Head Yard**, **White Hart Yard**, **George Inn**★, pittoresque auberge évoquée par Dickens dans « Little Dorrit », **Talbot Yard** ou encore **Queen's Head Yard**.

Borough Market

G5 *8 Southwark St. - ⊖ London Bridge - ✆ 020 7407 1002 - boroughmarket.org.uk - ♿ - 10h-17h, sam. 8h-17h, dim. 10h-15h.*

Blotti sous le triangle formé par trois ponts de chemin de fer, très animé, bordé de pubs et de petits restaurants, le plus ancien marché alimentaire de la capitale s'est fait une spécialité des produits haut de gamme, bio et rustiques. Une étape incontournable, pour l'ambiance et surtout pour les papilles !

Southwark Cathedral ★★

G5 *London Bridge - ⊖ London Bridge - ✆ 020 7367 6700 - www.cathedral.southwark.anglican.org - ♿ - 9h-18h, dim. 8h30-17h - concerts (voir programmation sur le site Internet).*

Les piliers massifs supportent la tour centrale et le **chœur** de style gothique Early English, aux harmonieuses proportions datant du 13e s., ce qui en fait le plus ancien sanctuaire gothique d'Angleterre. L'édifice abrite un somptueux retable de 1520. La nef fut reconstruite entre 1890 et 1897 afin de s'harmoniser avec le chœur. Remarquez surtout la **chapelle Harvard** *(bas-côté nord du chœur)*, le monument funéraire (1616) d'Alderman Humble et de ses épouses *(nord du retable)*, et les douze **clefs de voûte** provenant de la charpente en bois du 15e s. qui s'affaissa en 1830 *(extrémité ouest du bas-côté nord)*. La cathédrale compte en outre une salle archéologique, un centre d'éducation, une cafétéria et une boutique.

Golden Hinde

G5 *Pickfords Wharf, Clink St. - ⊖ London Bridge - ✆ 020 7403 0123 - www.goldenhinde.co.uk - 10h-18h ; nov.-mars : 10h-17h - 6 £.*

Amarré au St Mary Overie Dock, le *Golden Hinde* est la réplique grandeur nature du galion du navigateur Francis Drake (1540-1596). L'intérieur se découvre lors d'une visite guidée et costumée.

Rose Theatre

G4-5 *21 New Globe Walk - ⊖ Cannon Street ou London Bridge -*

Et au milieu coule la Tamise

Principal fleuve de Grande-Bretagne, la Tamise (346 km) déroule ses méandres au cœur de Londres selon un axe est-ouest, divisant la capitale en deux : la rive nord et la rive sud. Principale voie de communication jusqu'à la fin du 17e s., elle a transformé la ville en un grand port et fait encore partie intégrante de la vie londonienne.
À l'instar du **London Bridge**, considéré comme le plus ancien de la capitale dans la mesure où un pont en bois existait déjà sur ce site à l'époque romaine, et du **Millennium Bridge★**, construit en l'an 2000 par l'architecte Norman Foster, de nombreux ponts et passerelles enjambent le fleuve. Dans le cadre du projet **Illuminated River** *(illuminatedriver.london)*, lancé en 2019, neuf de ces ouvrages sont aujourd'hui illuminés la nuit. À terme, quatorze ponts de la ville auront droit à ce traitement de faveur.
Pour en savoir plus sur l'histoire de la Tamise et des canaux londoniens, visitez le **Museum of London Docklands★★** *(p. 104)*, le **London Canal Museum** *(p. 93)* ou, à certaines périodes de l'année, la **Thames Barrier** *(www.gov.uk/the-thames-barrier)*, barrage destiné à préserver la ville des inondations. Promenez-vous au fil de l'eau en embarquant à bord d'une péniche depuis **Little Venice** *(p. 82)* et servez-vous des **Thames Clippers** *(p. 162)* comme d'un moyen de transport aussi utile qu'agréable.

020 7261 9565 - www.rosetheatre.org.uk - fermé pour restauration, se rens.
Une partie des fondations du premier théâtre de Bankside (1587), découvertes en 1989, a été mise au jour. On peut voir le site lors de visites guidées ou à l'occasion d'un spectacle.

Shakespeare's Globe ★★

G4 *21 New Globe Walk - London Bridge ou Cannon Street - 020 7902 1400 - www.shakespearesglobe.com - ♿ - visite guidée (50mn), se rens. sur le site Internet pour les horaires - réserv. obligatoire - 17 £ (5-15 ans 10 £).*
Le Swan Bar, dans le théâtre, propose un excellent *afternoon tea* inspiré des pièces de Shakespeare *(32,50 £)*.
Dans ce lieu voué au culte de Shakespeare, une réplique du Globe Theatre, détruit en 1644, a été édifiée avec des matériaux et des techniques comparables à celles de l'époque. Lieu idéal que ce théâtre circulaire, à l'orchestre à ciel ouvert entouré de gradins, pour assister à la représentation d'un des drames de Shakespeare, d'autant que, par souci d'authenticité, les pièces y sont jouées comme au temps de leur auteur, dans l'après-midi et sans éclairage artificiel.

Millennium Bridge ★

G4 *Blackfriars.*
Conçue par **Norman Foster**, l'élégante passerelle du Millénaire, suspendue et ornée de balustrades recourbées, est une véritable prouesse d'architecture et de technique. La nuit, elle donne l'impression d'une coulée de lumière enjambant la Tamise.

Tate Modern ★★★

F/G4 *Bankside - ⊖ Blackfriars - Entrée nord par le Queen's Walk (niveau 1), entrée ouest sur Holland St. (Turbine Hall, niveau 0) et entrée sud sur Sumner St. (niveau 1) - ✆ 020 7887 8888 - www.tate.org.uk - ♿ - 10h-18h - gratuit.*

*Les navettes fluviales qui circulent sur la Tamise (**p. 162**) permettent de rallier facilement la Tate Modern, notamment depuis la Tate Britain.*

L'ancienne « cathédrale de l'âge de l'électricité » dressée depuis 1960 sur les rives du fleuve, coiffée d'une superstructure de verre et dotée de grandes fenêtres en saillie, est devenue l'un des temples mondiaux de l'art contemporain. Le hall d'accueil, ancienne **salle des turbines** (155 m de long sur 35 m de haut), où le pont roulant rappelle le passé industriel du bâtiment, est impressionnant.

Les collections permanentes, très riches, sont présentées selon une approche thématique, qui doit tout à la subjectivité des conservateurs du lieu : des œuvres d'époques différentes sont ainsi mises en parallèle, des associations historiques et stylistiques sont soulignées de façon à remettre en question nos idées reçues sur l'art contemporain. Les plus grands noms de l'art moderne, de même que tous les mouvements ayant compté, sont ici représentés : Picasso, Dalí, Duchamp et ses épigones, Picabia et Ernst, Twombly et Bacon, Stella et Manzoni, Fontana, Klimt, Cézanne, Pollock et bien d'autres dialoguent en toute liberté dans cet immense espace.

Au sous-sol, **The Tanks**, d'anciens réservoirs à mazout, ont été reconvertis en espace dédié aux arts vivants (danse, performances, installations). Côté sud du bâtiment, une extension de 10 étages, de forme pyramidale, conçue par les architectes Herzog & de Meuron et baptisée **New Tate Modern**, a ouvert ses portes en juin 2016. Elle a augmenté ainsi de 60 % la surface d'exposition, permettant d'accueillir les œuvres de 250 artistes venus de 50 pays différents, parmi lesquels Mark Rothko, Ai Weiwei, Louise Bourgeois et Henri Matisse. Vous y trouverez également des espaces éducatifs et de rencontres, un magasin, un bar, un restaurant et une terrasse offrant une superbe **vue panoramique**★★★ sur Londres.

South Bank★★

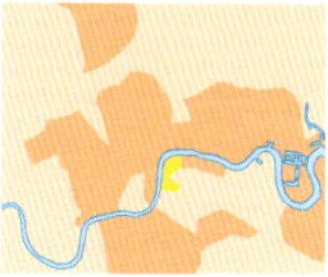

Ce quartier, qui s'étire entre les ponts de Waterloo et de Blackfriars, s'est forgé une nouvelle identité avec les aménagements liés aux festivités du troisième millénaire. Il s'affirme aujourd'hui comme un haut lieu culturel et touristique.

▶**Accès :** ⊖ Southwark, Waterloo, Westminster, Lambeth North.
Plan de quartier p. 66-67. Plan détachable E/F4-5-6.
▶**Conseil :** Il y a toujours un monde fou autour des Jubilee Gardens, en particulier à la belle saison. Préférez un jour en semaine si vous avez le choix.

Oxo Tower

F4 *Barge House St. - ⊖ Southwark ou Blackfriars - www.coinstreet.org/oxo-tower-wharf.*
Dominé par une superbe tour Art déco, ce bâtiment fut conçu dans les années 1900 comme centrale électrique avant d'être racheté et remanié par la compagnie Liebig pour la fabrication de ses fameux bouillons cube Oxo. L'édifice abrite aujourd'hui des galeries d'art, des ateliers d'artistes, des boutiques de mode et de design, des logements et un restaurant panoramique.
« Nos adresses »/« Se restaurer » p. 121/« Shopping » p. 139.

Gabriel's Wharf

F4 *56 Upper Ground - ⊖ Waterloo.*
Il rassemble boutiques d'artisanat et cafés autour d'une agréable place.

National Theatre ★

F4-5 *⊖ Waterloo - ✆ 020 7452 3000 - www.nationaltheatre.org.uk - ♿ - visite guidée en anglais, lun.-vend. 17h, sam. 12h - 15 £ (étudiant 13 £).*
Le **Théâtre national** s'inscrit dans la troisième phase du développement de South Bank en aval de Waterloo Bridge. Son architecte, **Sir Denys Lasdun**, a uni trois théâtres (l'Olivier, le Lyttelton et le Cottesloe), avec près de 300 acteurs et 500 costumes pour une vingtaine de spectacles par an.

British Film Institute

F5 *⊖ Waterloo - ✆ 020 7928 3535/3232 - www.bfi.org.uk.*
Parmi les cinémathèques les plus importantes au monde, elle compte deux salles et organise le Festival du film de Londres.

Waterloo Bridge

E4 *⊖ Waterloo ou Temple.*
L'architecte **Giles Gilbert Scott** conçut en 1945 ce pont à cinq arches en pierre blanche de Portland recouvrant du béton ; il remplace un ouvrage inauguré en 1817 pour le 2e anniversaire de la bataille de Waterloo. Sur les berges abritées par le pont se tient un **marché aux livres** d'occasion *(10h-19h, dim. 11h-19h).*

Southbank Centre ★

E5 *Belvedere Rd - ⊖ Waterloo - ✆ 020 3879 9555 - www.southbankcentre.co.uk* - ♿.
Pour certains, cet ensemble de bâtiments en pierre et béton grisâtre qui se dresse, massif et austère, sur les berges de la Tamise, constitue une verrue dans le paysage. Symbole de l'architecture brutaliste des années 1970, le complexe culturel le plus réputé de Londres possède en tout

cas une programmation de qualité et une acoustique parfaite.
Il comprend trois lieux prestigieux dédiés à la musique classique ou contemporaine et à la danse : les **Queen Elizabeth Hall** et **Purcell Room** (1967), et surtout le **Royal Festival Hall★** (1951), véritable réussite architecturale dans le domaine.
Ce dernier réunit une salle de concert de 3000 places à la merveilleuse acoustique, une salle consacrée à la

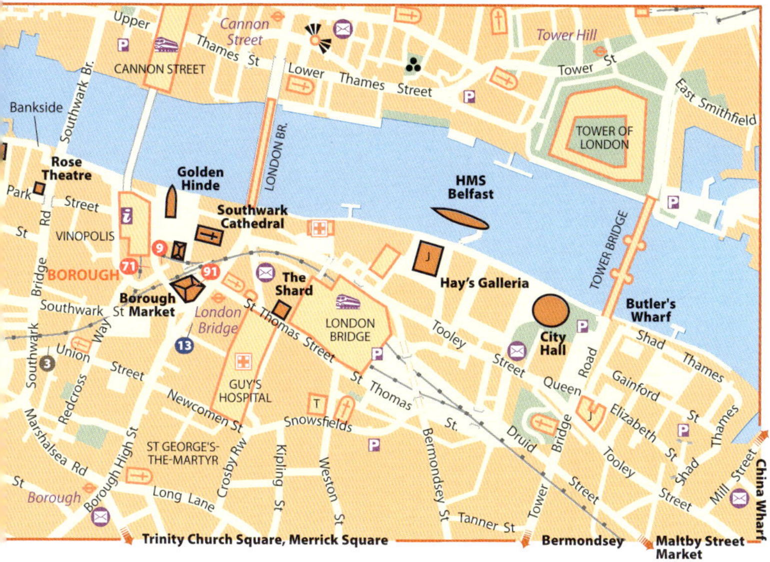

SE RESTAURER
Arabica Bar & Kitchen.................. 9
Southbank Centre Food Market.................. 10
Oxo Tower Restaurant & Brasserie.............. 42
Elliot's.................. 71
Borough Market.................. 91

PRENDRE UN VERRE
The George Inn.................. 13

SHOPPING
Oxo Tower Wharf.................. 45

SORTIR
Flat Iron Square.................. 3
Ministry of Sound.................. 6

SE LOGER
The Mad Hatter.................. 12

SOUTHWARK SOUTH BANK

0 — 500 m — 500 yards

musique de chambre, une salle de bal et un restaurant. Le South Bank Centre programme aussi des expositions d'art contemporain à la **Hayward Gallery** *(tlj sf lun.-mar. 10h-18h, sam. 10h-20h - tarifs variables selon les expositions)*.

Jubilee Gardens

E5 ⊖ *Waterloo ou Westminster.*
Les jardins du Jubilé commémorent les 25 années de règne de la reine Élisabeth II, célébrées en 1977. Cet espace vert et les berges qui lui font face sont un lieu très fréquenté.

London Eye ★★★

E5 ⊖ *Waterloo - ✆ 0870 990 8883 - www.londoneye.com - ♿ - 11h-18h - à partir de 30,50 £ ; billets combinés avec quatre autres attractions et réductions en ligne.*

Véritable triomphe de la technologie, cette **grande roue**, haute de 135 m pour une masse de 2100 t, constitue depuis l'an 2000 un point de repère spectaculaire au bord de la Tamise. Pendant 30mn, les visiteurs installés dans 32 nacelles fermées découvrent une **vue exceptionnelle** à 20 km à la ronde.

County Hall

E5 *Belvedere Rd - ⊖ Waterloo ou Westminster.*
Ce bâtiment de style classique (1912-1922) fut le siège du Conseil du Grand Londres *(Greater London Council)* jusqu'à son abolition en 1986. Il abrite différentes attractions *(possibilité de billets combinés, voir London Eye)*.

SEA LIFE London Aquarium★

✆ 020 7967 8025 - www.visitsealife.com - ♿ - 10h-16h, jeu. 11h-16h, w.-end 10h-17h (horaires variables, se rens.) - à partir de 35 £ ; billets combinés et réductions en ligne.
Cette « cathédrale sous-marine » s'enfonce de deux niveaux sous la Tamise. Vous y découvrirez plus de 500 espèces réparties dans 14 zones thématiques.

Shrek's Adventure

✆ 0871 221 2837 - www.shreksadventure.com - ♿ - 10h-15h, jeu. 11h-15h, w.-end 10h-16h (horaires variables, se rens.) - à partir de 30 £ ; billets combinés et réductions en ligne.
Cette attraction vous donne rendez-vous avec Shrek et ses compagnons. L'intérêt est limité pour quiconque a plus de 10 ans et ne parle pas anglais.

London Dungeon

✆ 020 7967 8023 - www.thedungeons.com - ♿ - 11h-16h, sam. 10h-18h, dim. 10h-16h (horaires variables, se rens.) - à partir de 35 £ ; billets combinés et réductions en ligne ; escape room 30 £ - déconseillé aux personnes sensibles et aux jeunes enfants.
La visite *(90mn)* des cachots de Londres est réservée aux amateurs de sensations fortes. Une sinistre rétrospective des châtiments infligés aux criminels, des grandes épidémies, etc.

Imperial War Museum ★★★

F6 *Lambeth Rd - ⊖ Lambeth North - ✆ 020 7416 5000 - www.iwm.org.uk - ♿ - 10h-18h - gratuit.*
Ce musée exceptionnel traite des conflits armés auxquels la

QQ7/Getty Images Plus

London Eye (arch. Julia Barfield et David Marks).

Grande-Bretagne et le Commonwealth ont participé depuis 1914.
La **Première Guerre mondiale** est particulièrement documentée, avec ses maquettes, ses dioramas et la reconstitution d'une tranchée qui permet de se faire une idée des terribles conditions de vie des soldats. On découvre aussi tout un pays tendu vers l'effort de guerre et les changements sociaux induits par le conflit, notamment le rôle des femmes. La visite s'achève par une question : l'armistice est-il synonyme de paix ? On connaît hélas la réponse…
La **Seconde Guerre mondiale**, section très didactique, est évoquée à travers d'autres grandes questions (Comment la guerre a-t-elle commencé ? Comment s'est-elle diffusée en Europe, dans le monde ? Etc.). Au fil d'un parcours chronologique, la grande Histoire côtoie la petite histoire et rend la visite vivante. Même souci d'incarnation dans la partie sur l'**Holocauste**, où les victimes du nazisme retrouvent un visage tandis que la longue progression de leur calvaire est rappelée (lois antisémites, Nuit de Cristal, etc.). La section **Peace and Security : 1945-2014** traite du monde de l'après-guerre.
The Lord Ashcroft Gallery évoque 250 « héros extraordinaires », tous récipiendaires de la croix de Victoria ou de la croix de Georges, créée en 1940 pour récompenser les actes de courage et de bravoure des civils.

Belgravia★★ et Knightsbridge★★

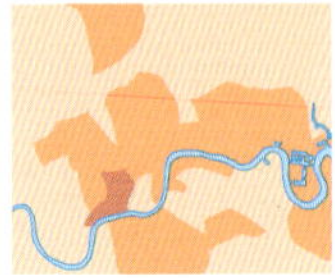

Luxe, calme et volupté… Flâner dans ces quartiers, les plus select de la capitale, est un pur bonheur pour les yeux. Si vous êtes accro au lèche-vitrines, il est fort à parier que vos pas vous conduiront dans les grands magasins et les boutiques chic – et chères – que fréquente un public fortuné et exigeant.

▶**Accès :** ⊖ Knightsbridge, Sloane Square.

Plan de quartier p. 72-73. Plan détachable B/C5-6.

Belgrave Square ★★

C6 La place a conservé son aspect original avec son jardin central, ses rangées de maisons et, aux angles, ses hôtels particuliers. Bien que l'ensemble donne l'apparence d'une grande unité, les colonnades et portiques sur chacun des côtés présentent un dessin différent, de même que les pavillons d'angle.

Harvey Nichols

C5 *109-125 Knightsbridge.*
Fondé en 1813 et installé dans les actuels locaux de **Knightsbridge** en 1880, ce temple du luxe a, depuis, essaimé dans le monde entier.
« Nos adresses/Shopping » p. 139.

Les places

B5-6 Le triangle délimité par Knightsbridge et **Brompton Road** constitue un quartier résidentiel typiquement georgien, organisé autour de trois places : **Trevor Square** (1818), **Brompton Square** (1826) et **Montpelier Square★** (1837). Les demeures, aux rez-de-chaussée en stuc et aux étages supérieurs de brique, sont ornées de fenêtres et de portes élancées ainsi que de magnifiques balcons.
Entre ces places s'insèrent un entrelacs de ruelles, des cottages aux couleurs délavées (Rutland Street) et des jardinets fleuris.
Bien qu'aménagé peu de temps après les places, **Ennismore Gardens** présente déjà un style victorien avec ses maisons de stuc et ses porches à piliers rectangulaires.
All Saints, l'église de Tous-les-Saints, bâtie en style Early English, est aujourd'hui consacrée au culte orthodoxe russe.

Harrods ★★

B5 *87-135 Brompton Rd.*
Le grand magasin le plus élégant de Londres, que fréquentait Oscar Wilde, remonte à 1849, mais son immeuble actuel ne date que du début du 20e s. À l'intérieur, les salles consacrées à l'alimentation resplendissent

I. Dimitrov/age fotostock

La façade du célèbre magasin Harrods.

de mosaïques et de vitraux colorés – rare exemple, avec Michelin House (*p. 76*), de décoration Art nouveau à Londres.

« Nos adresses/Shopping » p. 139.

Beauchamp Place

B6 Cette rue héberge d'élégantes boutiques. Au n° 27 se tient celle de Caroline Charles, qui a habillé les grands de ce monde et notamment la princesse Diana.

Sloane Street

C5-6 La rue, ouverte en 1773 pour relier Knightsbridge à Chelsea et à la Tamise, a été reconstruite peu à peu. Au n° 55, l'**ambassade du Danemark** (1976-1977) fut dessinée par Ove Arup. La partie ouest de Sloane Street (fin 18e s.) est connue sous le nom de **Hans Town**.

Cadogan Square

B/C6 Le quartier ombragé de Cadogan Square et de Cadogan Gardens, construit à la fin du 19e s., doit son surnom, « Pont Street hollandais », à ses hautes maisons à pignons, bâties en brique rouge avec des encadrements en pierre blanche.

SE RESTAURER
Amaya........ 16
Claude Bosi at Bibendum... 19
Bluebird........ 20
Zuma........ 54

PRENDRE UN VERRE
The Harrods Tea Rooms...... 5
The Grenadier........ 14
The Egerton House Hotel.. 29
The Berkeley........ 33
Muriel's Kitchen........ 34

SHOPPING
Harvey Nichols........ 1
Harrods........ 2

SORTIR
Troubadour........ 4

SE LOGER
The Resident Kensington..... 4

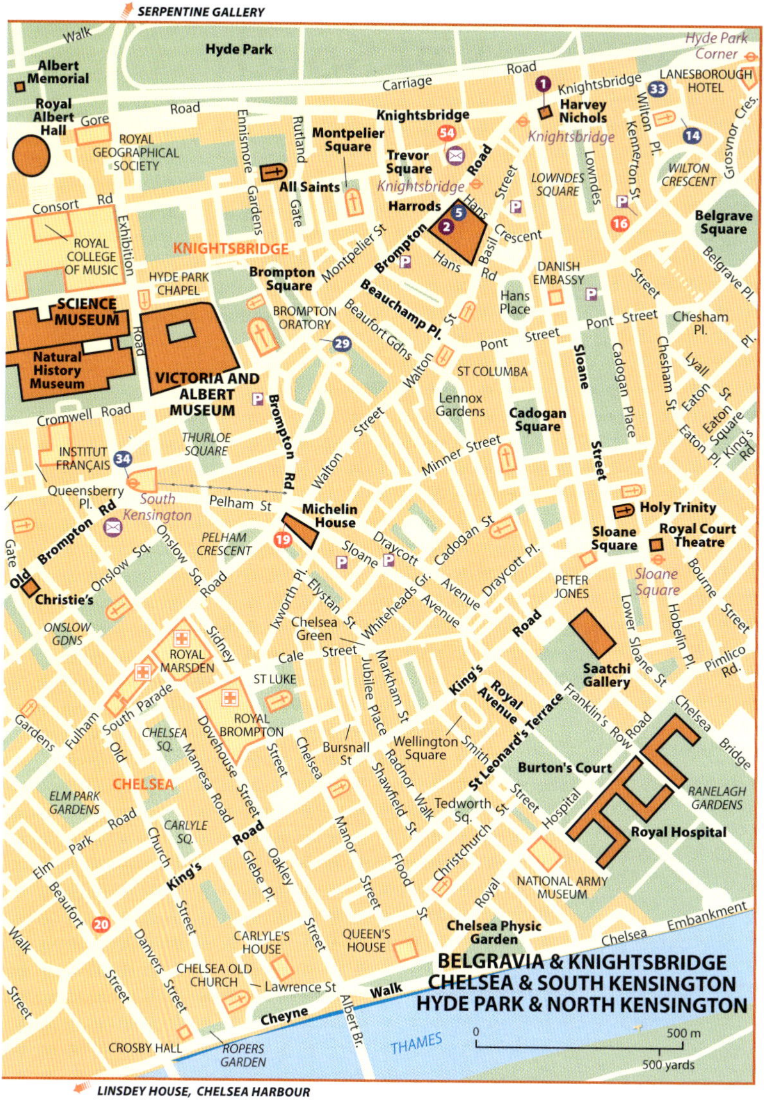
SERPENTINE GALLERY
Hyde Park
Walk
Albert Memorial
Royal Albert Hall
Gore
Road
Carriage
Road
Hyde Park Corner
Knightsbridge
Harvey Nichols
LANESBOROUGH HOTEL
ROYAL GEOGRAPHICAL SOCIETY
Ennismore Gardens
Rutland Gate
Montpelier Square
Knightsbridge
Trevor Square
Knightsbridge
Knightsbridge
All Saints
Road
Lowndes Square
Lowndes
Kennerton St
Wilton Pl.
Wilton Crescent
Grosvenor Cres.
Consort Rd
Harrods
Hans Street
Hans Crescent
Belgrave Square
ROYAL COLLEGE OF MUSIC
Exhibition Road
KNIGHTSBRIDGE
Montpelier St
Brompton
Hans Rd
Basil St
DANISH EMBASSY
Street
Belgrave Pl.
HYDE PARK CHAPEL
Brompton Square
Beauchamp Pl.
Hans Place
Pont Street
Chesham Pl.
SCIENCE MUSEUM
BROMPTON ORATORY
Beaufort Gdns
Pont Street
Sloane Street
Cadogan Place
Chesham St
Lyall St
Pl.
Natural History Museum
VICTORIA AND ALBERT MUSEUM
Walton St
ST COLUMBA
Eaton Sq
Lennox Gardens
Cadogan Square
Eaton Square
Cromwell Road
Brompton Rd
Street
Eaton Pl.
King's Rd
INSTITUT FRANÇAIS
THURLOE SQUARE
Minner Street
Queensberry Pl.
South Kensington
Pelham St
Walton
Michelin House
Holy Trinity
Sloane Square
Royal Court Theatre
Brompton Rd
PELHAM CRESCENT
Onslow Sq.
Cadogan St
Draycott
Sloane
Draycott Pl.
Sloane Square
Gate
Old
Christie's
Onslow Sq.
Road
Avenue
PETER JONES
Bourne Street
ONSLOW GDNS
Sidney
Ixworth Pl.
Elystan St
Whiteheads Gr.
Avenue
Road
Lower Sloane St
Hobelin Pl.
Chelsea Green
Cale Street
Street
ROYAL MARSDEN
ST LUKE
Jubilee Place
Markham St
King's
Royal Avenue
Saatchi Gallery
Pimlico Rd.
Gardens
Fulham
South Parade
CHELSEA SQ.
Old
Manresa Road
ROYAL BROMPTON
Dovehouse Street
Street
Chelsea
Bursnall St
Radnor Walk
Wellington Square
Smith
St Leonard's Terrace
Franklin's Row
Road
Chelsea Bridge
Burton's Court
ELM PARK GARDENS
CHELSEA
Road
CARLYLE SQ.
Church
Road
Manor
Shawfield St
Tedworth Sq.
Street
Hospital
RANELAGH GARDENS
Royal Hospital
Park
Elm
Beaufort
King's
Street
Glebe Pl.
Oakley
Street
Flood
Christchurch St
NATIONAL ARMY MUSEUM
Royal
Walk
Street
Danvers Street
CARLYLE'S HOUSE
Street
QUEEN'S HOUSE
St
Chelsea Physic Garden
Chelsea
Embankment
CHELSEA OLD CHURCH
Lawrence St
Albert Br.
Walk
Cheyne
BELGRAVIA & KNIGHTSBRIDGE
CHELSEA & SOUTH KENSINGTON
HYDE PARK & NORTH KENSINGTON
CROSBY HALL
ROPERS GARDEN
THAMES
0
500 m
500 yards
LINSDEY HOUSE, CHELSEA HARBOUR

Chelsea★★ et South Kensington★★

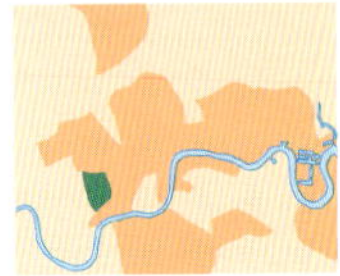

Le long des jolies rues de Chelsea, boutiques élégantes et originales, antiquaires, cafés et restaurants se succèdent dans une atmosphère animée et bobo. Du côté de South Kensington, quartier résidentiel aux rues arborées bordées de belles maisons victoriennes, s'élèvent trois des plus grands musées de Londres. Surnommé la « Froggy Valley » par les Londoniens, le quartier abrite une importante communauté française, établie autour du lycée français Charles-de-Gaulle et des librairies francophones.

▶**Accès :** ⊖ Sloane Square, South Kensington et Gloucester Road.
Plan de quartier p. 72-73. Plan détachable A/B/C5-6-7-8.

Sloane Square

C6 ⊖ *Sloane Square.*
Sur cette place animée se tiennent, entre autres, le **Royal Court Theatre** (spécialisé dans le répertoire d'avant-garde depuis 1870) et le magasin **Peter Jones** (1936). Plaque commémorative de l'inventeur de l'heure d'été, William Willett.

Holy Trinity

C6 *Sloane St. - ⊖ Sloane Square - ✆ 020 7730 7270 - www.sloanechurch.org - ♿ - lun.-vend. 10h-17h.*
L'**église de la Ste-Trinité** fut rebâtie en 1888. C'est **Burne-Jones**, issu du mouvement des préraphaélites, qui conçut les 48 vitraux du chœur. La décoration et l'architecture parviennent ici à une rare unité. Remarquez aussi le très délicat travail du métal.

King's Road ★

A8-B/C7 ⊖ *Sloane Square et South Kensington.*
Voici le royaume des amateurs de shopping. À l'origine simple sentier, King's Road doit son nom à Charles II, qui l'élargit pour pouvoir gagner rapidement Fulham, où demeurait sa belle amie Nell Gwynn. Cette grande artère commerçante est connue pour ses boutiques de mode, ses antiquaires, ses restaurants et ses pubs. Les ruelles situées au nord sont bordées de maisons traditionnelles construites pour des artisans.

Saatchi Gallery

C7 *Duke of York's HQ, King's Rd - ⊖ Sloane Square - ✆ 020 7811 3070 - www.saatchigallery.com - ♿ - horaires et tarifs variables selon exposition.*
Les 13 vastes pièces de cet espace consacré à l'art contemporain sont le

Victor Korchenko/Getty Images Plus

Cromwell Road avec le musée d'Histoire naturelle au premier plan.

cadre de 3 à 4 expositions annuelles, présentant des artistes le plus souvent inconnus ou n'ayant encore jamais été exposés au Royaume-Uni.

Royal Avenue

B/C7 *⊖ Sloane Square.*
Plantée d'arbres au 17e s., cette avenue double ouvre une perspective sur le pavillon central du Royal Hospital par une allée coupant le terrain de **Burton's Court**, limité au nord par **St Leonard's Terrace** (façades georgiennes aux nos 14-31).
Les fans de James Bond le savent sans doute, c'est dans Royal Avenue qu'habite le fameux agent secret !

Royal Hospital ★★

C7 *Royal Hospital Rd - ⊖ Sloane Square - ✆ 020 7881 5200 - www.chelsea-pensioners.co.uk - visite guidée en anglais lun.-vend. à 10h et lun.-merc. et vend. à 14h - 15 £ (réserv. en ligne).*
Fondé en 1682 par Charles II à l'image de l'hôtel des Invalides que Louis XIV avait fait construire à Paris, il fut ensuite agrandi par Jacques II, puis par Guillaume et Marie, qui confièrent les travaux à **Christopher Wren**.
Remarquez l'entrée principale, sous son porche octogonal couronné d'une lanterne. Les vieux soldats en sont toujours les hôtes, de même que le célèbre **RHS Chelsea Flower Show** (☞ p. 165).

Chelsea Physic Garden ★

B8 *66 Royal Hospital Rd - ⊖ Sloane Square - ✆ 020 7349 6458 - www.chelseaphysicgarden.co.uk - ♿ - tlj sf sam. 11h-16h - 10,50 £ (5-15 ans 6,50 £).*
Fondé en 1673 par l'Honorable Société des apothicaires, le plus vieux jardin botanique de Londres servait de terrain d'expérimentation aux étudiants. Il poursuit un important programme de recherches.

Cheyne Walk ★

A/B8 *⊖ Sloane Square.*
Une agréable promenade le long de la Tamise, quand la circulation n'y est pas trop dense. Là s'alignent de belles demeures en brique rouge, où résidèrent des artistes tels que l'écrivaine **George Eliot** (n° 4), le poète et peintre préraphaélite **D. G. Rossetti** (n° 16), le chanteur Mick Jagger (n° 48) ou les peintres Whistler (n° 96) et Turner (n° 119).

Michelin House

B6 *81 Fulham Rd - ⊖ South Kensington.*
Inauguré en 1910, l'immeuble – le premier en Angleterre à posséder une structure en béton armé – fut occupé jusqu'en 1985 par la société des pneumatiques Michelin. Sa **décoration Art nouveau**★ a été restaurée et les vastes baies vitrées carrelées ont pu être préservées, malgré une restructuration considérable du bâtiment.
Il abrite aujourd'hui le restaurant **Claude Bosi at Bibendum** *(☛ p. 122).*

Victoria and Albert Museum ★★★

B6 *Accès par Exhibition Rd (entrée principale), Cromwell Rd ou par le tunnel souterrain depuis le métro ⊖ South Kensington - ✆ 020 7942 2000 - www.vam.ac.uk - ♿ - 10h-17h45 (vend. 22h) - gratuit.*
Musée national des Arts décoratifs et du Design en Grande-Bretagne, le Victoria and Albert Museum fut érigé afin d'accueillir les œuvres qui avaient été créées pour l'Exposition universelle de 1851. La collection disparate des débuts s'enrichit alors rapidement de nouvelles acquisitions pour réunir aujourd'hui les beaux-arts et les arts appliqués de tous les pays, de tous les styles et de toutes les périodes (2 millions d'objets, 10 km de galeries). Même ceux qui sont allergiques aux musées trouveront leur bonheur au V & A, comme les Londoniens le surnomment ; on peut y admirer la collection nationale de meubles, de sculptures britanniques, de textiles, de céramiques, d'argenterie et d'aquarelles, de 1500 à 1900. Mais aussi des sculptures de la Renaissance italienne, des tapis de l'art islamique, des laques japonaises ou encore le travail contemporain du verre, parmi d'innombrables œuvres toutes civilisations et époques confondues. Il ne sera pas possible de tout découvrir en une seule visite. Ainsi, pour vous y retrouver dans ce foisonnement d'objets, armez-vous d'un plan et dirigez-vous vers les salles qui vous attirent naturellement pour la zone géographique ou l'époque qu'elles couvrent.

coward_lion/Getty Images Plus

Victoria and Albert Museum.

Natural History Museum ★★

A/B6 *Cromwell Rd - ⊖ South Kensington - ✆ 020 7942 5000/11 - www.nhm.ac.uk - ♿ - 10h-17h30 - gratuit - soirées thématiques et nuits « dinosaures » (calendrier et réserv. sur le site Internet).*

Le grand palais d'Alfred Waterhouse, inspiré de l'architecture médiévale de Rhénanie, abrite depuis 1881 le Muséum national d'histoire naturelle, qui a vu le jour grâce aux dons de collections privées. Le naturaliste et collectionneur irlandais **Sir Hans Sloane** (1660-1753) légua en effet plus de 80 000 spécimens d'animaux, plantes, pierres et minéraux amassés au cours de sa vie. Le botaniste **Joseph Banks** (1740-1820) céda quant à lui l'herbier réalisé en 1768-1771 lors de son voyage autour du monde aux côtés du capitaine James Cook. Le musée s'est par la suite enrichi des collections de l'East India Company (1858), de la Zoological Society of London (1938) et, plus récemment, du Musée géologique (1985). Aujourd'hui, la collection illustre toutes les formes de vie, de la plus petite bactérie à la créature la plus grande, en passant par les fossiles et les dinosaures, les minéraux et les roches.

Les collections sont organisées selon des « zones » de couleur. La **Blue Zone** (bleue) explore la diversité de la vie sur Terre, des dinosaures aux mammifères. La **Green Zone** (verte) retrace l'évolution de notre planète : minéraux, fossiles en tout genre, météorites, etc.

La **Red Zone** (rouge) continue l'exploration de la Terre, autour des phénomènes naturels et de l'évolution de l'Homme. L'**Orange Zone** abrite le « cocon » du centre Darwin, où l'on peut notamment voir des insectes, et donne accès au **Wildlife Garden**, jardin en plein air où la faune et les végétaux varient au fil des saisons.

Science Museum ★★★

A/B6 *Exhibition Rd - ⊖ South Kensington - ✆ 0870 870 48 68 - www.sciencemuseum.org.uk - ♿ - 10h-17h15 - soirées thématiques pour adultes et activités - gratuit, sf simulateurs de vol, cinéma IMAX, Wonderlab et certaines expositions (se rens.).*

Temple des sciences, ce musée est remarquable à bien des égards : la richesse de ses collections – plus de 10 000 objets exposés, certains d'une valeur inestimable, couvrant toute l'histoire occidentale des sciences et, de la technologie, mais auss la qualité de ses expositions pédagogiques qui privilégient souvent l'interactivité.

Il est évident que vous ne pourrez parcourir les cinq niveaux dans la journée. Aussi est-il préférable de sélectionner dans le guide d'accueil les thèmes qui vous intéressent le plus avant de vous laisser aller à la découverte d'innombrables maquettes, tirer des manettes, pousser des boutons ou faire vous-même des expériences. Parmi les galeries les plus prisées : celles consacrées à l'exploration de l'espace, la **galerie Flight** (Envol), dédiée aux progrès du transport aérien, la **Fly Zone**, où petits et grands pourront expérimenter différents **simulateurs de vols** *(payants)* et le **Wonderlab** *(payant)*, galerie interactive où les plus jeunes peuvent s'essayer au métier de scientifique. L'aile Wellcome abrite le **cinéma IMAX** *(payant)*, ainsi qu'une galerie d'expositions temporaires.

À signaler également : l'ouverture, en octobre 2023, de la nouvelle galerie **Energy Revolution**, autour du changement climatique et des énergies renouvelables.

Royal Albert Hall ★

A5 *Kensington Gore - ⊖ South Kensington ou Knightsbridge - ✆ 020 7589 8212 - www.royalalberthall.com - ♿ - visite guidée 18,50 £ (calendrier et inscriptions sur le site Internet) ; billet combiné avec afternoon tea 49 £.*

L'Albert Hall fut conçu par un ingénieur royal, le capitaine Fowke. De forme circulaire, construit en brique rouge, avec un dôme métallique, il représente l'exact opposé de l'Albert Memorial (☛ p. 80), tant pour la forme que pour l'ornementation : son unique décoration consiste en une frise de terre cuite évoquant le Triomphe des Arts et des Sciences.

Consacré à des activités extrêmement diverses, il est pendant huit semaines successives, en été, le cadre des fameux **Proms** ou concerts-promenades, qui attirent jusqu'à 7 000 spectateurs à la fois (☛ p. 166).

Hyde Park, Kensington Gardens et North Kensington★★

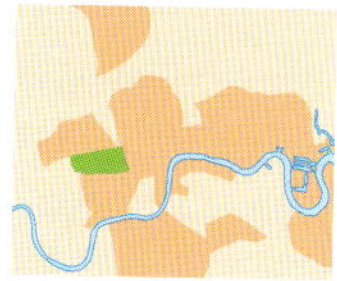

Véritables poumons verts de la capitale, Hyde Park et Kensington Gardens forment ensemble le plus grand jardin public de la ville. En toute saison, les Londoniens viennent y faire du vélo ou du roller, courir, canoter... ou écouter un concert. Avec ses belles maisons ornées de stuc blanc et ses rues commerçantes bordées de boutiques élégantes, le quartier de North Kensington s'enorgueillit de ses fréquentations aristocratiques. Il constituera pour les amateurs de shopping une heureuse alternative à Knightsbridge et Oxford Street.

▶**Accès :** ⊖ Marble Arch, Hyde Park Corner, Lancaster Gate, Queensway, Bayswater, High Street Kensington, Notting Hill Gate, Holland Park.

Plan détachable A/B/C4-5.

HYDE PARK ★★

B/C4-5 ⊖ *Hyde Park Corner, Marble Arch ou Lancaster Gate - www.royalparks.org.uk - 5h-0h.*

À l'est du pont de la Serpentine et de West Carriage Drive, ce grand parc attire les Londoniens au moindre rayon de soleil. L'été, ils y écoutent des orchestres, canotent sur la Serpentine, montent à cheval, exercent leurs talents au golf...

À l'angle nord-est de Hyde Park s'élève **Marble Arch**, un arc de triomphe en marbre blanc dessiné en 1827 par **John Nash** pour marquer l'entrée principale de Buckingham Palace. Se révélant trop étroit pour laisser passer les carrosses, il fut démonté et reconstruit ici, à l'endroit où se dressait jadis le gibet de Tyburn.

Non loin, **Speakers' Corner** (Coin des orateurs) est un lieu de débat public institué en 1872, témoignant de la liberté d'expression des Britanniques.

Au sud-ouest du parc, la **Princess Diana Memorial Fountain** (Fontaine de Diana) a été aménagée en 2004.

KENSINGTON GARDENS ★★

A/B4-5 ⊖ *Queensway ou Lancaster Gate - www.royalparks.org.uk - de 6h jusqu'à la tombée de la nuit.*

Les jardins de Kensington connurent leur plus belle période sous les reines Marie, Anne et Caroline (épouse de George II) avec les jardiniers royaux Henry Wise et son successeur, en 1728, Charles Bridgeman.

C'est au 18e s. que fut creusé le **Round Pond** (Étang rond), d'où des

xeipe/Getty Images Plus

Hyde Park.

avenues rayonnent en direction de la Serpentine et de la Long Water. Autre réalisation de cette période : l'**orangerie★** du Kensington Palace (*ci-après*).

Serpentine Gallery

B5 *Au sud-est de Kensington Gardens - 020 7402 6075 - www.serpentinegalleries.org - ♿ - mar.-dim. et j. fériés 10h-18h - gratuit.*
Ce joli pavillon propose des expositions d'art contemporain de qualité.
De l'autre côté de la Serpentine, une annexe aménagée par Zaha Hadid, la **Serpentine North Gallery**, abrite aussi un restaurant.

Albert Memorial ★

A5 *Au sud de Kensington Gardens.*
Inauguré en 1876, il se distingue par sa flèche néogothique réalisée par George Gilbert Scott. Au centre, entourée de statues allégoriques et d'une frise de 169 effigies d'artistes, trône une statue de bronze doré de l'époux de la reine Victoria, promoteur des arts et de l'enseignement. Le prince Albert (1819-1861) est notamment à l'origine des grands musées de Kensington, quartier surnommé un temps « Albertopolis ».

Kensington Palace ★

A5 *À l'ouest de Kensington Gardens - Queensway ou High Street Kensington - 0844 482 7799 - www.hrp.org.uk - ♿ - horaires variables, se rens. - 25,40 £ (5-15 ans 12,70 £).*
Depuis son acquisition en 1689 par Guillaume III, cette maison du début du 17e s. a connu trois périodes : sous la maison d'Orange, c'était la résidence privée du monarque et Christopher Wren en fut le principal architecte ; sous les premiers Hanovre, elle devint palais royal, décoré par Campbell et Kent ; depuis 1760, c'est une résidence réservée aux membres de la famille royale. La reine Victoria, à qui une salle est entièrement dédiée, y vécut, ainsi que le prince de Galles et la princesse Diana. On l'aura compris, le palais joue la carte de la Couronne pour son programme d'exposition. Vêtements de cérémonie, objets, tableaux forment l'essentiel des collections.

NORTH KENSINGTON ★★

Sambourne House ★

A5 en dir. *18 Stafford Terrace - ⊖ High Street Kensington - ✆ 020 7602 3316 - www.rbkc.gov.uk/museums - merc.-dim. 10h-17h30 - 11 £ (6-18 ans 5 £).*

Le célèbre illustrateur **Linley Sambourne** (1844-1910) emménagea dans cette maison en 1875 et s'attacha à l'embellir, optant pour le style dit « esthétique » en vogue à l'époque. Les pièces ont conservé leur décoration et leur mobilier d'origine.

Holland Park ★

A5 en dir. *Entrée par Kensington High St., Abbotsbury Rd et Holland Park Ave. - ⊖ Holland Park ou High Street Kensington - www.rbkc.gov.uk - de 7h30 à 30mn av. le coucher du soleil.*

Ce joli parc de 22 ha est très populaire auprès des familles londoniennes, qui apprécient la quiétude de ses allées ombragées et de son jardin japonais, ses jeux pour enfants ainsi que ses nombreuses installations sportives.

Design Museum ★★

A5 en dir. *224-238 Kensington High St. - ⊖ High Street Kensington - ✆ 020 3862 5900 - designmuseum.org - ♿ - 10h-18h- gratuit.*

Cet impressionnant espace de 10 000 m² mérite une visite surtout pour son dernier étage, où l'on découvre l'évolution du design contemporain avec la collection permanente « Designer Maker User », qui présente des objets-clé de chaque grand domaine du design (habitat, transports, informatique, automobile, textile, etc.). Les expositions temporaires sont présentées au rez-de-chaussée, à côté du café et du magasin. Asseyez-vous sur les marches, dans le hall d'entrée, pour admirer le plafond en forme de parabole : la rénovation menée par John Pawson met en valeur la structure en béton de l'ancien Commonwealth Institute, typique des années 1960.

Leighton House ★

A5 en dir. *12 Holland Park Rd - ⊖ High Street Kensington - ✆ 020 7602 3316 - www.rbkc.gov.uk/museums - merc.-lun. 10h-17h30 - 11 £ (6-18 ans 5 £).*

Cette maison fut construite en 1866 par Lord Leighton (1830-1896), peintre, président de l'Académie royale et « fervent défenseur de la beauté éclectique ». Organisée autour de l'atelier de l'artiste, la demeure reflète ainsi à merveille le style victorien de l'époque, tout autant que le goût de Leighton pour les voyages et l'Orient : salon mauresque, mosaïques, carrelages précieux, fontaine intérieure, etc. Des influences que l'on retrouve également dans ses nombreuses œuvres (peintures, sculptures et dessins), exposées dans les différentes pièces de la maison.

Notting Hill★★ et Little Venice★

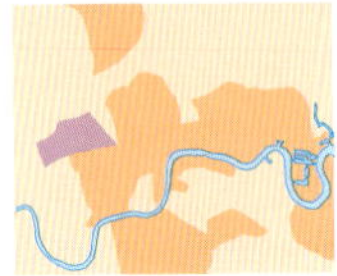

Les façades rose framboise, jaune canari, vert d'eau, bleu roi et les « mews » paisibles de Notting Hill composent l'une des plus jolies cartes postales de Londres. Autour de Portobello Road, la rue principale du quartier, se succèdent restaurants, cafés bobos, élegantes boutiques de créateurs, friperies et galeries d'artistes. Sans oublier le célèbre marché aux puces qui, en fin de semaine, attire des hordes de chineurs en quête d'un vieux vinyle, d'un bibelot ou d'un meuble ancien. Succès oblige, il y a beaucoup de monde, mais il suffit de prendre les chemins de traverse pour savourer l'atmosphère village chic de Notting Hill ou de gagner la partie nord du quartier, plus populaire et moins touristique.

▶**Accès :** ⊖ Notting Hill Gate, Ladbroke Grove, Warwick Avenue.

Plan de Notting Hill ci-contre. Little Venice sur le plan détachable en A2-3.

▶**Conseil :** Préférez les vendredi et samedi, jours du marché de Portobello.

Portobello Road ★

A3 en dir. ⊖ *Notting Hill Gate, Ladbroke Grove.*

Cette rue sinueuse, autrefois chemin à travers champs depuis le péage de Notting Hill Gate, s'anime les vendredi et samedi, jours du **marché aux puces** *(9h-19h).* Fin août, Portobello Road est le point de ralliement du **carnaval de Notting Hill** *(☞ p. 166).*

Depuis Chepstow Villas jusqu'au croisement avec Lonsdale Road, c'est une succession de boutiques d'antiquités qui alternent avec quelques restaurants sophistiqués. L'atmosphère se popularise à mesure que l'on se dirige vers le nord, notamment du côté de **Golborne Road**, où les antiquaires côtoient d'agréables cafés, épiceries, pâtisseries marocaines et portugaises, dans une ambiance méditerranéenne.

Kensington Park Road

A3 en dir. ⊖ *Ladbroke Grove.*

Kensington Park Road rivalise avec Portobello Road en termes d'animation. Bars et restaurants y restent ouverts tard en soirée.

Little Venice ★

A2-3 *Sur Bloomfield Rd, à l'ouest d'Edgware Rd -* ⊖ *Warwick Avenue.*

La **Petite Venise** est un séduisant bassin triangulaire bordé de saules pleureurs à la jonction du Regent's Canal et du Paddington Basin.

Ses eaux reflètent des demeures georgiennes alternant avec des immeubles modernes et le bureau des mariniers (ancien octroi). C'est le point de départ de promenades sur les canaux jusqu'à Camden *via* le zoo de Regent's Park *(☞ p. 89, 90 et 163).*

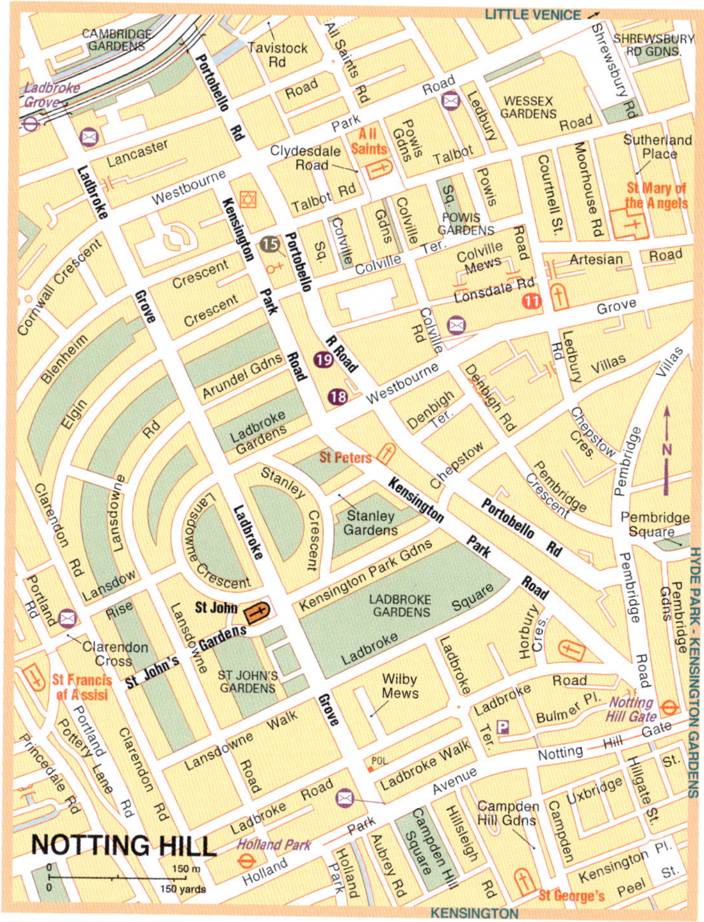

SE RESTAURER

Ottolenghi 11

SHOPPING

Paul Smith 18

Portobello Road 19

SORTIR

Electric Cinema 15

Marylebone★ et Regent's Park★★★

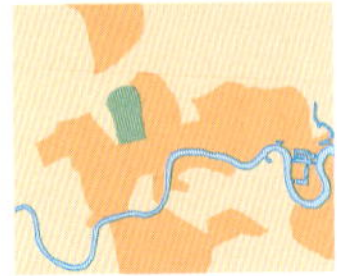

Nul besoin de s'appeler Sherlock Holmes pour deviner qu'Oxford Street – l'artère commerçante la plus longue au monde – et les rues voisines attirent les adeptes du lèche-vitrines. Mais le quartier huppé de Marylebone réserve également d'agréables surprises au promeneur qui part à la découverte de ses ruelles et squares tranquilles, où se nichent de splendides demeures du 18e s., l'une d'elles abritant les trésors de la Wallace Collection. Pour échapper radicalement à l'univers urbain, il suffit de rejoindre, plus au nord, les étendues verdoyantes du très beau Regent's Park.

▶**Accès :** ⊖ Regent's Park, Great Portland Square, Baker Street, Marble Arch, Bond Street.

Plan de quartier p. 87. Plan détachable B/C/D1-2-3-4.

▶**Conseil :** Si vous tenez à visiter Madame Tussauds, achetez votre billet à l'avance pour éviter la longue file d'attente.

MARYLEBONE ★

Oxford Street ★

C/D3-4 ⊖ *Bond Street.*

Oxford Street s'étend vers l'ouest jusqu'à Marble Arch (*p. 79*) et les abords de Hyde Park. Au n° 400 se dresse le célèbre magasin **Selfridges**, temple du luxe construit en 1908 par Gordon Selfridge, reconnaissable à ses immenses colonnes ioniques s'élançant sur trois niveaux vers un attique à balustrade. Ses restaurants et comptoirs gastronomiques variés en font sans doute la destination la plus intéressante.

D'autres grands magasins alternent avec les enseignes internationales de la *fast fashion*, mais aussi avec nombre de boutiques aujourd'hui portes closes, conséquence de la crise de Covid-19. À l'est, l'artère rejoint Bloomsbury (*p. 46*).

Les places ★

B/C3 ⊖ *Bond Street, Baker Street.*

St Christopher's Place est une charmante zone piétonne bien connue pour ses cafés en terrasse et ses petites boutiques.

Gloucester Place séduit, quant à elle, par ses petites allées et ses balcons en fer forgé.

À l'angle nord-est de **Portman Square** s'élèvent encore les deux plus belles maisons qui aient jamais occupé la place (nos 20 et 21). La première, construite par **Robert Adam** entre 1772 et 1777, était destinée à Élisabeth, comtesse de Hume.

R. Leaver/Loop Images/age fotostock

Oxford Circus.

Montagu Square, qui date du début du 19e s., aligne des résidences dont les rez-de-chaussée sont éclairés par de petits *bow-windows*. L'écrivain Anthony Trollope vécut ici au n° 39 (1873-1880).
Bryanston Square, qui date de la même époque, est ornée de terrasses en stuc.

Wallace Collection ★★★

C3 *Hertford House, Manchester Sq. - ⊖ Bond Street - ✆ 020 7563 9500 - www.wallacecollection.org - ♿ - 10h-17h - gratuit.*
Au cœur de Marylebone, sur une place georgienne, **Hertford House** abrite la superbe collection d'art français réunie par le 4e marquis de Hertford (1800-1870), qui vécut le plus souvent à Paris, au château de Bagatelle dans le bois de Boulogne.
À la collection familiale de maîtres italiens et de peinture hollandaise du 17e s., il ajouta du mobilier français du 18e s., des porcelaines de Sèvres, ainsi que des toiles de Watteau, Boucher et Fragonard. Son fils naturel, **Richard Wallace** (1818-1890), qui dota Paris des fontaines portant son nom, accrut encore la collection, qu'il transféra en Angleterre et dont sa veuve fit don à la nation britannique en 1900.
Au rez-de-chaussée se trouve la galerie consacrée à la Renaissance avec des œuvres mêlant sculptures et peintures italiennes, françaises et flamandes. Viennent ensuite de vastes

salles exposant des armes anciennes européennes et orientales.
Au 1er étage, la **Grande Galerie★★**, qui a retrouvé toute sa splendeur, réunit les plus grands tableaux des 17e et 18e s. : entre autres un *Persée et Andromède* de Titien, *La Femme à l'éventail* de Vélasquez, deux impressionnants portraits en pied de *Philippe Le Roy* par Van Dyck, le superbe *Cavalier riant* de Frans Hals (ce n'est pas un cavalier et il n'esquisse qu'un vague sourire énigmatique), *Le Paysage avec arc-en-ciel* de Rubens, dont le pendant se trouve à la National Gallery; plusieurs peintures religieuses dont *L'Adoration des bergers* de Murillo, et un émouvant portrait de son fils *Titus* par Rembrandt, mais également des œuvres de Nicolas Poussin, Philippe de Champaigne et des portraitistes anglais Thomas Gainsborough et Thomas Lawrence. De beaux salons somptueusement ornés font également la part belle aux toiles riches et colorées du 18e s. français (Greuze, Boucher, Fragonard, etc.).

Madame Tussauds ★

C2 *Marylebone Rd - ⊖ Baker Street - ✆ 0870 400 3000 - www.madametussauds.com - ♿ - horaires variables, se rens. - à partir de 42 £; billets combinés avec les attractions de South Bank (☛ p. 68) et réductions en ligne.*
Le célèbre musée de cire présente, avec la famille royale française (Louis XVI et Marie-Antoinette) réalisée par Mme Tussaud elle-même, les effigies de personnages illustres de tous les pays et de toutes les époques, tant hommes d'État que sportifs et artistes ou meurtriers anglais, mis en scène dans des cadres parfois très réalistes.

Sherlock Holmes Museum

C2 *221B Baker St. - ⊖ Baker Street - ✆ 020 7224 3688 - www.sherlock-holmes.co.uk - 9h30-18h - 16 £ (-16 ans 11 £).*
Reconnaissez qu'il est étonnant de consacrer un musée à quelqu'un qui n'a jamais existé. On pénètre pourtant avec bonheur dans l'appartement victorien où « habitaient » Sherlock Holmes et le docteur Watson entre 1881 et 1904, aménagé d'après les descriptions glanées au fil des pages des romans de Sir Arthur Conan Doyle. Une visite recommandée aux passionnés, qui reconnaîtront l'incontournable panoplie casquette-pipe-loupe, mais aussi des indices, pièces à conviction et armes du crime tirés des aventures du célèbre détective.

REGENT'S PARK ★★★

B/C1-2 *⊖ Regent's Park - www.royalparks.org.uk - à partir de 5h - fermeture variable selon saison (consulter le site Internet).*
Au début du 19e s., de vastes terrains qui avaient été attribués par Cromwell à divers exploitants furent rétrocédés à la Couronne, qui prit le parti de les faire aménager. L'époque était alors aux opérations immobilières d'envergure et c'est **John Nash** qui élabora le plan du nouveau quartier. Celui-ci ne fut réalisé qu'en partie entre 1817 et 1825 : ni les villas, ni le panthéon, ni son auréole d'immeubles ne virent le jour.

MARYLEBONE ET REGENT'S PARK
0
500 m
500 yards
London Zoo
REGENT'S PARK
ST JOHN'S WOOD
MARYLEBONE
REGENT'S PARK
MAYFAIR
LORD'S CRICKET GROUND CLUB
OPEN AIR THEATRE
Boating Lake
Queen Mary's Gardens
Regent's University
Sherlock Holmes Museum
Madame Tussauds
WALLACE COLLECTION
Selfridges
St Christopher's Place
ALL SOULS CHURCH
BRITISH TELECOM TOWER
LIBERTY
ROYAL ACADEMY OF ART
Hyde Park
Terraces
Mornington Crescent
Euston
Euston Square
Great Portland Street
Regent's Park
Warren Street
Baker Street
Marylebone
Edgware Road
Marble Arch
Bond Street
Oxford Circus
Green Park
FITZROY SQ.
CAVENDISH SQ.
MANCHESTER SQ.
HANNOVER SQ.
GROSVENOR SQ.
BERKELEY SQ.
Bryanston Sq.
Montagu Sq.
Portman Sq.
Outer Circle
Inner Circle
Albert Road
Prince Albert Road
Regent's Canal
Park Road
Chester Rd
Ulster Terrace
Marylebone Road
Euston Road
Oxford Street
Gloucester Place
Baker St
Devonshire Street
Paddington St
Wimpole St
Harley St
Portland Pl.
Great Portland St
Cleveland Street
New Cavendish St
Marylebone La.
Wigmore St
George St
Crawford St
Seymour St
Orchard St
Duke St
James St
Thayer St
New Bond St
Regent St
Conduit St
Brook Street
Upper Brook St
Mount Street
South Audley St
Park Lane
Curzon Street
Piccadilly
Jermyn St
Albemarle St
Dover St
Old Bond St
Savile Row
Vigo St
Heddon St
Beak Street
Great Marlborough St
Great Castle St.
Mortimer Street
Wells St
Newman St
Albany Street
Hampstead Road
Robert St
Camden High St
Crowndale St
Eversholt St
Delancey St
Parkway
Park Village East
Lisson Grove
Rossmore Rd
Broadley St
Edgware Road
Clentworth St
POL.
N
SE RESTAURER
Fischer's 3
31 Below 5
ROVI 7
The Golden Hind 55
Chiltern Firehouse 60
Pachamama 66
Honey & Co 68
PRENDRE UN VERRE
Artesian 40
SHOPPING
The Conran Shop 3
Contemporary Applied Arts 10
SE LOGER
Gunmakers 1

La route circulaire intérieure, **Inner Circle**, ceinture un ancien jardin botanique, aujourd'hui transformé en jardin floral, **Queen Mary's Gardens**, qui englobe un théâtre de plein air.
À l'extérieur d'Inner Circle, The Holme est l'une des rares villas prévues par Nash, tandis que la **Regent's University** en occupe une autre, reconstruite et agrandie au 20e s.
Outer Circle, anneau routier réalisé à la périphérie du parc, est en revanche conforme au projet. Trois de ses bords externes sont longés de splendides **palais★★** constituant des **terraces**.

Les « terraces » à l'ouest d'Outer Circle ★★

B/C2 ⊖ *Regent's Park. Suivez la promenade dans le sens des aiguilles d'une montre.*

Park Crescent (1821) est un gracieux hémicycle de style classique conçu par Nash pour relier Portland Place à Regent's Park. Les immeubles (1823-1824) constituant les ailes est et ouest de **Park Square** sont ornés d'une colonnade simple de style ionique.
Ulster Terrace (1824) se reconnaît à ses deux paires de baies accolées, disposées à chaque extrémité du bâtiment.
S'allongeant sur près de 330 m – soit la moitié de la largeur du parc ! –, **York Terrace** (1821) se compose de deux blocs symétriques organisés autour de York Gate et de quelques maisons annexes. Des villas, ornées d'imposantes colonnes corinthiennes, encadrent le corps central, tandis que les maisons de York Gate sont de style ionique.
Cornwall Terrace (1822) est un long bâtiment (170 m) à colonnades corinthiennes destinées à créer une perspective fuyante.
Le corps central et les angles de **Clarence Terrace** (1823) possèdent de lourds frontons corinthiens sur arcade ionique.
Sussex Place (1822) présente un bâtiment incurvé, abritant la London Business School, qui surprend par ses tours coiffées de dômes en forme de casque à pointe, reliées par un alignement de colonnes corinthiennes.
Les frontons bleu pâle de **Hanover Terrace** (1823) servent d'arrière-plan à une frise de plâtre et de piédestal à des statues se découpant sur le ciel.

Park Crescent conçu par Nash.

Derrière un petit pavillon octogonal, à Hanover Gate, se profile la **mosquée** (1977), avec son minaret blanc surmonté d'un dôme doré et d'un mince croissant. Conçue par Sir Frederick Gibberd, sa façade gris clair est percée de hautes fenêtres à cinq meneaux, regroupées par quatre. D'autres bâtiments modernes abritent le Centre culturel islamique.
Hanover Lodge consiste en une rangée de villas modernes (1989) s'harmonisant avec une villa du 18e s.

Les « terraces » à l'est d'Outer Circle ★★

C1-2 ⊖ *Regent's Park.*
En même temps que les bâtiments voisins, **Cambridge Terrace** (1825) a fait l'objet d'une restauration, tandis que **Cambridge Gate** (1875) reste un édifice entièrement victorien avec toits à pavillon. Ce dernier se dresse sur le site de l'ancien Colisée, grande rotonde où avaient lieu expositions et diaporamas.
Chester Terrace (1825) possède la façade ininterrompue la plus longue (286 m) avec d'imposantes colonnes corinthiennes. À chaque extrémité, des arches triomphales s'ouvrent sur la route d'accès intérieur.
Cumberland Terrace (1826) possède une monumentale façade, aux colonnes ioniques, qui rivaliserait presque avec la précédente (242 m de long). Le fronton central sculpté, qui fait pendant à celui de Hanover Terrace, est surmonté des statues allégoriques de l'Angleterre, des Arts et de la Science.
Le corps principal de **Gloucester Gate** (1827) est flanqué de portiques de stuc, contrastant avec le rouge des tympans et les statues se détachant sur le ciel.
Franchissez le portail et faites un détour jusqu'à Albany Street pour voir **Park Village West**. Des *terraces* plus modestes, des maisons plus petites et des cottages dans le style de Nash donnent un air provincial à une adorable rue en forme de fer à cheval.

London Zoo ★

C1 *Regent's Park, Outer Circle - ⊖ Camden Town - possibilité d'y accéder en bateau* via *Regent's Canal - ✆ 0344 225 1826 - www.zsl.org - ♿ - de nov. à mi-fév. : 10h-16h ; de mi-fév. à mars : 10h-17h ; avr.-sept. : 10h-18h - 28/32 £ - tarifs réduits et billets coupe-file en ligne.*
En 1828, la Société de zoologie de Londres ouvrit le zoo sur un terrain de 2 ha. Il en couvre actuellement 14. 8 000 animaux de 900 espèces y sont présentés. La Société de zoologie continue à jouer un rôle prépondérant dans la protection des espèces en danger en étudiant notamment leurs conditions de reproduction.

Camden Town et King's Cross-St Pancras

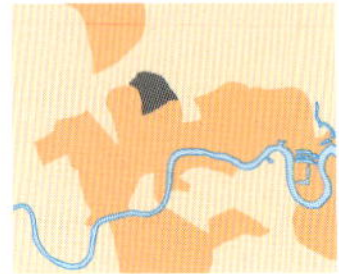

Camden Town et ses marchés continuent de surfer sur le « revival seventies » pour attirer les visiteurs, toujours aussi nombreux le week-end. Non loin de là, l'ouverture de la British Library, en 1998, au beau milieu d'un nœud ferroviaire – trois des six gares de la capitale s'y concentrent dans un rayon de 500 m ! – a marqué le coup d'envoi de la transformation d'une zone longtemps déshéritée et mal famée. Aujourd'hui, le quartier, qui accueille l'Eurostar à St Pancras International, est ponctué de nouvelles constructions et de bâtiments réhabilités dédiés aux affaires, à la culture et à la nature. Il s'est transformé en un lieu de promenade très fréquenté le week-end, d'autant plus agréable qu'il est traversé par le Regent's Canal.

▶**Accès :** ⊖ Camden Town, Euston Square, King's Cross-St Pancras.
Plan de Camden Town p. 91. Plan détachable D/E1-2.
▶**Conseils :** Pour tout connaître de la transformation du quartier et son actualité culturelle, adressez-vous au King's Cross Visitor Centre *(11 Stable St. - ✆ 020 3479 1795 - www.kingscross.co.uk)*. Et si vous vous trouvez dans le secteur en fin de semaine, déjeunez ou prenez un verre au Canopy Market *(☛ p. 93)*.

CAMDEN TOWN

D1 ⊖ *Camden Town.*
Camden Town était le haut lieu du rock et de la pop britanniques dans les années 1990. Il abrite des îlots résidentiels aux grandes et élégantes maisons prisées des artistes, écrivains et acteurs. Aujourd'hui, on vient surtout à Camden Town pour ses **marchés aux puces**, l'ambiance et le spectacle détonant d'une foule bigarrée, à laquelle se mêlent punks aux crêtes colorées, jeunesse gothique et néobabas cool.

À l'angle de Camden High Street et de Buck Street, le nouveau **Buck Street Market** s'est installé en 2020 dans une soixantaine de containeurs recyclés, rassemblant bars, restaurants et boutiques.

Passé le pont qui enjambe le canal, s'élèvent sur votre gauche les bâtiments en brique de **Camden Lock Market★★**, le premier et le plus réputé des marchés de Camden. Aménagé sur les bords de Regent's Canal, c'est aussi le plus pittoresque, avec ses stands d'artisanat et de cuisine exotique.

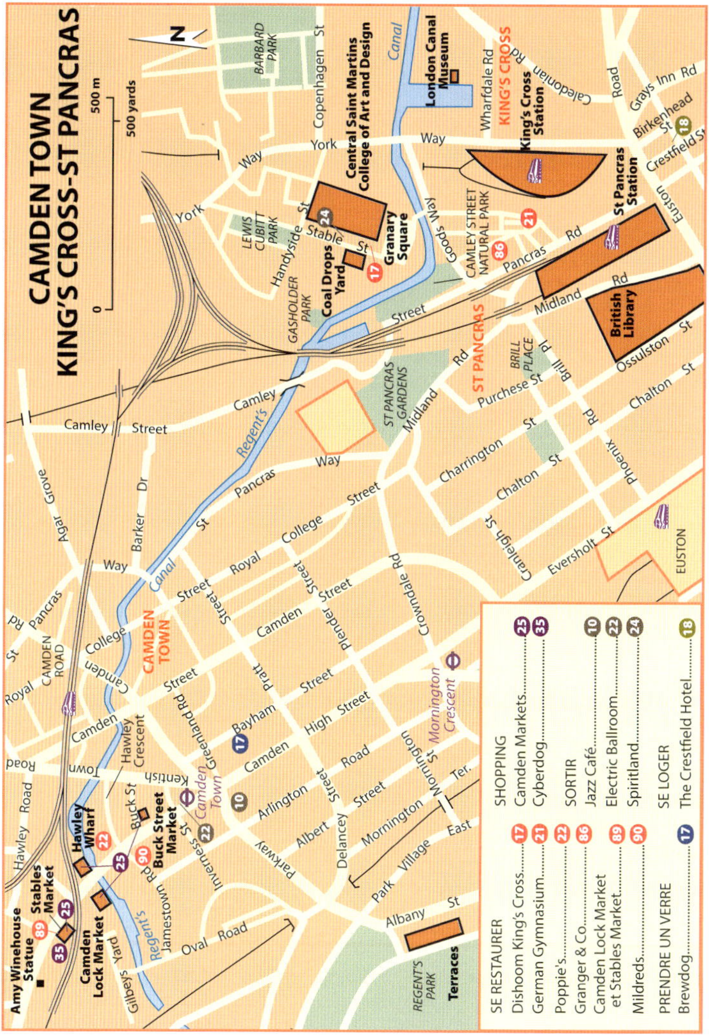
CAMDEN TOWN
KING'S CROSS-ST PANCRAS
0
500 m
500 yards
N
CAMDEN TOWN
KING'S CROSS
ST PANCRAS
CAMDEN ROAD
EUSTON
Camden Town
Mornington Crescent
Amy Winehouse Statue
Stables Market
Camden Lock Market
Hawley Wharf
Buck Street Market
Coal Drops Yard
Granary Square
Central Saint Martins College of Art and Design
London Canal Museum
King's Cross Station
St Pancras Station
British Library
Terraces
REGENT'S PARK
BARBARD PARK
LEWIS CUBITT PARK
GASHOLDER PARK
CAMLEY STREET NATURAL PARK
ST PANCRAS GARDENS
BRILL PLACE
Regent's Canal
York Way
Camley Street
Pancras Way
Pancras Rd
Midland Rd
Euston Rd
Caledonian Rd
Grays Inn Rd
Royal College Street
Camden Street
Camden High Street
Camden Road
Kentish Town Road
Hawley Road
Agar Grove
Crowndale Rd
Eversholt St
Ossulston St
Chalton St
Purchese St
Goods Way
Copenhagen St
Wharfdale Rd
Birkenhead St
Crestfield St
Parkway
Albany St
Oval Road
Jamestown Rd
Gilbeys Yard
Inverness St
Arlington Road
Delancey Street
Mornington Crescent
Pratt Street
Bayham Street
Plender Street
Greenland Rd
Hawley Crescent
Buck St
SE RESTAURER
Dishoom King's Cross 17
German Gymnasium 21
Poppie's 22
Granger & Co. 86
Camden Lock Market et Stables Market 89
Mildreds 90
PRENDRE UN VERRE
Brewdog 17
SHOPPING
Camden Markets 25
Cyberdog 35
SORTIR
Jazz Café 10
Electric Ballroom 22
Spiritland 24
SE LOGER
The Crestfield Hotel 18

De là, on poursuit par le **Stables Market**, où les boutiques d'art, de fripes et quelques antiquaires occupent les écuries de l'ancien hôpital pour chevaux. C'est ici qu'a été dressée la **statue d'Amy Winehouse**, en souvenir de la chanteuse britannique qui vivait dans le quartier, décédée à l'âge de 27 ans en 2011.
Plus à l'est, le long du Regent's Canal et des anciennes arches ferroviaires, les entrepôts d'**Hawley Wharf** ont été entièrement rénovés pour accueillir, depuis août 2021, un vaste complexe de boutiques en tout genre, de bars, restaurants et rooftops, de logements et de loisirs (cinéma, salle de boxe, etc.).

Wellcome Collection

D2 *183 Euston Rd - ⊖ Euston Square - ✆ 020 7611 2222 - wellcomecollection.org - ♿ - tlj sf lun. 10h-18h - gratuit.*
Installées dans un bâtiment lumineux, les collections insolites rassemblées par le pharmacien et entrepreneur **Henry Wellcome** (1853-1936) offrent un parcours passionnant à travers la médecine du monde entier.

KING'S CROSS-ST PANCRAS

British Library ★★

E1-2 *96 Euston Rd - ⊖ Euston Square ou King's Cross-St Pancras - ✆ 019 3754 6060 - www.bl.uk - ♿ - 9h30-20h, vend. 9h30-18h, sam. 9h30-17h, dim. 11h-17h.*
Les trois salles d'exposition de la galerie John Riblat abritent les **trésors de la Bibliothèque** *(Treasures of the British Library)* : trois millénaires d'écrits de tous les continents. Une technologie de pointe permet de tourner les pages d'une simple pression du doigt, et de feuilleter ainsi des manuscrits rares. Au nombre des documents d'intérêt historique, signalons des cartes anciennes, des copies de la **Grande Charte** *(Magna Carta)* extorquée en 1215 au roi Jean sans Terre par une légion de nobles, la dernière lettre de Nelson, un autographe de Shakespeare (1623).

pidjoe/Getty Images Plus

Salle de lecture de la British Library.

St Pancras Station ★

E1 *⊖ King's Cross-St Pancras.*
C'est sous les clochetons néogothiques de l'impressionnante gare de St Pancras (1864), chef-d'œuvre de

l'architecture victorienne, que furent tournées les scènes de départ de **Harry Potter** pour Poudlard, bien que la série évoque la gare de King's Cross.

King's Cross Station

E1 ⊖ *King's Cross-St Pancras.*
Si la grande horloge de la gare de King's Cross (1852) force toujours l'admiration, c'est aujourd'hui la structure métallique en hémicycle du **hall des départs**, conçue en 2012 par John McAslan + Partners, qui fait l'objet de toutes les attentions. Les amateurs de la saga *Harry Potter* se feront photographier devant le fameux **quai 9** $^{3/4}$ avant d'aller faire un saut à la boutique adjacente.

London Canal Museum

E1 *12-13 New Wharf Rd - ⊖ King's Cross-St Pancras - ☏ 020 7713 0836 - www.canalmuseum.org.uk - ♿ - merc.-dim. 10h-16h30 - 6 £ (7-15 ans 3 £).*
Le musée occupe une ancienne glacière en bordure du Regent's Canal, où étaient autrefois stockés des blocs de glace naturelle venus de Norvège. Ils servaient, entre autres, à approvisionner Carlo Gatti, le plus célèbre fabricant de crèmes glacées de l'ère victorienne. L'exposition retrace la passionnante histoire de la construction des canaux d'Angleterre, des différentes méthodes de halage et de propulsion, la vie des bateliers, le déclin au 20e s. et l'avènement des péniches de loisir.

Autour de Granary Square

E1 ⊖ *King's Cross-St Pancras.*
Cœur emblématique du nouveau quartier de King's Cross, cette vaste place piétonne s'étend derrière la gare, le long du Regent's Canal. Prisée de jour comme de nuit pour sa **fontaine** aux mille jets d'eau, elle est dominée par un ancien silo à grain, réhabilité pour accueillir le fameux **Central Saint Martins College of Art and Design**, dépendant de l'University of the Arts London (UAL). Plusieurs cafés, restaurants et lieux culturels investissent peu à peu les anciennes friches industrielles environnantes.
Non loin de là, sous une grande halle, se tient chaque fin de semaine le **Canopy Market** *(West Handyside Canopy - vend. 12h-20h, w.-end 11h-18h)*. Ce marché réunit dans une ambiance « artisans » du goût – boulangers, fromagers chocolatiers, torréfacteurs, etc. – et designers indépendants. On peut y manger et écouter de la musique.
À deux pas, la galerie marchande **Coal Drops Yard** (*Stable St. - www.coaldropsyard.com*) occupe d'anciens entrepôts de charbon (19e s.) restaurés, tandis que les **réservoirs à gaz** de King's Road ont été reconvertis en logements de standing.
C'est le point de départ de balades sur les canaux jusqu'à Camden et Little Venice (*➜ p. 82, 90 et 163*).

Hampstead★★ et Highgate★

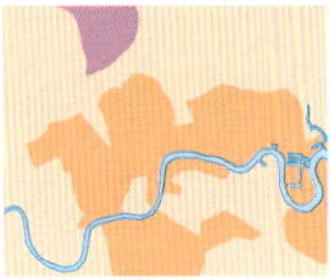

Du sommet de sa colline, le quartier de Hampstead, chic et charmant, semble toiser le reste de Londres. Difficile de résister au charme de son labyrinthe de ruelles et de passages, jalonnés de boutiques, bars et restaurants hype, ainsi que de pubs chargés d'histoire. Il a toujours été le lieu de prédilection d'artistes aisés, séduits par son atmosphère paisible et la proximité d'une lande sauvage de toute beauté. De l'autre côté du parc, le village de Highgate affiche, lui aussi, beaucoup de caractère avec ses belles maisons, son cimetière et ses pubs typiques.

▶**Accès :** ⊖ Hampstead, Highgate, Archway, Hampstead Heath (Overground).

Plan des quartiers **Rabat de couverture.**

▶**Conseil :** Visitez Hampstead le matin, puis traversez la lande jusqu'à Highgate.

HAMPSTEAD ★★

⊖ Hampstead.

Le village a toujours attiré une importante communauté d'artistes, comme le peintre John Constable, et des écrivains, tels Robert Louis Stevenson, D. H. Lawrence ou **John Keats**, dont on peut visiter la maison *(10 Keats Grove - ✆ 020 7332 3868 - www.cityoflondon.gov.uk; rubrique « Things to do » - jeu.-vend. et dim. 11h-13h, 14h-16h - 8 £, -18 ans gratuit).*
Aujourd'hui encore, ce quartier cossu connaît un tel succès qu'il n'est pas rare d'y croiser des stars.
Dès la sortie du métro, coup de foudre assuré pour les ravissantes boutiques de **Flask Walk**, petite rue piétonne presque trop jolie pour être vraie. Non loin de là part le bel alignement des maisons de brique de **Church Row** (1720).

Freud Museum

20 Maresfield Gardens - ⊖ Finchley Road - ✆ 020 7435 2002 - www.freud.org.uk - merc.-dim. 10h30-17h - 14 £ (12-16 ans 9 £).
Après avoir quitté Vienne pour fuir les persécutions nazies, **Sigmund Freud** (1856-1939) passa la dernière année de sa vie à Hampstead. Entre autres curiosités, la maison abrite son célèbre **divan**, ainsi qu'une incroyable collection de livres, de tableaux et d'antiquités.

Fenton House ★★

Hampstead Grove - ⊖ Hampstead - ✆ 020 7435 3471 - www.nationaltrust.org.uk - ♿ - vend., dim. et j. fériés 11h-16h - 11 £ (enf. 5,50 £).
Une grille, dessinée par **Tijou** (1707), ouvre sur une maison de brique rouge (1693), la plus ancienne et la plus

vaste de Hampstead. On y découvre notamment la magnifique collection Benton-Fletcher de **18 instruments à clavier**, réalisés entre 1540 et 1805, ainsi qu'un beau **jardin**.

Hampstead Heath ★★

Belsize Park, Hampstead ou Hampstead Heath (Overground).
C'est l'un des rares exemples de lande en milieu urbain (320 ha). Le site est un lieu de promenade et de divertissement très populaire *(grandes foires le lun. de Pâques et pdt les vac. de printemps et d'été)*. Trois étangs et une piscine y sont ouverts à la baignade. De **Parliament Hill★**, on bénéficie d'une vue imprenable sur le *skyline* londonien.

Kenwood House ★★

Hampstead Lane - Archway, Golders Green puis bus 210 - 020 8348 1286 - www.english-heritage.org.uk - ♿ - 10h-16h ; parc : 8h-16h - gratuit.
Tout blanc de stuc, le château règne sur une nature harmonieuse. Son élégante architecture inspirée de l'Antiquité reflète le style Adam. On remarquera **Adam Library★★**, la bibliothèque conçue comme une pièce de réception, et la très belle collection de **peintures★★**. Dans la salle à manger : *Autoportrait âgé* de Rembrandt, *Homme à la canne* de Frans Hals, *Joueuse de guitare* de Vermeer ; dans le petit salon : marines de Van de Velde et un Turner. Sur le palier et dans la salle du petit-déjeuner, toiles de Gainsborough. Au 1er étage, belle série de portraits de la **collection Suffolk**.

HIGHGATE ★

Archway, Highgate.
Colline verdoyante au 16e s., Highgate attire dès le 17e s. de riches marchands qui y bâtissent des résidences d'été. En dehors des constructions modernes, le village, centré sur Pond Square et High Street, a su garder un air champêtre.

Highgate Cemetery ★★

Swain's Lane - Archway - 020 8340 1834 - www.highgatecemetery.org - 10h-17h (nov.-fév. 16h) - 14,50 £.
Entouré de mystères, ce cimetière, en service depuis 1839, abrite quelque 53 000 sépultures de personnes inconnues et connues, tels la femme de lettres **George Eliot** (1819-1880) et **Karl Marx** (1818-1883), dont le buste énergique a été sculpté en 1956 par Laurence Bradshaw. La partie ouest contient quelques monuments funéraires remarquables, ainsi que les tombes de **Michael Faraday** (1791-1867) et du peintre **Dante Gabriel Rossetti** (1828-1882). C'est également ici, dans un secteur fermé aux visiteurs, que repose le chanteur **George Michael**, décédé en 2016.

East End

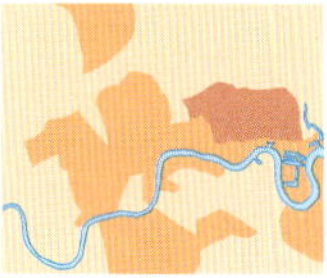

Plus qu'à Notting Hill ou Camden, c'est là que vous découvrirez un Londres cosmopolite et authentique. Lorsque, au début des années 1990, des artistes désargentés flairèrent le filon de l'Est londonien, attirés par les vastes espaces à prix modérés, ils n'imaginaient pas que la rumeur d'un nouvel Eldorado se répandrait comme une traînée de poudre. Depuis, une multitude de galeries, bars, restaurants et clubs branchés ont fleuri. Malgré cela, l'East End, traditionnelle terre d'immigration, conserve une diversité culturelle bien vivante.

▶**Accès :** ⊖ Liverpool Street, Aldgate East, Shoreditch High Street (Overground), Old Street, Bethnal Green..

Plan de quartier p. 98. Plan détachable H1-2-3.

▶**Conseils :** Visitez le quartier le dimanche pour profiter des marchés. Commencez par le marché aux fleurs de Columbia Road *(« Shopping » p. 142),* idéalement tôt le matin pour éviter la foule, descendez par le marché de Brick Lane, poursuivez par le Sunday Upmarket *(« Shopping » p. 142)* et terminez au Old Spitalfields Market.

SPITALFIELDS

H3 ⊖ *Liverpool Street.*

Ancien quartier historique de l'industrie textile, Spitalfields marque la frontière entre la City et l'East End, avec son grand marché couvert. Vivant et mixte, il regorge de galeries, de boutiques, de clubs underground et se colore d'œuvres de *street art*. N'hésitez pas à vous aventurer dans **Artillery Lane**, l'une des rues les plus étroites et les plus anciennes du quartier. Une maison typique se trouve au n° 9 Artillery Passage.

Old Spitalfields Market ★

www.spitalfields.co.uk - 10h-20h, jeu. 8h-18h, sam. 10h-18h, dim. 10h-17h - horaires variables selon les enseignes.

Fondé en 1862, le plus grand des dépôts de marchandises de Londres a été transféré en 1991 à Leyton et Spitalfields Market a mué en un lieu bigarré de boutiques pop-up, de *food trucks* et de restaurants variés. Aujourd'hui, cette composante demeure sous une voûte victorienne (1892) dans la partie est, qui longe Commercial Street. En revanche, à l'ouest, côté City, une grande partie du marché a été détruite pour faire place à un projet de **Norman Foster** associant des immeubles de bureaux et une galerie commerciale.

Dennis Severs'House

18 Folgate St. - ⊖ Liverpool Street ou Shoreditch High Street (Overground) - ✆ 020 7247 4013 - dennisevershouse.co.uk - jeu.-dim. - visite « en silence » 15 £, aux chandelles 20 £ (prog. et réserv. en ligne).

R. Harding/hemis.fr

Brushfield Street longe Old Spitalfields Market

Restaurée, ou plutôt mise en scène, la maison georgienne de **Dennis Severs**, artiste américain mort en 1999, raconte une histoire s'échelonnant du 18e au début du 20e s. Odeurs et ambiances sonores contribuent à l'immersion totale, encore accentuée lors de la visite aux chandelles.

BRICK LANE ★

H2-3 ⊖ *Shoreditch High Street, Aldgate East, Liverpool St - www.visitbricklane.org.*
Longue rue-quartier désormais gentrifiée, Brick Lane accueille encore une importante communauté

Le Cockney

Le Cockney désigne un Londonien de la classe populaire né, en théorie, dans un rayon de 3 miles autour de l'église de St Mary-le-Bow, à Cheapside. Dans la pratique, ce sont tous les habitants de l'East Side, notamment de la City, mais surtout des quartiers de Spitalfields, Bethnal Green, Shoreditch, Whitechapel... La convivialité, le sens de la solidarité, de la camaraderie, du bon voisinage et de l'humour sont les principales caractéristiques qui leur sont généralement attribuées. Ajoutons à cela une gouaille sans pareille et des expressions colorées, le tout largement relayé par la série télévisée *East Enders*, diffusée sur la BBC sans interruption depuis... 1985 !

EAST END
0
300 m
0
300 yards
N
SHOREDITCH ADVENTURE PARK
HAGGERSTON PARK
HACKNEY CITY FARM
Museum of the Home
Hoxton
Columbia Road Flower Market
ASKE GDNS
HOXTON SQUARE
ST LEONARD
BOUNDARY GARDENS
HOXTON
ST MATTHEW
WEAVERS FIELDS
Old Street
WESLEY'S CHAPEL AND LEYSIAN MISSION
SHOREDITCH
Shoreditch High Street
Dennis Severs' House
Old Truman's Brewery
Sunday Upmarket
SPITALFIELDS CITY FARM
BETHNAL
GREEN
Old Spitalfields Market
LIVERPOOL STREET
Great Mosque
Fournier St
CHRIST CHURCH
Whitechapel
East London Mosque
Moorgate
Liverpool Street
Petticoat Lane Market
WHITECHAPEL BELL FOUNDRY
Whitechapel Gallery
WHITECHAPEL
THE CITY
BANK OF ENGLAND
ROYAL EXCHANGE
LLOYD'S BUILDING
THE GHERKIN
Aldgate East
Aldgate
Laburnum St
Whiston Rd
Broadway Market
Dove Row
Nuttall St
How's St
Queensbridge Rd
Thurtle Rd
Kent St
Goldsmith's Row
Pritchard's Rd
Teale St
Coate St
Kay St
Mintern St
Ivy St
Purcell St
Cherbury St
Buckland St
Hoxton St
Regan Way
Geffrye St
Appleby St
Weymouth Terrace
Yorkton St
Dunloe St
Crondall St
Falkirk St
Cremer St
Hackney Rd
Horatio St
Ezra St
Ravenscroft St
Columbia Road
Barnet Grove
Durant St
Warner Pl.
Mansford St
Claredale St
Teesdale St
New N Rd
Bevenden St
Haberdasher St
Chart St
East Rd
Pitfield St
Kingsland Rd
Quilter St
Wellington Row
Old Bethnal
Gosset St
Turin St
Squirries St
Florida St
Brunswick Pl.
Old St
Rivington St
Virginia Rd
Swanfield St
Shacklewell St
Bethnal Green Rd
Curtain Rd
Shoreditch High St
Club Row
Chilton St
St Matthew's Row
Vallance Rd
Mape St
Leonard St
Great Eastern St
Holywell Lane
Redchurch St
Brick Lane
Sclater St
Cheshire St
Dunbridge St
City Rd
Tabernacle St
Paul St
Luke St
Scrutton St
Pedley St
Hemming St
Surma Cl
Worship St
Norton Folgate
Quaker St
Buxton St
Commercial St
Underwood Rd
Selby St
Finsbury Sq.
Clifton St
Folgate St
Dray Walk
Woodseer St
Wilson St
Sun St
Appold St
Princelet St
Hanbury St
South Pl.
Eldon St
Brushfield St
Chicksand St
Greatorex St
Montague St
Finsbury Circus
Artillery La.
Crispin St
Fashion St
Old Montague St
Whitechapel High St
Bell La.
Middlesex St
Fieldgate St
Myrdle St
New Rd
London Wall
Devonshire Sq.
Old Castle St
Goulston St
Adler St
Plumbers Row
Greenfield Rd
Old Broad St
Houndsditch
Bishopsgate
Threadneedle St
St Mary Axe
Bevis Marks
St Botolph St
Commercial Road
Gower's Walk
Hessel St
Cannon St Rd
Mitre St
Mansell St
Leman St
Alie St
Fairclough St
Christian St
Cornhill
Leadenhall St
Aldgate
19
29
27
26
15
11
42
23
47
32
18
31
33
82
5
84
67
24

bangladaise. Artère animée le dimanche, il faut l'arpenter dans les deux sens : d'un côté se succèdent les magasins de tissus (témoins de la forte tradition textile), quincailliers, barbiers ; de l'autre, les restaurants tandooris.
Trait d'union avec Commercial Street, **Fournier Street** compte de belles maisons georgiennes (1718-1728), autrefois occupées par des soyeux. L'histoire de la **mosquée**, qui fut d'abord une chapelle, puis une synagogue, reflète quant à elle les différentes vagues d'immigration qui ont peuplé le quartier. Haut de 30 m, son minaret en acier inoxydable sculpté de motifs arabo-musulmans (2010) sert désormais de point de repère au quartier et s'illumine le soir. Le dimanche matin, un **marché aux puces** occupe les environs de Bethnal Green Road, de Sclater et Cheshire Street.

Old Truman's Brewery

Cette ancienne brasserie du 18e s. est reconnaissable à sa grande cheminée de brique frappée du nom de Truman. Ses bâtiments s'étendent de part et d'autre de Brick Lane et abritent désormais bars, boutiques, bureaux, ainsi que le **Sunday Upmarket** (*p. 142*).

WHITECHAPEL

H3 *Aldgate East, Whitechapel.*
Limite sud de l'East End, longtemps réputé malfamé – c'est là que sévit Jack l'Éventreur en 1888 –, ce quartier encore très populaire séduit par sa diversité culturelle. On y vient pour ses marchés colorés et ses boutiques exotiques, asiatiques ou africaines, qui débordent de produits aux parfums d'ailleurs.

Whitechapel Gallery ★

77-82 Whitechapel High St. - Aldgate East - 020 7522 7888 - www.whitechapelgallery.org - - tlj sf lun. 11h-18h (jeu. 21h) - gratuit.
Avis aux amateurs : la librairie est particulièrement bien achalandée.
Inaugurée en 1901, dans le style Arts & Crafts, la galerie a accueilli les futurs maîtres de l'art moderne comme Picasso – qui y exposa pour la première fois *Guernica* en 1938 –, Pollock, Rothko ou Frida Kahlo, ainsi que les artistes contemporains **David Hockney** et Gilbert & George alors inconnus.

SHOREDITCH, HOXTON ET BETHNAL GREEN

G/H1-2 ⊖ *Old Street, Shoreditch High Street ou Hoxton (Overground).*
Populaires avant de devenir branchés, investis par les artistes et prisés des noctambules, Shoreditch et, dans une moindre mesure, Hoxton s'embourgeoisent peu à peu pour laisser place à la mode du *made in bio* et aux enseignes bobos. Rivington Street, Redchurch Street ou Chance Street sont habillées de pochoirs, graffitis, stickers (*encadré*).

Victoria Miro Gallery

G1 *16 Wharf Rd - ⊖ Old Street - 020 7336 8109 - www.victoria-miro.com - mar.-sam. 10h-18h - jardins ouv. d'avr. à fin oct.*
Cachée dans une ancienne fabrique de meubles, cette galerie d'art contemporain expose sur près de 1000 m² des peintures ou des installations de grands artistes internationaux ainsi que les meilleurs talents de la nouvelle génération.

Museum of the Home ★

H1 *136 Kingsland Rd - ⊖ Old Street ou Hoxton (Overground) - 020 7739 9893 - www.museumofthehome.org.uk - ♿ - mar.-dim. 10h-17h - gratuit.*
Ce musée illustre la vie quotidienne de la classe moyenne britannique du 16e au 20e s., à travers la reconstitution d'intérieurs et des salles thématiques. Outre le jardin aux herbes, d'autres parcelles ont été aménagées suivant le modèle de différentes époques.

Young V & A

H2, en dir. *Cambridge Heath Rd - ⊖ Bethnal Green - www.vam.ac.uk/young - ouverture à partir du 1er juil. 2023 (horaires, se rens.) - gratuit.*
Le tout nouveau musée des enfants du Victoria and Albert Museum (*p. 76*) a ouvert au début de l'été 2023. Au menu : trois galeries permanentes – « Imagine », « Play » et « Design » – et des ateliers ludiques pour s'initier à l'art et à la créativité. La première exposition, à partir du 14 octobre 2023, sera dédiée au Japon, des mythes aux mangas.

Shoreditch, la Mecque du street art londonien

Les rues et ruelles de Shoreditch sont devenues le terrain de jeux favori des artistes de street art, qui rivalisent d'inspiration et de créativité. Qu'ils soient protestataires, satiriques, humoristiques ou poétiques, leurs graffitis, fresques, collages, mosaïques et sculptures envahissent les murs de brique du quartier. Aux côtés de noms désormais célèbres comme le prolifique **Banksy**, dont les pochoirs provocateurs animent les moindres recoins de la capitale depuis les années 1990, ou des Space Invaders du Français Franck Slama (cour de l'Old Truman's Brewery notamment), des artistes anonymes ou non, britanniques ou internationaux, ont fait de l'Est londonien un atelier à ciel ouvert. Par essence éphémère, l'art urbain se renouvelle sans cesse et il peut être judicieux de suivre une **visite guidée**.
Shoreditch Street Art Tour (*www.shoreditchstreetarttours.co.uk*), Street Art London Tour (*streetartlondon.co.uk*), Strawberry Tours (*strawberrytours.com*).

Les quartiers sud

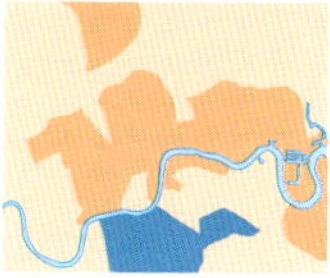

Bénéficiant de la revitalisation de la rive sud de la Tamise, les anciens quartiers populaires de Brixton et de Peckham sont devenus, en quelques années, la coqueluche des jeunes Londoniens branchés. Dotés d'un vrai « esprit village », ils attirent de plus en plus de curieux, en quête d'un Londres différent. Forcément, les coffee-shops fleurissent, les restaurateurs tendance y ouvrent leurs établissements et on assiste à un véritable regain de vie culturelle et nocturne. Plus bourgeois, le quartier de Battersea, face à Chelsea, est en pleine transformation. Allez-y vite pour voir littéralement sortir de terre toute une nouvelle zone urbaine : Nine Elms.

▶**Accès :** Se reporter à chaque quartier.

Plan détachable B/D8 (Battersea et Nine Elms) et rabat de couverture.

▶**Conseils :** Baladez-vous à Peckham plutôt le week-end pour une ambiance plus animée. Brixton est à 15mn en métro (Victoria line) de St Pancras. Pratique pour une dernière visite avant de reprendre l'Eurostar. À la belle saison, choisissez la navette fluviale pour vous rendre à Battersea.

PECKHAM

⊖ *Peckham Rye (Overground).*
Situé dans le *borough* de Southwark, ce quartier a le vent en poupe auprès des jeunes *hipsters* londoniens, d'où son surnom de « nouveau Shoreditch ». Les prix n'ont pas encore flambé... mais ça ne saurait tarder ! Avec ses 16 communautés différentes, originaires d'Asie ou d'Afrique, Peckham demeure l'un des quartiers les plus cosmopolites de Londres. Proche de la station d'Overground, **Rye Lane** était considérée comme le « Oxford Street » du sud de Londres au début du 19e s. C'est aujourd'hui une grande rue commerçante à l'atmosphère survoltée et populaire : *vibes* africaines, fruits exotiques et musique lui donnent des airs de carnaval permanent !

Au n° 133, les anciens entrepôts des **Copeland Park** et **Bussey Building** *(www.copelandpark.com)* forment le cœur culturel de Peckham, accueillant un théâtre, des ateliers et galeries d'art, des cafés, un disquaire et même un rooftop avec bar et cinéma en plein air aux beaux jours *(programmation sur www.rooftopfilmclub.com).*
Parallèle à Rye Lane, **Bellenden Road**, plus connotée bohème-chic, offre un vaste choix de boutiques et de cafés où le *latte* est roi, le tout dans une ambiance de petit village.

South London Gallery

65-67 Peckham Rd - www.southlondongallery.org - 11h-18h, merc. 11h-21h - fermé lun. - gratuit.
Ce musée d'art fut établi en 1868 par le philanthrope William Rossiter sur Blackfriars Road avant de s'installer ici

à la fin du 19e s. Depuis les années 1950, il met les jeunes artistes britanniques à l'honneur et se double d'étonnants jardins créés par l'artiste mexicain Gabriel Orozco *(w.-end 11h-18h)*. Une annexe du musée a ouvert ses portes dans l'ancienne caserne de pompiers de Peckham Road.

BRIXTON

Brixton.
Ancien ghetto noir, Brixton a beaucoup souffert d'une image ternie par la misère sociale et les violentes tensions raciales des années 1980. Depuis, le climat s'est apaisé et la gentrification *(p. 180)* a transformé ce berceau de la culture afro-caribéenne en un nouveau spot à la mode. Symbole d'un souffle nouveau, le quartier a même sa propre monnaie, le Brixton Pound, créé en 2009 pour encourager le commerce de proximité.

Brixton Village & Market Row

www.brixtonvillage.com - 8h-23h30 (lun. 18h).
Le dépaysement est au rendez-vous dès la sortie du métro. **Electric Avenue**, l'une des premières artères électrifiées de Londres, vous mènera vers le plus grand marché afro-caribéen d'Europe. Une étape incontournable pour prendre le pouls du quartier. Sous les grandes verrières de ces deux passages couverts, les étals débordent de denrées exotiques, de tissus africains, bijoux artisanaux et autres objets de déco... De nombreux restaurants y proposent une cuisine cosmopolite plutôt bon marché.
Non loin de là, sur Windrush Square, le **mémorial** dédié aux Afro-Caribéens qui ont combattu pendant les deux guerres ainsi que les **Black Cultural Archives** *(1 Windrush Sq. - www. blackculturalarchives.org)* prouvent que Brixton n'oublie pas son passé.

Brockwell Park

www.lambeth.gov.uk/places/ brockwell-park - de 7h30 à 15mn av. le coucher du soleil.
Envie de nature ? Les 50 ha de pelouse de ce parc, offrent une vue imprenable sur la City.

Brixton Windmill

Blenheim Gardens (env. 1,5 km au sud du métro) - www.brixtonwindmill.org - mars.-oct. : visite guidée, se rens. - 5 £.
Plus insolite, sur la gauche de Brixton Hill, il est possible de visiter le dernier

Brixton et la musique : l'accord parfait

Bastion du reggae avec ses racines jamaïcaines, Brixton reste synonyme de musique pour les Londoniens. Le quartier est d'ailleurs connu pour compter l'une des scènes mythiques de la capitale, la **Brixton 02 Academy** *(www. academymusicgroup.com/o2academybrixton)*. Brixton a aussi vu naître **David Bowie** dont le mémorial coloré mérite le détour *(464 Brixton Rd, à l'angle de Tunstall Rd)*. Cette magnifique fresque, que l'on doit à l'Australien Jimmy C., se situe non loin de l'ancienne maison de l'artiste.

moulin à vent de la capitale, qui opéra de 1816 aux années 1930.

BATTERSEA ET NINE ELMS

B/D8 ⊖ *Battersea Power Station ou Battersea Park (Overground ou train Southern depuis Victoria Station ou Clapham Junction).*
Le *borough* de Wandsworth accueille aujourd'hui le plus grand chantier de rénovation urbaine d'Europe : le nouveau quartier de Nine Elms, autour de l'ancienne station électrique de Battersea. C'est dans cette zone, autrefois dévolue à la culture de l'asperge puis aux activités de la révolution industrielle, que s'écrit l'une des grandes pages du Londres de demain. En comparaison, l'agréable Battersea semble bien sage et traditionnel avec ses vieilles églises et son grand parc.

Battersea Park ★

Queenstown Rd - www.wandsworth.gov.uk/batterseapark - de 8h au coucher du soleil.
Créé au milieu du 19e s. sur des terrains marécageux, ce beau parc de 83 ha en bordure de la Tamise est le poumon vert du quartier. On y trouve un lac sur lequel on peut canoter, des aires de jeux, des installations sportives, plusieurs cafés et de nombreuses activités y sont organisées.
Battersea Park Children's Zoo – *www.batterseaparkzoo.co.uk - ♿ - 10h-17h30 (automne-hiver 16h30) - 11 £ (enf. 9 £).* Ce zoo est particulièrement adapté aux enfants avec ses petits mammifères et ses activités.

Battersea Power Station ★

⊖ *Battersea Power Station ou navette fluviale Thames Clippers (**p. 162**) - www.batterseapowerstation.co.uk - lun.-jeu. 10h-20h, vend.-sam. 10h-21h, dim. 12h-18h.*
En service de 1939 à 1983, la première grande centrale électrique au charbon du pays a fait l'objet d'une incroyable transformation, centre d'un tout nouveau quartier dont la réhabilitation mobilise depuis 2013 les architectes du monde entier, parmi lesquels **Foster + Partners** et **Gehry Partners**. Longtemps laissée à l'abandon, la structure de brique rouge, reconnaissable à ses quatre hautes cheminées et immortalisée sur la pochette de l'album *Animals* des Pink Floyd, abrite désormais un impressionnant complexe de commerces, restaurants, bars, cafés, lieux de loisirs, institutions culturelles et logements ouvert au public depuis octobre 2022. Les visiteurs peuvent également monter au sommet de la cheminée nord-ouest, à 109 m de haut, grâce à l'ascenseur **Lift 109** *(lift109.co.uk - lun.-merc. 10h-18h, jeu.-dim. et vac. scol. 10h-20h - fermé 25 déc. - 15,90 £, 3-15 ans 11,50 £)*. La vue se déploie à 360° sur tout Londres et permet de mesurer l'ampleur des réhabilitations. Tout autour, de nombreux bâtiments sont déjà sortis de terre et c'est tout un nouveau quartier qui prend vie, en particulier du côté du **Circus West Village** avec sa vingtaine de bars et restaurants plutôt branchés chic.
Pour en savoir plus sur les projets de Nine Elms, voir p. 180 et nineelmslondon.com.

Docklands★

À l'endroit où la Tamise décrit une longue boucle, face à Greenwich, entre Tower Pier et le barrage de la Tamise, le paysage subit un changement radical. L'élément le plus brillant en est certainement Canary Wharf, qui éclipse les autres sites dignes d'intérêt. Il est recommandé d'y arriver par le train aérien : l'impression de pénétrer dans une ville futuriste révèle l'ampleur du réaménagement des docks, signe de l'extension continue de Londres vers l'est.

▶**Accès :** ⊖ Tower Hill, Canary Wharf, Canary Wharf (DLR), West Shadwell (DLR), West India Quay (DLR).

Plan de quartier **p. 106-107. Hors plan détachable.**

▶**Conseil :** Visitez les Docklands de préférence en semaine, car le week-end, le quartier est plutôt désert.

St Katharine's Docks ★

⊖ *Tower Hill.*

Située à deux pas de la Tour de Londres (*p. 58*), cette agréable **marina** bordée de bureaux, de boutiques, de restaurants et d'appartements luxueux remplaça en 1968 les docks qui occupaient le site depuis 1828. Il ne reste rien de l'hospice St Katharine-by-the-Tower qui donna son nom au lieu. Fondé en 1148, il accueillait les réfugiés en provenance d'Europe, mais le terrain fut racheté en 1825 par la St Katharine Dock Company qui fit construire deux bassins et des entrepôts. Quelques terrasses permettent de profiter du cadre, très plaisant aux beaux jours.

Museum of London Docklands ★★

West India Quay - ⊖ West India Quay (DLR) - ✆ 020 7001 9844 - www.museumoflondon.org.uk - ♿ - 10h-17h - gratuit.

La visite de ce passionnant musée, installé dans l'entrepôt n° 1, permet de comprendre l'importance de la Tamise dans le développement de Londres et l'histoire des Docklands.

Sur deux niveaux, il célèbre l'influence des activités portuaires sur la vie sociale et économique de la ville, de la période romaine à nos jours. On découvre ainsi le fonctionnement complexe des docks à la grande époque du commerce maritime. Des animations présentent le ballet des navires rentrant au port, dirigés, suivant leur provenance, vers des bassins spécifiques. L'exposition se penche sur la nature diverse des marchandises arrivées de toutes les régions du globe. Les Docklands, c'est aussi une population besogneuse d'ouvriers, de dockers, des familles aux conditions de vie difficiles et dont les revendications ont été à l'origine de nombreux conflits sociaux et grèves. La reconstitution d'un ensemble de ruelles sombres, avec leurs tavernes, boutiques, habitations misérables, aide à percevoir cette réalité.

Isle of Dogs ★

⊖ West India Quay (DLR) ou Canary Wharf (DLR).
Cette langue de terre lovée dans un méandre de la Tamise tient ce nom d'« île aux Chiens » des chenils établis au 16e s. par le roi Henri VIII. Elle était alors couverte d'herbages marécageux, où pâturait le bétail. Au début du 19e s., la création des **docks des Indes occidentales** *(West India Docks)* allait très vite transformer le secteur. Un quartier populeux se développa autour des trois bassins aménagés au nord en 1802 et 1806, et de son quai principal, Canary Wharf. Après la fermeture des docks dans les années 1980, Isle of Dogs fit l'objet d'un projet d'aménagement visant à développer dans l'Est londonien une « annexe » de la City. Canary Wharf réhabilité, le succès ne se fit pas attendre.

Canary Wharf ★

⊖ Canary Wharf (DLR).
La renaissance de Canary Wharf, devenu en moins de deux décennies un quartier d'affaires de premier ordre, débuta en 1988 avec la construction de nouveaux gratte-ciel autour de Cabot Square, dont **One Canada Square** (236 m). Élevée en 1991 par l'architecte argentin César Pelli, cette tour-obélisque de 50 étages, habillée d'acier inoxydable reflétant la lumière, se dresse tel un phare. Entièrement financé par des fonds privés, Canary Wharf a attiré depuis sa création plusieurs firmes et banques prestigieuses, ainsi que des groupes de médias. Plus récemment, Canary Wharf a cherché à s'imposer comme un haut lieu du shopping avec la création de grands **centres commerciaux**, Cabot Place, Jubilee Place, Canada Place, Churchill Place, etc., regroupant des centaines de boutiques.
Aujourd'hui, le quartier poursuit sa mutation et voit s'élever de nombreuses tours résidentielles.

The O2

Peninsula Square - ⊖ North Greenwich, Royal Victoria (DLR), puis téléphérique Emirates Air Line (www.emirates.co.uk - 5 £ AS (enf. 2,50 £). Accès possible par les navettes fluviales Thames Clippers : arrêt North Greenwich (☛ p. 162) - ✆ 020 8463 2000 - www.theo2.co.uk - ♿ - gratuit, hors activités.
Situé sur la péninsule de Greenwich, sur la rive sud de la boucle de la Tamise, l'ancien dôme du Millénaire construit par **Richard Rogers** forme une vaste structure en toile de fibre de verre de 365 m de diamètre et 50 m de hauteur, soutenue par 12 mâts en acier, d'un volume égal à dix fois la cathédrale St-Paul. Il a été reconverti en un complexe de loisirs incluant boutiques, restaurants, bars, night-clubs, cinéma multiplexe, bowling et plusieurs salles de concerts, dont une de 20 000 places (O2 Arena).

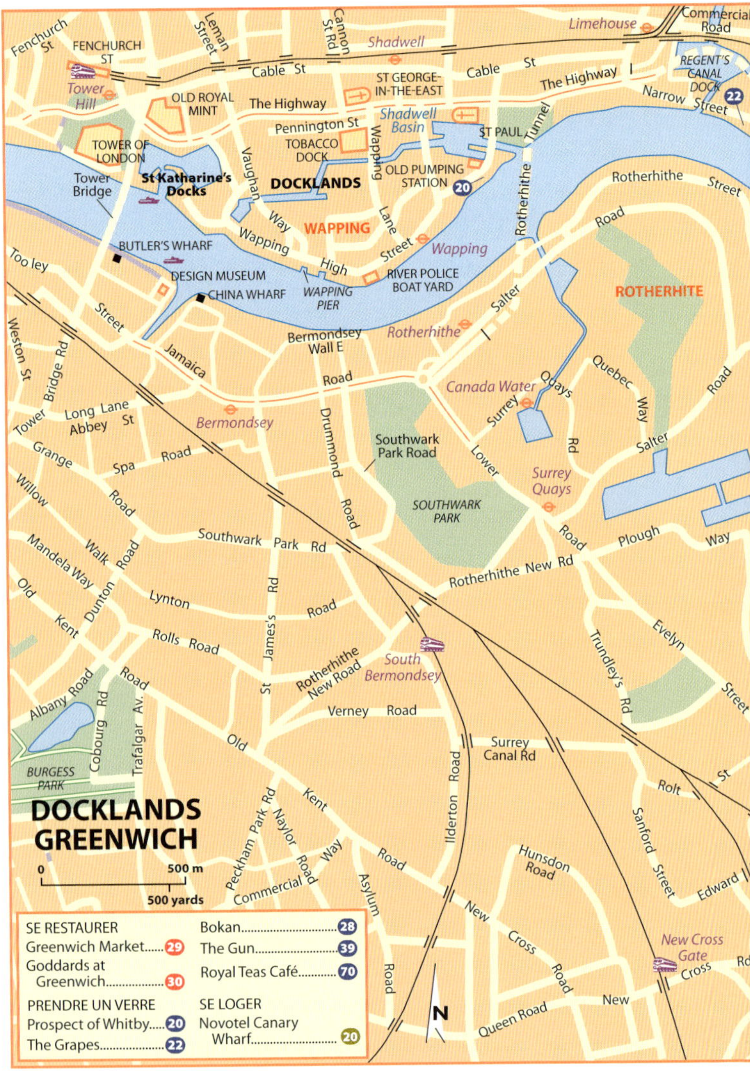
DOCKLANDS GREENWICH
0
500 m
500 yards
SE RESTAURER
Greenwich Market 29
Goddards at Greenwich 30
Bokan 28
The Gun 39
Royal Teas Café 70
PRENDRE UN VERRE
Prospect of Whitby 20
The Grapes 22
SE LOGER
Novotel Canary Wharf 20
N
Fenchurch St
FENCHURCH ST
Tower Hill
OLD ROYAL MINT
TOWER OF LONDON
Tower Bridge
St Katharine's Docks
Leman Street
Cannon St Rd
Cable St
The Highway
Shadwell
ST GEORGE-IN-THE-EAST
Shadwell Basin
Pennington St
TOBACCO DOCK
Vaughan Way
DOCKLANDS
Wapping Lane
OLD PUMPING STATION
ST PAUL
Rotherhithe Tunnel
Limehouse
Commercial Road
REGENT'S CANAL DOCK
Narrow Street
WAPPING
Wapping High Street
Wapping
RIVER POLICE BOAT YARD
WAPPING PIER
BUTLER'S WHARF
DESIGN MUSEUM
CHINA WHARF
Tooley Street
Jamaica Road
Bermondsey Wall E
Rotherhithe
Salter Road
Rotherhithe Street
ROTHERHITE
Canada Water
Surrey Quays Rd
Quebec Way
Bermondsey
Drummond Road
Southwark Park Road
SOUTHWARK PARK
Lower Road
Surrey Quays
Weston St
Tower Bridge Rd
Long Lane
Abbey St
Grange Road
Spa Road
Willow Walk
Mandela Way
Old Kent Road
Dunton Road
Southwark Park Rd
Lynton Road
Rolls Road
St James's Rd
Rotherhithe New Road
Rotherhithe New Rd
Plough Way
Evelyn Street
Trundley's Rd
South Bermondsey
Verney Road
Surrey Canal Rd
Ilderton Road
Rolt St
Sanford Street
Edward St
Albany Road
Cobourg Rd
Trafalgar Av.
BURGESS PARK
Peckham Park Rd
Naylor Road
Commercial Way
Asylum Road
Hunsdon Road
New Cross Road
New Cross Gate
Queen Road

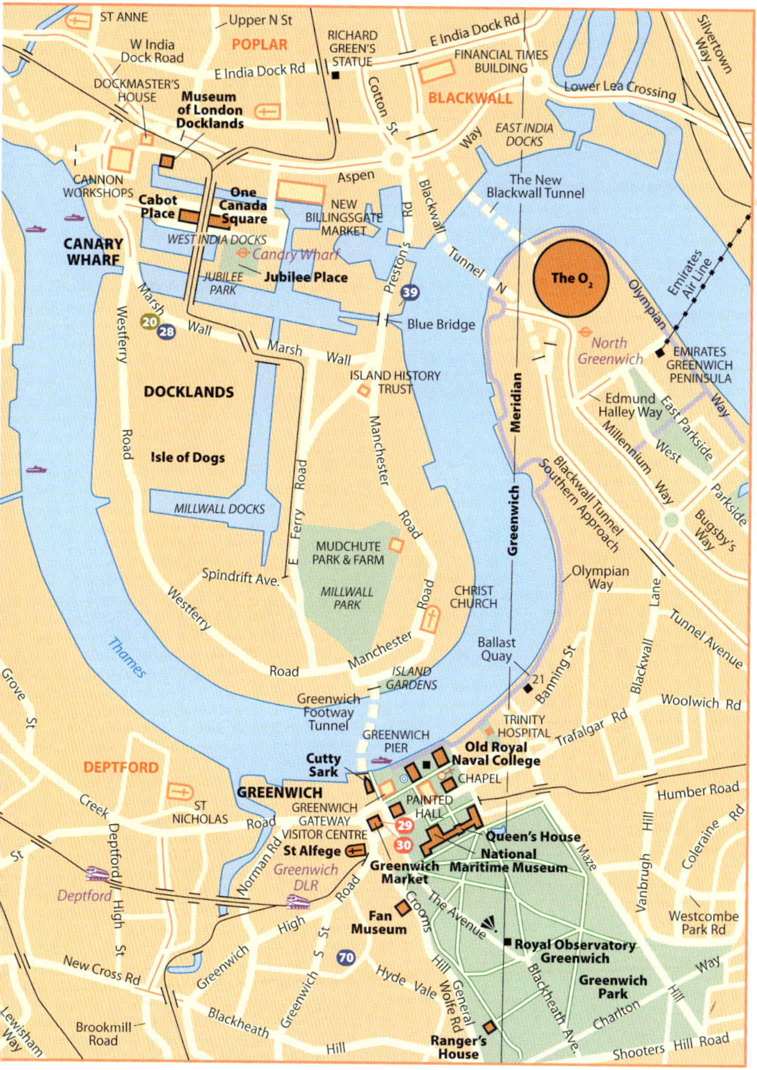
ST ANNE
Upper N St
W India Dock Road
POPLAR
RICHARD GREEN'S STATUE
E India Dock Rd
FINANCIAL TIMES BUILDING
Silvertown Way
E India Dock Rd
DOCKMASTER'S HOUSE
Museum of London Docklands
Cotton St
BLACKWALL
Lower Lea Crossing
EAST INDIA DOCKS
Way
CANNON WORKSHOPS
Cabot Place
One Canada Square
Aspen
NEW BILLINGSGATE MARKET
Blackwall
The New Blackwall Tunnel
Rd
CANARY WHARF
WEST INDIA DOCKS
Canary Wharf
JUBILEE PARK
Jubilee Place
Preston's
Tunnel
The O2
Emirates Air Line
EMIRATES ROYAL DOCKS
Marsh
Wall
Blue Bridge
Olympian
Westferry
Marsh
Wall
North Greenwich
EMIRATES GREENWICH PENINSULA
ISLAND HISTORY TRUST
DOCKLANDS
Edmund Halley Way
East Parkside
Way
Meridian
Millennium
West
Road
Isle of Dogs
Manchester
Way
Blackwall Tunnel Southern Approach
Parkside
Road
Ferry
Greenwich
MILLWALL DOCKS
Road
Bugsby's Way
MUDCHUTE PARK & FARM
E.
Spindrift Ave.
MILLWALL PARK
Road
CHRIST CHURCH
Olympian Way
Lane
Westferry
Tunnel Avenue
Thames
Ballast Quay
Manchester
Road
Banning St
Blackwall
ISLAND GARDENS
Woolwich Rd
Grove St
Greenwich Footway Tunnel
TRINITY HOSPITAL
Trafalgar Rd
GREENWICH PIER
Old Royal Naval College
DEPTFORD
Cutty Sark
CHAPEL
GREENWICH
Humber Road
Creek
ST NICHOLAS
GREENWICH GATEWAY VISITOR CENTRE
PAINTED HALL
Road
Queen's House
Coleraine Rd
St
Deptford
St Alfege
National Maritime Museum
Hill
Maze
Greenwich DLR
Norman Rd
Greenwich Market
Deptford
High St
Road
Crooms
The Avenue
Vanbrugh
Westcombe Park Rd
Fan Museum
High
S St
Royal Observatory Greenwich
New Cross Rd
Greenwich
Hill
Way
Hyde Vale
General Wolfe Rd
Blackheath Ave.
Greenwich Park
Hill
Charlton
Lewisham Way
Brookmill Road
Blackheath
Greenwich
Hill
Ranger's House
Shooters Hill Road
20
28
39
21
29
30
70

Greenwich★★★

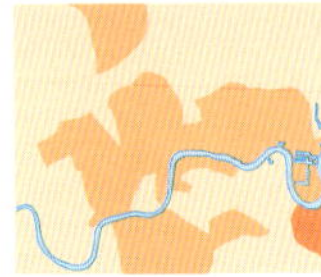

Le nom de ce quartier londonien, situé sur la rive sud de la Tamise, face aux Docklands, est connu dans le monde entier pour son méridien. Greenwich ne saurait pourtant se résumer à cette seule ligne imaginaire, ni même à l'observatoire où furent réalisées les premières recherches sur le calcul de la longitude. Cette ancienne résidence royale s'enorgueillit en effet d'un riche passé historique et d'une remarquable architecture qui lui vaut de figurer au Patrimoine mondial de l'Unesco. Son parc royal – le plus grand de Londres – et les berges du fleuve constituent par ailleurs d'agréables lieux de promenade pour échapper à la touffeur de la capitale en été.

▶**Accès :** ⊖ Cutty Sark, Greenwich (DLR). Greenwich se trouve sur la rive sud de la Tamise, en face d'Isle of Dogs. Un tunnel piétonnier (Greenwich Footway Tunnel) relie les deux quartiers. Accès en bateau avec les navettes fluviales Thames Clippers (*p. 162*).

Plan de quartier p. 106-107. Hors plan détachable.

▶**Conseil :** Évitez le week-end, particulièrement fréquenté.

Greenwich Market

www.greenwichmarketlondon.com - 10h-17h30.

À deux pas de la station de DLR Cutty Sark, ce charmant marché couvert contribue à l'ambiance « village » de Greenwich. Installé depuis 1700, il rassemble de jolies boutiques, quelques cafés et accueille des stands d'artisanat, d'alimentation et de brocante. Pour une agréable flânerie ou un déjeuner sur le pouce (*« Nos adresses »/« Se restaurer » p. 128*).

St Alfege

Greenwich Church St. - 020 8853 0687 - www.st-alfege.org.uk - 12h-16h, jeu. et w.-end 11h-16h - fermé lun. - programme de concerts.

L'église primitive érigée à l'emplacement du martyre d'Alphège, archevêque de Canterbury tué par les Danois en 1012, vit se dérouler le baptême d'**Henri VIII**.

Cutty Sark ★★

King William Walk - 020 8858 4422 - www.rmg.co.uk - ♿ - 10h-17h - 16 £ (enf. 8 £) ; possibilité de billet combiné avec d'autres attractions comme le Royal Observatory - demander la brochure en français à la caisse.

Sorti en 1869 des chantiers navals de Dumbarton en Écosse, ce majestueux trois-mâts était destiné à l'importation du thé de Chine. Il devint rapidement célèbre en raison de sa rapidité : sa meilleure

M.Brandl/imageBROKER/age fotostock

Old Royal Naval College.

course en une journée, ses 10 000 m^2 de voiles entièrement déployées, fut de 580 km. Après l'ouverture du canal de Suez, concurrencé par les bateaux à vapeur, le *Cutty Sark* assura le transport de laine d'Australie. Il fallait compter 70 jours à l'aller et 80 au retour à pleine charge (5 000 balles de laine) pour accomplir le périlleux voyage comprenant le franchissement du cap Horn. Vendu à une compagnie portugaise en 1895, le navire revint en Angleterre en 1922 et fut converti en navire-école avant d'être transféré à Greenwich en 1954, mis en cale sèche et transformé en musée nautique. Visite interactive très plaisante, prisée des familles.

Old Royal Naval College ★★

King William Walk - ✆ 020 8269 4747 - ornc.org - ♿ - 8h-23h ; Painted Hall, Visitor Centre et chapelle : 10h-17h - 12,50 £.

Le collège héberge le campus de l'université de Greenwich. Le pavillon du roi Charles est occupé par le Trinity College de musique et les bâtiments qui donnent sur la Tamise abritent une école navale.

National Maritime Museum ★★

Romney Rd - ✆ 020 8312 6565 - www.rmg.co.uk - ♿ - 10h-17h - gratuit, sf visites guidées et expositions.

Les collections du musée de la Marine nationale illustrent l'histoire navale de la Grande-Bretagne. L'accent est mis en particulier sur le développement commercial avec le commerce triangulaire et la Compagnie des Indes orientales, mais aussi sur la figure de l'amiral Nelson. L'attention du visiteur est également attirée sur les conséquences du progrès moderne sur la vie marine. Beaucoup d'activités sont destinées aux enfants qui s'en donnent à cœur joie.

Queen's House ★★

✆ 020 8858 4422 - www.rmg.co.uk - 10h-17h - gratuit.
L'élégante villa, qui accueille des expositions temporaires, se distingue par sa couleur blanche, son bel escalier en fer à cheval descendant de la terrasse sur la façade nord et sa loggia sur le côté sud, face au parc.

Fan Museum ★

12 Crooms Hill - ✆ 020 8305 1441 - www.thefanmuseum.org.uk - ♿ - merc.-sam. 11h-16h30 - audioguide en français - atelier de fabrication d'éventails sur réserv. (consulter le site Internet pour les tarifs et horaires).
Ce magnifique musée possède quelque 2 000 **éventails**. Des expositions permanentes explorent le sujet : méthodes et matériaux de fabrication, types, origines. Des expositions temporaires sont organisées selon les thèmes d'inspiration de leur décoration.

Greenwich Park

www.royalparks.org.uk - à partir de 6h - fermeture selon saison (se rens.).
Entouré d'une palissade en 1433 et clos d'un mur sous les Stuarts, le parc est le plus ancien domaine royal clôturé. Sur près de 90 ha, ses avenues de châtaigniers et ses vastes pelouses s'élèvent vers une colline culminant à 52 m au-dessus de la Tamise et couronnée par l'ancien Observatoire royal et le monument du général Wolfe. On y profite d'une très belle **vue** sur Londres.

Royal Observatory Greenwich ★★

Blackheath Ave. - ✆ 020 8858 4422 - www.rmg.co.uk - ♿ - 10h-17h - observatoire 16 £ (enf. 8 £) ; planétarium 10 £ (enf. 5 £) ; billet combiné avec le Cutty Sark et tarifs réduits en ligne.
En 1675, Charles II demanda à **Christopher Wren** de « *construire un petit observatoire dans notre parc de Greenwich afin de trouver la longitude des lieux pour perfectionner la navigation et l'astronomie* ». Wren, ancien astronome, construisit une maison de brique rouge, surmontée d'une balustrade et de petits dômes à pans « *pour servir d'habitation à l'astronome et ajouter une certaine pompe* ». Au sommet de l'un d'eux, une boule rouge mise en place en 1833 glisse brusquement le long d'un mât à 13h précises (temps GMT), permettant ainsi aux navigateurs sur la Tamise de régler leur montre.
La visite commence dans la cour du Méridien, où le **méridien de Greenwich**, de longitude zéro, est matérialisé par un rail de cuivre.
On découvre ensuite **Flamsteed House**, la maison de l'astronome royal John Flamsteed, dont elle reçut le nom. L'**Octagon Room**, haute de plafond et joliment proportionnée, a

été restaurée et réaménagée dans son état d'origine. Une autre présentation retrace, grâce aux outils multimédias interactifs les plus récents, l'histoire du calcul de la latitude et de la longitude.

Peter Harrison Planetarium – *Horaires variables en fonction des projections - certaines séances sont interdites aux -5 ans (consultez le site Internet).* Construit en forme de cône, il comprend 250 plaques de bronze soudées puis polies pour donner l'impression de n'en former qu'une. Le côté nord du cône est aligné sur le point perpendiculaire à l'horizon perçu depuis Greenwich (le zénith). Le côté sud pointe vers l'étoile du Nord. L'angle de la pente (51° 28' 44") est égal à la latitude du Royal Observatory. Enfin, le planétarium est aligné sur le méridien de Greenwich. La partie supérieure est recouverte de verre réfléchissant pour apercevoir les changements du ciel et de l'espace. À l'intérieur, le projecteur numérique laser permet d'emmener les visiteurs dans l'espace, d'observer la Terre et d'inclure dans les séances des images de dernière minute envoyées par les sondes spatiales.

Ranger's House ★

Chesterfield Walk, Greenwich Park - ✆ 020 8853 0035 - www.english-heritage.org.uk - ♿ - calendrier et réserv. sur le site Internet, se rens. - 11,20 £ (5-17 ans 6,60 £). Cette demeure était à l'origine une petite villa de brique. Des ailes arrondies furent ajoutées par Philip Stanhope, 4e comte de Chesterfield (1694-1773), politicien, diplomate et homme d'esprit. La galerie sud fut alors réalisée. Longue de 25 m, elle est ornée d'un plafond compartimenté et éclairée par trois *bow-windows* dont le propriétaire, satisfait, disait : *« Toutes trois différentes, et les meilleures perspectives du monde. »* Les jardins ont conservé toute leur beauté.

Les salles lambrissées du rez-de-chaussée et du premier étage abritent la magnifique **collection Wernher** d'art européen, qui reflète le goût éclectique de **Sir Julius Wernher** (1850-1912), philanthrope et magnat de l'industrie minière.

Cette collection réunit quelques rares peintures religieuses de Filippo Lippi et des toiles de maîtres hollandais (Van Ostade, de Hooch), ainsi que des bijoux et bronzes Renaissance.

Escapades aux environs★★

Voici quelques idées d'excursions d'une journée, aisément accessibles depuis le centre de Londres et idéales pour se mettre au vert par beau temps. S'il pleut, on peut toujours opter pour la visite des studios de tournage de Harry Potter. Alors, avis aux apprentis sorciers : rendez-vous quai 9¾ !

▶ **Conseil :** Pour plus de détails, reportez-vous au Guide Vert MICHELIN *Londres*.

Kew Gardens ★★★

Kew Gardens. Au sud-ouest de Londres, par A4 et A315. En bateau : avec Thames River Boats (www.thamesriverboats.co.uk - avr.-oct.). 020 8332 5655 - www.kew.org - 10h-17h - 21,50/24 £ (4-15 ans 4/5,50 £).

La Tamise décrit une longue boucle autour de Kew, zone résidentielle à l'atmosphère villageoise. Par beau temps, il est délicieux d'arpenter les jardins botaniques royaux, bordés au nord par le fleuve, pour découvrir des espèces rares, de grandes serres et de jolis vallons. Une passerelle, perchée à 20 m du sol, permet de déambuler à la cime des arbres.

À ne pas manquer : Kew Palace ; la serre aux palmiers ; le jardin de bambous ; la vue depuis la pagode.

Richmond ★★

Richmond. Au sud-ouest de Londres, entre l'A3 et la M3. Accès en bateau avec Thames River Boats (www.thamesriverboats.co.uk - avr.-oct.).

Située en bordure de la Tamise, Richmond jouit d'une atmosphère champêtre grâce à ses parcs verdoyants et ses terrains de golf. La petite ville est très fréquentée pour ses pubs historiques, ses restaurants agréables, ses antiquaires, ses boutiques chic. **Richmond Palace**, l'une des résidences préférées des Tudors, et d'autres belles demeures y rappellent un passé aristocratique.

À ne pas manquer : Richmond Park avec son panorama et ses cerfs en liberté, ainsi qu'une promenade sur les berges de la Tamise.

Hampton Court ★★★

À 23 km au sud-ouest de Londres, croisement A308 et A309. En train : 30mn depuis Waterloo Station. En bateau : depuis Westminster ou Richmond (avr.-sept.) avec Thames River Boats (www.thamesriverboats.co.uk) ou Turks (turks.co.uk). 0844 482 7777 - www.hrp.org.uk - horaires variables - 26,10 £ (enf. 13 £).

Situé dans un cadre romantique, au bord de la Tamise, le **palais royal** préféré d'Henri VIII a été un lieu de retraite idéal pour beaucoup de souverains. Ces glorieux édifices qui illustrent toutes sortes de styles, ainsi que les jardins, témoignent du pouvoir royal et de sa richesse.

À ne pas manquer : les cuisines ; les grands appartements ; le jeu de paume ; le labyrinthe.

Windsor Castle ★★★

À 36 km à l'ouest de Londres par la M4 (sortie jonction 6). En train : 50mn depuis Waterloo Station (arrêt Windsor & Eton Riverside), puis 15mn à pied. En bus : 1h10 depuis Victoria Station, bus n° 702 de Green Line Bus (www.thamesvalleybuses.com).
✆ 0303 123 7334 - www.rct.uk - tlj sf mar.-merc. 10h-17h15 (nov.-fév. : 16h15) - à partir de 28 £ (enf. 15,50 £), audioguide inclus.
Perchées sur une falaise escarpée, au milieu d'un beau parc, les tourelles du **château de Windsor** surplombent une petite ville charmante nichée dans la vallée de la Tamise. Windsor illustre de façon passionnante la transformation d'un château médiéval en une somptueuse demeure royale. Son caractère monarchique donne à la ville beaucoup de cachet. De l'autre côté du pont s'élèvent les édifices d'**Eton College** *(www.etoncollege.com)*, également dignes d'intérêt.

À ne pas manquer : les appartements d'apparat ; la chapelle St-Georges.

L'ultime demeure d'Élisabeth II

C'est au château de Windsor, dans le mémorial du roi Georges VI, au sein de la chapelle St-Georges, que repose désormais la reine Élisabeth II, décédée le 8 septembre 2022 dans sa résidence écossaise de Balmoral. Elle y a été inhumée le 19 septembre aux côtés de son père, Georges VI (mort en 1952), de sa mère, Élisabeth Bowes-Lyon (2002), de sa sœur, la princesse Margaret (2002), et de son époux, le prince Philip (2021).

Studios Warner Bros. - Les coulisses de Harry Potter ★★

Leavesden, à 32 km au nord-ouest de Londres, est accessible par l'A41 et l'A405. En train : comptez 20mn depuis Euston Station (arrêt Watford Junction), puis 15mn de bus. En bus : navettes (1h15) au départ de la gare Victoria ou de Baker Street.
✆ 0845 084 0900 - www.wbstudiotour.co.uk - à partir de 51,50 £ (-15 ans 40 £) - réserv. indispensable et longtemps à l'avance.
Dans les anciens hangars de l'usine Rolls-Royce, sur l'aérodrome de Leavesden, les studios Warner Bros. accueillent les fans de Harry Potter dans un espace de 14 000 m^2. C'est ici que Daniel Radcliffe (Harry), Rupert Grint (Ron) et Emma Watson (Hermione) ont tourné pendant 10 ans les huit films adaptés de la saga littéraire consacrée au petit sorcier.

À ne pas manquer : la maquette de Poudlard dans la Model Room.

NOS ADRESSES

Boutique de Portobello Road.
G.Masci/age Fotostock

Se restaurer

À l'heure du **déjeuner**, snacks, bars à nouilles, cafés, pubs (*« Prendre un verre » p. 131)* et chaines franchisées (Prêt à Manger, Wasabi, Wagamama, Yo Sushi, Itsu, Tortilla, Pizza Express, Benugo, etc.) permettent de manger convenablement pour un prix raisonnable. Pensez également à explorer les étals de cuisine et les *food trucks* qui envahissent les marchés ainsi que le rayon frais des supermarchés (Marks & Spencer, Waitrose, Sainsbury's ou Tesco), pourvus en sandwichs et salades. Et ne négligez pas les cafés et restaurants des musées qui proposent une restauration très correcte, voire une excellente cuisine dans un cadre impressionnant, à l'image des cafétérias du Victoria and Albert Museum ou du restaurant de la Wallace Collection, charmant et raffiné. Pour le **dîner**, profitez-en pour tester des cuisines venues du monde entier.

Les végétariens n'auront aucune difficulté pour trouver des menus qui leur conviennent et tous les restaurants affichent clairement les allergènes pour les personnes intolérantes.

Les fourchettes de prix mentionnées ci-après correspondent à un repas composé d'une entrée et d'un plat ou d'un plat et d'un dessert, hors boisson.

« Restauration » p. 156 et « La table londonienne » p. 185.

Repérez les adresses sur nos plans grâce aux pastilles numérotées (ex. 1). Les coordonnées en rouge (ex. C2) font référence au plan détachable.

Westminster - Victoria

Plan de quartier p. 17

Moins de 25 £

Pour manger sur le pouce sans se ruiner, essayez l'un des stands de cuisine du monde installés sous la verrière du 76 **Market Hall Victoria** (**D6** - *191 Victoria St.*), en face de la gare. Terrasse chauffée sur le toit.

78 **Regency Cafe** - **D6** - *17-19 Regency St. - SW1P 4BY - St James's Park ou Pimlico - 020 7821 6596 - www.regencycafelondon.com - - fermé dim. et le soir - moins de 15 £.* Une institution depuis 1946, servant des plats simples et roboratifs à un prix imbattable ! C'est l'endroit idéal pour s'attaquer à un vrai *English breakfast* à base de haricots, saucisses, œufs, servis sur des tables en formica, dans une ambiance de cantine survoltée mais bon enfant. Prévoir un peu d'attente.

13 **Cellarium Café & Terrace** - **E6** - *20 Dean's Yard - Westminster Abbey (entrée par le cloître) - SW1P 3PA - Green Park - 020 7222 0516 - www.benugo.com - fermé dim. et le soir - moins de 20 £.* Avec ses salles voûtées – l'ancien garde-manger de l'abbaye – et sa belle terrasse, ce café est parfait pour un petit-déjeuner ou un déjeuner léger (sandwichs, salades, soupes, quiches).

De 25 à 50 £

73 **Kazan** – **D6** - *93-94 Wilton Rd - SW1V 1DW - ⊖ Victoria - ✆ 020 7233 7100 - www.kazan-restaurant.com - tlj, service continu - plats 18/25 £.* Direction Istanbul, avec des menus à composer à partir d'une liste de mezzés froids ou chauds. Jolie palette de saveurs orientales à déguster dans un cadre plutôt tendance et agréable salon oriental pour prendre un thé.

Trafalgar Square

Plan de quartier p. 17

De 25 à 50 £

87 **Bancone** – **E4** - *39 William IV St. - WC2N 4DD - ⊖ Charing Cross - ✆ 020 7240 8786 - www.bancone.co.uk - tlj, service continu - plats 13,50/24 £.* Ici, les pâtes fraîches sont à l'honneur. La spécialité : les « mouchoirs de soie » au beurre de noix. Commencez par partager des *focaccia* ou des *panelle* au canard fumé. Le nom de l'établissement signifiant « comptoir », c'est là que tous veulent s'asseoir, mais des tables sont disponibles.

St James's

Plan de quartier p. 25

Moins de 25 £

1 **St James's Café** – **D5** - *Horse Guards Rd - St James's Park - SW1A 2BJ - ⊖ Charing Cross ou Westminster - ✆ 020 7839 1149 - www.benugo.com - fermé le soir - moins de 20 £.* En plein cœur de St James's Park, une halte au vert, idéale notamment à l'heure du petit-déjeuner, juste avant d'aller admirer la relève de la garde à Buckingham ou à Horse Guards. *Full English breakfast*, toasts sucrés ou salés, auxquels succèdent à midi des plats de bonne facture, préparés avec des produits de saison. Terrasse sur le toit au beaux jours.

De 25 à 50 £

63 **Gymkhana** – **D4** - *42 Albemarle St. - W1S 4JH - ⊖ Green Park - ✆ 020 3011 5900 - www.gymkhanalondon.com - tlj midi et soir - plats 22/36 £, menu 95 £.* Du percolateur en cuivre aux ventilateurs, des boiseries aux couverts ciselés, tout respire l'atmosphère feutrée d'un club de gentlemen des anciennes colonies. Cuisine indienne mâtinée d'influences européennes, à base de produits du terroir, notamment le gibier. Une étoile au Guide Michelin 2023.

Mayfair - Piccadilly

Plan de quartier p. 28-29

De 25 à 50 £

70 **L'Autre** – **C5** - *5B Shepherd St. - W1J 7HP - ⊖ Greenpark - ✆ 020 7499 4680 - fermé dim. et à midi - plats 18/26 £.* Si vous ne savez que choisir entre goulash et guacamole, ce petit restaurant est fait pour vous. Il est sans doute le seul au monde à proposer sur une même carte des spécialités polonaises et mexicaines ! Très bonne cuisine. Pensez à réserver.

57 **Scott's** – **C4** - *20 Mount St. - W1K 2HE - ⊖ Bond Street - ✆ 020 7495 7309 - scotts-mayfair.com - tlj, service continu - plats 22/48 £.* Pour les amateurs de poisson et fruits de mer. Le décor, la nourriture, le service, tout y est raffiné et sans fausse note. Bonne carte des vins.

Soho

Plan de quartier p. 28-29

Moins de 25 £

62 **Golden Union** – **D3** - *38 Poland St. - W1F 7LY - ⊖ Oxford Circus - ✆ 020 7434 1933 - www.goldenunion.co.uk - tlj, service continu - moins de 20 £.* Une valeur sûre du *fish and chips*, sur place ou à emporter. Portions généreuses, poisson frais, frites croustillantes sans être grasses et bonne ambiance.

2 **BAO** – **D4** - *53 Lexington St. - W1F 9AS - ⊖ Oxford Circus ou Piccadilly Circus - www.baolondon.com - tlj, midi et soir - moins de 25 £.* Le burger revisité à la thaïlandaise ! Ce petit délice se compose d'un pain vapeur *(bao)*, garni de porc braisé, de coriandre et de poudre de cacahuètes, mais se décline aussi au poulet et à l'agneau. Servi en petite portion, il est d'usage de l'accompagner de 3-4 autres plats, d'un lait de cacahuète ou d'un thé fumé. Attention, l'endroit est très couru. Plusieurs autres adresses dans Londres.

64 **Koya Bar** – **D4** - *50 Frith St. - W1D 4SQ - ⊖ Leicester Square ou Tottenham Court Road - www.koya.co.uk - tlj, service continu - moins de 20 £.* Au cœur de l'agitation de Soho, une ambiance zen baigne ce sobre bar à *udon*. Ces grosses nouilles japonaises au froment se consomment en bouillon, froides ou chaudes, avec une vingtaine d'accompagnements. Parfait pour un déjeuner sain et rapide.

De 25 à 50 £

4 **Ceviche Soho** – **D4** - *17 Frith St. - W1D 4 RG - ⊖ Leicester Square ou Tottenham Court Road - ✆ 020 7292 2040 - www.andinaceviche.com - tlj, service continu - plats 10/16,50 £.* Vous n'avez jamais mangé péruvien ? C'est le moment ! Délicieux *ceviche* (poisson cru mariné et épicé), mais aussi savoureux poissons et viandes grillés, gâteau de maïs *(pastel de choclo)*, à déguster en sirotant un *pisco*, le fameux cocktail péruvien.

Diana Miller/Getty Images Plus

Le traditionnel fish and chips.

88 **The Palomar** – **D4** - *34 Rupert St. - W1D 6DN - ⊖ Piccadilly Circus - ✆ 020 7439 8777 - www.thepalomar.co.uk - fermé à midi lun.-merc. - plats 17,50/35 £.* Le type d'adresse qui fait fureur à Jérusalem, en plein cœur du quartier londonien des cinémas ! Comptoir en zinc, salle à manger lambrissée au cadre intime, et atmosphère fraîche et vivante que l'on

retrouve dans la cuisine du Moyen-Orient au goût du jour.

14 **10 Greek Street** – **D4** - *10 Greek St. - W1D 4DH - ⊖ Tottenham Court Road - ✆ 020 7734 4677 - www.10greekstreet.com - midi et soir - fermé dim.-lun. - plats 15/28 £.* Ce bistrot de quartier n'a pas seulement conquis les habitants du coin : son excellent rapport qualité-prix fait que l'on y vient de loin. Le menu change tous les jours et propose un beau choix de recettes, follement bien ficelées.

53 **Yauatcha Soho** – **D4** - *15-17 Broadwick St. - W1F 0DL - ⊖ Piccadilly Circus - ✆ 020 7494 8888 - www.yauatcha.com/soho - tlj, service continu - plats 23/52 £.* Un restaurant chinois branché, dans un décor théâtral (aquarium lumineux, murs de pierre) signé Christian Liaigre. Spécialité de *dim. sum* et autres petits plats parfumés. Pâtisseries à se damner.

Covent Garden

Plan de quartier **p. 34**

De 25 à 50 £

48 **Rules** – **E4** - *35 Maiden Lane - WC2E 7LB - ⊖ Covent Garden - ✆ 020 7836 5314 - www.rules.co.uk - fermé lun. - plats 22/42 £.* Joue de porc, sarcelle, sole meunière, gibier et lapin sont au menu du plus ancien des restaurants réputés de Londres. Un lieu chargé d'histoire. Réservez !

The Strand

Plan de quartier **p. 34**

Moins de 25 £

65 **Flat Iron** – **E4** - *17-18 Henrietta St. - WC2E 8QH - ⊖ Leicester Square - ✆ 020 3019 4212 - flatironsteak.co.uk - tlj, service continu - plats 16,50/25,50 £.* Si le choix de ce restaurant à la déco onirique est limité, c'est que la spécialité – une planche de grillades de bœuf extrêmement tendre – se suffit à elle-même. Les accompagnements sont simples mais goûtus et les cocktails réussis. Glace gratuite après l'addition. Plusieurs autres adresses dans Londres.

41 **MOC Kitchen** – **E4** - *Villiers St. (Unit 2 The Arches) - WC2N 6NG - ⊖ Charing Cross ou Embankment - ✆ 020 7930 8789 - www.mockitchen.co.uk - tlj sf dim., service continu - moins de 20 £.* Pour changer des établissements de chaînes, si nombreux dans le quartier, et des restaurants japonais, une petite cantine vietnamienne authentique et délicieuse. Au menu : *bò bún*, bœuf *lôc lac* et autres *phó*.

Bloomsbury

De 25 à 50 £

49 **Lamb's Conduit Street** (**E3**), une charmante rue en partie piétonne, compte deux pubs historiques (The Lamb et The Perseverance) et plusieurs adresses de qualité, parmi lesquelles le bar à vin **Noble Rot** (*✆ 020 7242 8963 - www.noblerot.co.uk*) et **La Fromagerie** (*✆ 020 7242 1044 - www. lafromagerie.co.uk*). Idéal pour débuter la soirée.

45 **Lima Fitzrovia** – **D3** - *31 Rathbone Pl. - W1T 1JH - ⊖ Tottenham Court Road - ✆ 020 3002 2640 - www.limalondon.com/fitzrovia - tlj sf dim., service continu - plats 23/38 £.* Le chef Virgilio Martinez concocte une nouvelle cuisine péruvienne

de grande qualité, subtile et originale, aux associations de goûts et de couleurs bien maîtrisées. Réservation conseillée.

The City

Plan de quartier **p. 50-51**

Moins de 25 £

6 **City Càphê** – **G3** - *17 Ironmonger Lane - EC2V 8EY - ⊖ Bank - www.citycaphe.com - 11h30-15h - fermé w.-end - moins de 15 £.* Un petit établissement vietnamien qui fait l'unanimité auprès des travailleurs de la City, comme en témoigne la file d'attente sur le trottoir chaque midi (il y a moins de monde à partir de 13h30). Au menu : sandwichs *banh mi*, soupes *phó*, nems, salades.

De 25 à 50 £

69 **Caravan City** – **G4** - *22 Bloomberg Arcade - EC4N 8AR- ⊖Cannon Street - ✆ 020 3957 5555 - caravanrestaurants.co.uk - tlj, service continu - plats 19,50/22 £.* Un lieu qui séduit par son immense terrasse couverte, sa belle salle et sa restauration adaptée quelle que soit l'heure de la journée. Carte d'inspiration méditerranéenne et nombreuses options végétariennes. Plusieurs autres adresses en ville.

35 **Sweetings** – **G4** - *39 Queen Victoria St. - EC4N 4SA - ⊖ Mansion House - ✆ 020 7248 3062 - www.sweetingsrestaurant.co.uk - 11h30-15h - fermé w.-end - plats 18/40 £.* Cette institution sert depuis 1889 d'excellents poissons et fruits de mer aux cadres de la City qui s'installent au comptoir quand la salle est pleine.

Southwark

Plan de quartier **p. 66-67**

Moins de 25 £

Pour manger vite, bien et à moindre frais dans le quartier, pensez aux marchés alimentaires qui abritent également stands de *street food* et restaurants : 91 **Borough Market** (**G5** - *p. 62)* est le plus beau et le plus fourni de la ville. 77 **Maltby Street Market** (**H6** - *p. 60)* est moins touristique que le précédent, mais tout aussi vibrant *(w.-end seult).*

De 25 à 50 £

9 **Arabica Bar & Kitchen** – **G5** - *Borough Market, 3 Rochester Walk - SE1 9AF - ⊖ London Bridge - ✆ 020 3011 5151 - www.arabicalondon.com - tlj, service continu - plats 16/22 £.* Sous les voûtes du Borough Market, un grand restaurant moderne libanais qui fait le plein chaque midi. Et pour cause, les plats sont frais et savoureux : mezzés, viandes grillées, *man'ousheh* (pizzas orientales), etc. Pour terminer, on commandera un café à la cardamome,préparé dans les règles de l'art.

71 **Elliot's** – **G5** - *Borough Market - 12 Stoney St. - SE1 9AD - ⊖ London Bridge - ✆ 020 7403 7436 - www.elliots.london - tlj, service continu - plats 18/54 £.* Très prisé et sans chichis, ce café puise la plupart de ses ingrédients au Borough Market, où il est installé, pour concocter une cuisine du terroir simple et généreuse. Testez les plats à partager comme le bœuf Shorthorn maturé 25 jours ou l'épaule d'agneau.

coldsnowstorm/Getty Images Plus

Burgers vegan à Borough Market.

South Bank

Plan de quartier **p. 66-67**

Moins de 25 £

(10) **Southbank Centre Food Market** – **E5** - *Belvedere Rd - SE1 8XX - ⊖ Waterloo - ✆ 020 3879 9555 - www.southbankcentre.co.uk - ♿ - vend. 12h-20h, sam. 11h-20h, dim. et j. fériés 12h-18h - prix selon food stall.* En fin de semaine, des *food trucks* et des étals de cuisine du monde entier s'installent derrière le South Bank Centre. Plats à déguster sur place ou à emporter dans les Jubilee Gardens le long de la Tamise.

De 50 à 75 £

(42) **Oxo TowerRestaurant & Brasserie** – **F4** - *Oxo Tower Wharf - Barge House St. - SE1 9PH - ⊖ Southwark ou Blackfriars - ✆ 020 7803 3888 - www.harveynichols.com - tlj, service continu - plats 23/43 £.* Au dernier étage de la tour Oxo, le restaurant présente un panorama extraordinaire. Service très professionnel. Tarifs plus doux à l'Oxo Brasserie Tower, qui dispose d'une terrasse en été et accueille des concerts live.

Belgravia - Knightsbridge

Plan de quartier **p. 72-73**

De 50 à 75 £

(54) **Zuma** – **B5** - *5 Raphael St. - SW7 1DL - ⊖ Knighstbridge - ✆ 020 7584 1010 - www.zumarestaurant.com - tlj midi et soir - plats 33/103 £.* Ce séduisant restaurant

japonais de style *izakaya* (bistrot), au look épuré et contemporain, brasse une foule élégante et compacte, notamment autour du comptoir. *Sushis, makis, yakitoris, tempuras* sont travaillés dans un style fusion aux saveurs originales. Large choix de sakés et bons cocktails également.

16 **Amaya** – **C6** - *Halkin Arcade (entrée par Lowndes St.) - SW1X 8JT - ⊖ Knightsbridge - ✆ 020 7823 1166 - www.amaya.biz - P - tlj sf lun. midi et soir - plats 17,50/43 £.* Cette adresse stylée propose une cuisine indienne encensée par les critiques, à juste titre ! Une étoile au Guide Michelin 2023.

Chelsea - South Kensington

Plan de quartier p. 72-73

De 25 à 50 £

20 **Bluebird** – **A7** - *350 King's Rd - SW3 5UU - ⊖ South Kensington - ✆ 020 7559 1000 - www.bluebird-restaurant.co.uk - tlj, service continu - plats 19,50/34 £.* L'étage du « gastrodome » imaginé par Terence Conran comprend une brasserie et un restaurant design. Cuisine « Modern British ». Brunch le week-end.

Plus de 75 £

19 **Claude Bosi at Bibendum** – **B6** - *Michelin House - 81 Fulham Rd - SW3 6 RD - ⊖ South Kensington - ✆ 020 7581 5817 - www.claudebosi.com - midi et soir - fermé dim.-lun. - menu 145/165 £.* Claude Bosi a donné une nouvelle vie au Bibendum, au 1er étage de l'ancien siège londonien de Michelin. Avec son style épuré et son emblématique vitrail, le bel intérieur ne manquera pas de vous impressionner. Cuisine française traditionnelle de haut vol, équilibrée et maîtrisée, agrémentée de touches modernes créatives et révélant des saveurs franches et audacieuses. Deux étoiles au Guide Michelin 2023. Bar à huîtres *(Oyster Bar)* au rez-de-chaussée *: tlj sf lun. midi et soir.*

North Kensington

Plan de quartier p. 72-73

Moins de 25 £

79 **Normah's** – **A4** - *23-25 Queensway Market - W2 4QJ - ⊖ Queensway - ✆ 77 7163 0828 - www.normahs.co.uk - midi et soir - fermé dim.-lun. - moins de 20 £.* Un authentique restaurant malaisien niché au cœur de Queensway Market. L'endroit ne paie pas de mine mais on y goûte une bonne cuisine familiale élaborée avec des produits frais, dans une ambiance décontractée.

Ffiona's – **Hors plan** - *51 Kensington Church St. - W8 4BA - ⊖ High Street Kensington - ✆ 020 7937 4152 - www.ffionas.com - fermé lun. et le soir mar.-vend. - moins de 25 £.* Décor chaleureux de tables en bois ornées de pots de fleurs et éclairage à la bougie pour ce restaurant familial. Cuisine britannique comme à la maison, dont un excellent *fish & chips* et un savoureux agneau à la menthe.

De 25 à 50 £

15 **Cocoro** – **A4** - *45 Moscow Rd - W2 4AH - ⊖ Bayswater - ✆ 020 7221 9790 - cocorobayswater.co.uk - midi et soir - fermé lun.-mar. - plats 15/45 £,*

menus 28/45 £. Un authentique restaurant japonais où vous goûterez des plats que l'on ne trouve pas partout : oursins, dorade, burger de bœuf Wagyu à la mode nippone, etc. Choix de plats et menu végétariens, desserts originaux comme le fondant au chocolat matcha et glace à la fleur de cerisier (un régal !). Avis aussi aux amateurs de saké et d'*umeshu* (vin de prunes). Autres adresses et autres menus : 31 Marylebone Lane, ⊖ Bond Street ; 25 Coptic St., ⊖ Tottenham Court Road.

Notting Hill

Plan de quartier p. 83

Moins de 25 £

Les vendredi et samedi, jours du marché aux puces, vous trouverez de nombreux étals de cuisine internationale le long de **Portobello Road**. N'hésitez pas non plus à remonter jusqu'à **Golborne Road**, agréable rue bordée de cafés et de stands de cuisine marocaine.

11 **Ottolenghi** – **Hors plan détachable** - *63 Ledbury Rd - W11 2AD - ⊖ Westbourne Park, Notting Hill Gate - ✆ 020 7727 1121 - www.ottolenghi.co.uk - 8h-19h (dim. 18h) - env. 20/25 £.* Le premier établissement londonien du célèbre chef anglo-israélien Yotam Ottolenghi est aujourd'hui dédié à la vente à emporter, et ce, dès le petit-déjeuner. Les salades du jour, à base de produits bio, présentées dans de grands saladiers, accompagnent parfaitement les plats chauds (poulet aux oignons rouges, quiche d'aubergine au fromage de chèvre).

L'enseigne compte plusieurs autres adresses de style différent, toujours excellentes, dont un *delicatessen* à Chelsea (261 Pavillion Rd, ⊖ Sloane Square) ou le dernier né et plus sophistiqué ROVI à Fitzrovia (*p. 124*).

De 25 à 50 £

Eat Tokyo – **Hors plan** - *17 Notting Hill Gate - W11 3 JQ - ⊖ Notting Hill Gate - ✆ 020 7792 9313 - www.eattokyo.co.uk - tlj, service continu - plats 15/30 £.* Grande variété de plats japonais, dont de très bons *maki rolls*, dans cette cantine sans chichis prisée des habitants du quartier. Réservez.

Marylebone - Regent's Park

Plan de quartier p. 87

Moins de 25 £

5 **31 Below** – **C3** - *31 Marylebone Hight St. - W1U 4PP - ⊖ Baker Street - ✆ 020 3912 2007 - 31below.co.uk - service continu - fermé dim. soir - plats 14/18 £.* Voilà un endroit qui pourrait entrer dans plusieurs catégories : on peut y prendre un bon petit-déjeuner, une salade ou un sandwich savoureux à midi, le thé dans l'après-midi, y dîner en soirée et même siroter d'excellents cocktails dans le bar en sous-sol en partageant des petites assiettes façon tapas.

De 25 à 50 £

55 **The Golden Hind** – **C3** - *71a-73 Marylebone Lane - W1U 2PN - ⊖ Bond Street - ✆ 020 7486 3644 - www.goldenhindrestaurant.com - tlj sf dim. midi et soir - plats 15/25 £.* Une institution du *fish & chips* qui, depuis 1914, régale les Londoniens de calamar,

morue, haddock, carrelet et autres gourmandises de la mer. Appréciable pour une pause déjeuner.

3 **Fischer's** – **C3** - *50 Marylebone High St. - W1U 5HN - ⊖ Baker Street - ✆ 020 7466 5501 - www.fischers.co.uk - tlj, service continu - plats 14/42 £.* Dépaysement garanti dans cette authentique brasserie viennoise digne de la capitale autrichienne des débuts du 20e s. ! On y mange du petit-déjeuner au dîner (brunch le w.-end), dans une ambiance presque insolite à Londres, des spécialités de la Mittel Europa : harengs, charcuteries, Wiener Schnitzel, *strudel* et Sachertorte.

68 **Honey & Co** – **D2** - *25A Warren St. - W1T 5LZ - ⊖ Warren Street - ✆ 020 7388 6175 - www.honeyandco.co.uk - fermé dim. et lun. midi - plats 23,50/25 £.* Le couple qui tient ce joli petit café a dirigé les cuisines du Ottolenghi ; attendez-vous donc à des plats très colorés et pleins de fraîcheur, qui puisent leur inspiration en Israël et jusqu'au Moyen-Orient.

66 **Pachamama** – **C3** - *18 Thayer St. - W1U 3JY - ⊖ Bond Street - ✆ 020 7935 9393 - www.pachamamalondon.com - tlj, midi et soir - menu 45 £.* Spécialités de cuisine péruvienne moderne avec une touche fusion. Excellents poissons et gaufres généreuses (sucrées ou salées) pour le brunch. Salle décorée avec goût et service très agréable.

7 **ROVI** – **D3** - *59 Wells St. - W1A 3AE - ⊖ Oxford Circus - ✆ 020 3963 8270 - ottolenghi.co.uk - midi et soir - fermé dim. soir - plats 14/40 £.* Le dernier né des restaurants de l'empire Ottolenghi ne déçoit pas : décor moderne raffiné, cocktails originaux et cuisine à dominante végétarienne (mais pas seulement). Le menu change au fil des saisons et se savoure à travers de petites assiettes, histoire de goûter à plusieurs choses ! Terrasse en été.

De 50 à 75 £

60 **Chiltern Firehouse** – **C3** - *1 Chiltern St. - W1U 7PA - ⊖ Bond Street ou Baker Street - ✆ 020 7073 7676 - www.chilternfirehouse.com - tlj, service continu - plats 28/50 £.* Cette magnifique caserne de style victorien a été transformée en hôtel de luxe par l'Américain André Balazs. Le restaurant offre un cadre chic et feutré très apprécié des *people*. Préparée dans l'immense cuisine ouverte, une gastronomie britannique contemporaine, un peu minimaliste mais raffinée. Réservation conseillée.

King's Cross - St Pancras

Plan de quartier **p. 91**

De 25 à 50 £

17 **Dishoom King's Cross** – **E1** - *5 Stable St. - N1C 4AB - ⊖ King's Cross-St Pancras - ✆ 020 7420 9321 - www.dishoom.com - tlj, service continu - plats 16/31 £.* Avant de reprendre l'Eurostar, ou lors d'une balade dans le quartier de King's Cross, allez donc tester les spécialités de ce superbe restaurant indien, dont le cadre, inspiré des cafés persans de Bombay, témoigne de la réhabilitation exemplaire de l'ancien quartier industriel. Tout y est délicieux et ultra-frais, cocktails et lassis aux fruits compris. Attention, le lieu fait des émules : privilégiez un midi en semaine. Plusieurs autres adresses dans Londres.

Thomas Alexander/German Gymnasium

German Gymnasium.

86 **Granger & Co** – **E1** - *1 Stanley Building, 7 Pancras Sq. - N1C 4AG - ⊖ King's Cross-St Pancras - ✆ 020 3058 2567 - www.grangerandco.com - tlj, service continu - plats 17/20 £.* Une adresse un brin « bobo », dont on apprécie les assiettes fraîches aux saveurs originales. Celle de King's Cross bénéficie en outre d'une belle façade vitrée qui laisse largement entrer la lumière. Très agréable notamment pour le petit-déjeuner : goûtez aux *hotcakes* à la ricotta, une spécialité du lieu. Trois autres adresses en ville.

21 **German Gymnasium** – **E1** - *1 King's Bd - N1C 4BU - ⊖ King's Cross-St Pancras - ✆ 020 7287 8000 - www.germangymnasium.com - tlj, service continu - plats 15/32,50 £.* Voici sans doute l'une des plus belles réussites de la réhabilitation du quartier de King's Cross. Tout de briques vêtu, cet ancien gymnase de 1865, construit pour accueillir les entraînements de la société allemande de gymnastique, accueille désormais, sous des volumes impressionnants, un café, deux bars et un restaurant chic où l'on sert des spécialités allemandes et d'Europe centrale. Formules brasserie moins chères au café.

Camden Town

Plan de quartier **p. 91**

Moins de 25 £

Toute la semaine, des stands de cuisine envahissent les cours de **89** **Camden Lock Market** et **Stables Market**. Mafé africain, curry indien, sushis japonais, nouilles chinoises ou chili con carne, régalez-vous à moindre frais.

22 **Poppie's** – **Hors plan détachable** - *30 Hawley Crescent - NW1 8NP - ⊖ Camden Town - ✆ 020 7267 0440 - www.poppiesfishandchips.co.uk - tlj, service continu - plats 14/22 £.* Un *fish & chips* de bonne tenue, du poisson frais, des portions généreuses, le tout à deux pas de l'animation de Camden... Que demander de plus ?

90 **Mildreds** – **Hors plan détachable** - *9 Jamestown Rd - NW1 7BW - ⊖ Camden Town - ✆ 020 7482 4200 - www.mildreds.co.uk - tlj, service continu - moins de 20 £.* À deux pas de Camden High Street, on s'attable dans une vaste salle lumineuse pour déguster une cuisine végétarienne, fraîche et savoureuse, aux saveurs d'ici et d'ailleurs (indiennes, japonaises, sud-américaines, etc.). Idéal pour s'échapper de l'animation du quartier.

Hampstead

Moins de 25 £

Ginger and White – **Hors plan** - *4a-5a Perrins Court - NW3 1QS - ⊖ Hampstead - ✆ 020 7431 9098 - www.gingerandwhite.com - tlj, service continu - moins de 15 £.* Dans l'une des jolies ruelles d'Hampstead, un petit café prisé des habitants pour ses petits-déjeuners frais et originaux, ses sandwichs et soupes du jour et ses pâtisseries. Parfait avant ou après une balade dans la lande.

De 25 à 50 £

Delicatessen – **Hors plan** - *46 Rosslyn Hill - NW3 1NH - ✆ 020 7700 5511 - www.delicatessen.company - fermé vend. et sam. midi - plats 21/35 £.* Jolie halte dans ce restaurant casher où l'on vient partager d'appétissantes spécialités moyen-orientales revisitées : chou-fleur rôti, salade craquante à la grenade, polenta aux champignons et à la truffe, houmous au jus d'agneau... Service attentionné et présentation des assiettes soignée.

The Wells – **Hors plan** - *30 Well Walk - NW3 1BX - ⊖ Hampstead - ✆ 020 7794 3785 - thewellshampstead.co.uk - tlj, service continu - plats 18/36 £.* Modernisé, l'un des plus anciens pubs de Hampstead attire des foules de jeunes dans son bar du rez-de-chaussée. Son charmant restaurant, perché à hauteur des vieux toits, domine la rue arborée. On y savoure une cuisine anglaise façon gastropub. Terrasse aux beaux jours.

Restaurant Delamina EAST

Restaurant Delamina EAST.

East End

Plan de quartier **p. 98**

Moins de 25 £

Pour déjeuner à moindre frais dans une ambiance jeune et conviviale, prenez place autour des longues tables du *food court* de 84 **Old Spitalfields Market** (**H3** - *p. 96*), où vous dénicherez toutes les cuisines du monde.

23 **Beigel Shop** – **H2** - *155 Brick Lane - E1 6SB - ⊖ Shoreditch High Street (Overground) ou Liverpool Street - ✆ 020 7729 0826 - www.thebeigelshop.com - 24h/24 - moins de 15 £.* Une institution du quartier, où l'on vient faire provision de délicieux beigels, à déguster directement sur

le trottoir. Les beigels arc-en-ciel s'arrachent comme des petits pains !

18 **Bengal Village** – **H3** - *75 Brick Lane - E1 6QL - ⊖ Shoreditch High Street (Overground) ou Liverpool Street - ✆ 020 7366 4868 - www.bengalvillage.com - tlj, service continu - moins de 20 £.* Une adresse de qualité à Brick Lane, où se tiennent plusieurs *curry houses* bon marché. Décor contemporain frais et reposant. Carte fournie, avec de nombreuses spécialités villageoises du Bangladesh, dont est originaire le chef, et des plats végétariens. Détail d'importance au vu des prix : on peut apporter sa boisson.

De 25 à 50 £

82 **Delamina EAST** – **H3** - *151-153 Commercial St. - E1 6BJ - ⊖ Liverpool Street ou Shoreditch High Street (Overground) - ✆ 020 7078 0770 - www.delaminakitchen.co.uk - tlj, service continu - plats 15/25 £.* Il flotte ici un parfum de Méditerranée orientale, en salle comme dans l'assiette, avec des plats originaux aux saveurs étonnantes. Assiettes joliment dressées dans une belle vaisselle artisanale. Accueil diligent et souriant.

67 **St John Bread and Wine** – **H3** - *94-96 Commercial St. - E1 6LZ - ⊖ Liverpool Street - ✆ 020 7251 0848 - www.stjohnrestaurant.com - tlj, midi et soir - plats 18/37 £.* Dans cette salle dépouillée, en face de Old Spitalfields Market, on se concentre sur les plats de viande tous plus savoureux les uns que les autres. Les options végétariennes sont un régal. Très bonne sélection de vins. Le menu change tous les jours.

27 **Brawn** – **H2** - *49 Columbia Rd - E2 7RG - ⊖ Hoxton (Overground) - ✆ 020 7729 5692 - www.brawn.co - fermé dim. et lun. midi - plats 18/30 £.* Dans la cuisine ouverte de cette jolie étape gastronomique, les produits de saison et du terroir ont la part belle. Tout y est frais et excellent. Réservation conseillée.

26 **Rochelle Canteen** – **H2** - *16 Playground Gardens - Rochelle School, Arnold Circus - E2 7FA - ⊖ Old Street ou Shoreditch High Street (Overground) - ✆ 020 3928 8328 - www.arnoldandhenderson.com - fermé le soir dim.-mar. - plats 20/25 £.* Il faut pousser la porte d'une ancienne école pour découvrir cette adresse. Le restaurant a pris place dans l'ancien local à vélos. Aux beaux jours, des tables sont installées sous la vigne et près du potager, où l'on savoure une cuisine authentique et délicieuse élaborée avec des produits de grande qualité. Le menu change quotidiennement : queue de bœuf braisée, barbue grillée, *rabbit pie*, etc. Gardez de la place pour les desserts *so British*. Une bonne option aussi pour le petit-déjeuner. Réservation conseillée.

Les quartiers sud

Moins de 25 £

Franco Manca – **Hors plan** - *4 Market Row - SW9 8LD - ⊖ Brixton - ✆ 020 7738 3021 - www.francomanca.co.uk - tlj, service continu - pizzas env. 10/15 £.* C'est à Brixton, sous le marché couvert, qu'est née la première pizzeria Franco Manca. Les succulentes pizzas napolitaines cuites au feu de bois sont vite devenues incontournables dans le quartier. Ici tout est bio, même le vin. Excellent rapport qualité-prix. Nombreuses autres adresses en ville.

75 **The Battersea General Store** – **C8** - *9-10 Circus Rd West - SW11 8EZ - ⊖ Battersea Power Station ou Battersea Park (Overground) - ✆ 020 3196 1300 - www.thebatterseageneralstore.co.uk - tlj, service continu - moins de 20 £.* Une belle épicerie fine avec un rayon traiteur très appétissant pour déjeuner sur place ou emporter un pique-nique sur les bords de la Tamise, face à Battersea Power Station.

81 **Megan's Battersea Power Station** – **C8** - *27 Circus West Village - SW11 8NN - ⊖ Battersea Power Station ou Battersea Park (Overground) - ✆ 020 3468 0218 - www.megans.co.uk - tlj, service continu - plats 15/22 £.* Déco aux accents méditerranéens et vaste terrasse sur la Tamise pour l'un des derniers-nés de cette petite chaîne de restaurants de spécialités turques (kebab, mezze). Une halte agréable à toute heure. Très bon café.

De 25 à 50 £

39 **Wright Brothers** – **C8** - *26 Circus West Village - SW8 4NN - ⊖ Battersea Power Station ou Battersea Park (Overground) - ✆ 020 7324 7734 -. www.thewrightbrothers.co.uk - tlj, service continu - plats 20/47 £.* Les établissements de cette petite chaine sont réputés pour leurs spécialités de poisson. Celui-ci possède une immense terrasse avec vue sur la Tamise et Battersea Power Station. Autres adresses dans Londres.

Greenwich

Plan de quartier **p. 106-107**

Moins de 25 £

29 **Greenwich Market** – **Hors plan détachable** - *5B Greenwich Market - SE10 9HZ - ⊖ Cutty Sark - ✆ 020 8858 9695 ou 8269 5096 - www.greenwichmarket.london - 10h-17h30 - prix variables selon food stall.* Pour vous restaurer à petit prix, profitez des stands de cuisine internationale qui s'installent sous le marché de Greenwich, aux côtés des artisans et créateurs. À emporter et à savourer le long de la Tamise sous les mâts du *Cutty Sark*.

30 **Goddards at Greenwich** – **Hors plan détachable** - *22 King William Walk - SE10 9HU - ⊖ Cutty Sark - ✆ 020 8305 9612 - www.goddardsatgreenwich.co.uk - tlj, service continu - moins de 15 £.* Établissement sans prétention où l'on se restaure depuis 1890 d'une spécialité toute britannique : la *pie and mash*, une tourte salée accompagnée de purée. Roborative et bon marché, déclinée ici à la viande, aux légumes ou à l'anguille, elle est considérée comme l'une des meilleures à Londres.

Prendre un verre

Repérez les adresses sur nos plans grâce aux pastilles numérotées (ex. 1). Les coordonnées en rouge (ex. C2) font référence au plan détachable.

CAFÉS, SALONS DE THÉ

St James's

Plan de quartier p. 25

12 Ole and Steen – D4 - *56 Haymarket - SW1Y 4 RP - Piccadilly Circus - 020 3828 8242 - www.oleandsteen.co.uk - 7h30-20h, dim. 8h-20h.* On prend un numéro pour attendre son tour dans cette élégante pâtisserie, où se côtoient des gâteaux d'inspiration française et des *smørrebrød* danois bien garnis.

38 Maison Assouline – D4 - *196A Piccadilly - W1J 9EY - Piccadilly Circus - 020 3034 3090 - www.maisonassouline.com - 10h30-19h, jeu.-sam. 10h30-21h - fermé dim.* L'élégante librairie de cet éditeur de livres d'art sert d'écrin à un bar-salon de thé cosy, idéal pour échapper à l'animation de Piccadilly.

Covent Garden

Plan de quartier p. 34

31 Brigit's Bakery – E4 - *6-7 Chandos Pl. - WC2N 4HU - Leicester Square ou Covent Garden - 020 3026 1188 - b-bakery.com - 10h-18h.* Quels que soient vos goûts et vos restrictions alimentaires (halal, sans gluten, végétarien), il y a ici un *tea time* fait pour vous *(à partir de 39 £* mais vous pouvez vous contenter d'une boisson et d'une pâtisserie). Original, l'endroit se double d'une mini agence de voyages qui vous propose d'embarquer à bord d'un bus traditionnel pour découvrir Londres tout en prenant le thé !

Bloomsbury

35 The Coffee Tree – E3 - *222 Shaftesbury Ave. - WC2H 8EB - Tottenham Court Road - 020 7240 5536 - coffeetreegroup.co.uk - tlj sf lun. 8h-19h30, sam. 8h-15h30.* À deux pas du British

Eva-Katalin/Getty Images Plus

Tea time.

Le traditionnel afternoon tea

Profitez de votre séjour à Londres pour sacrifier au rituel de l'*afternoon tea* (*p. 185*). Attention, il est recommandé de réserver, parfois plusieurs semaines à l'avance, et une tenue correcte est exigée. Parmi les adresses plébiscitées (mais il en existe d'autres!) :

1 **The Ritz London** – **D5** - *150 Piccadilly - W1J 9BR - Green Park - 020 7300 2345 - www.theritzlondon.com - afternoon tea à 11h30, 13h30, 15h30, 17h30 et 19h30- à partir de 70 £/pers. (enf. 48 £).* Les grands de ce monde ont honoré le Ritz de leur présence à l'occasion d'un rituel du thé à l'anglaise dans le Palm Court! Il faut réserver près de six semaines à l'avance mais l'expérience est inoubliable.

2 **Fortnum & Mason's Restaurants** – **D4** - *181 Piccadilly - W1A 1ER - Piccadilly Circus - 020 7734 8040 - www.fortnumandmason.com - The Diamond Jubilee : 11h30-20h (dim. 18h) ; The Parlour : 10h-20h, dim. 11h30-18h - à partir de 23 £/pers.* La fameuse épicerie fine compte plusieurs restaurants, dont The Parlour (1er niveau) et le très chic Diamond Jubilee (4e niveau), tous deux animés par un pianiste.

3 **The Savoy** – **E4** - *The Strand - WC2 R 0EZ - Charing Cross ou Covent Garden - 020 7836 4343 - www.thesavoylondon.com - 12h-18h, lun.-mar. 12h-16h - à partir de 65 £/pers.* Une expérience unique dans un hôtel d'exception.

4 **Claridge's** – **C4** - *Brook St. - W1K 4HR - Bond Street - 020 7107 8886 - www.claridges.co.uk - 14h45-17h30 - à partir de 85 £/pers.* L'adresse la plus chic pour vous initier au rite de l'*afternoon tea* : tout y est, décor Art déco en sus!

5 **The Harrods Tea Rooms** – **B5** - *87-135 Brompton Rd - SW1X 7XL - Knightsbridge - 020 7225 6800 - www.harrods.com - 12h-19h, sam. 11h30-20h, dim. 12h-18h - à partir de 62 £/pers.*

15 **Sketch** – **D4** - *9 Conduit St. - W1S 2XG - Oxford Circus - 020 7659 4500 - www.sketch.london - 11h-16h30 - à partir de 85 £/pers.* Un endroit atypique qui vaut le coup d'œil : salle parée de rose avec canapés en velours et croquis aux murs.

29 **The Egerton House Hotel** – **B6** - *17-19 Egerton Terrace - SW3 2BX - Knightsbridge - 020 7589 2412 - egertonhousehotel.com - merc.-dim. afternoon tea à 14h et 16h - à partir de 75 £/pers. (enf. 30 £).* Vaste sélection de thés haut de gamme. Options vegan, végétarienne ou sans gluten. Même les chiens de compagnie ont leur *tea time (30 £)*!

33 **The Berkeley** – **C5** - *Wilton Place - SW1X 7RL - Knightsbridge - 020 7107 8866 - www.the-berkeley.co.uk - 13h-17h30 - à partir de 80 £/pers.* Pour les fashionistas, un « Prêt-à-Portea » inspiré des dernières collections de mode.

36 **One Aldwych** – **E4** - *1 Aldwych - WC2B 4BZ - Charing Cross - 020 7300 0300 - www.onealdwych.com - merc.-vend. 12h-15h (w.-end 16h) - à partir de 58 £/pers.* Pour les fans de Willy Wonka et de sa célèbre chocolaterie.

37 **Rosewood Hotel** – **E3** - *252 High Holborn - WC1V 7EN - Holborn - 020 3747 8620 - www.rosewoodhotels.com - 12h-13h, merc.-dim. 12h-15h45 - à partir de 72 £/pers.* Un *afternoon tea* audacieux mêlant saveurs traditionnelles et représentations d'œuvres d'art emblématiques!

Pour une liste plus exhaustive, réserver et obtenir des réductions, consultez le site www.afternoontea.co.uk. Voir aussi « Cafés, salons de thés », p. 129-131.

Museum, ce café de poche offre un cadre chaleureux pour déguster un délicieux café accompagné d'une part de gâteau fait maison. Également quelques salades.

South Kensington

Plan de quartier **p. 72-73**

34 Muriel's Kitchen – B6 - *1-3 Pelham St. - SW7 2ND - ⊖ South Kensington - ✆ 020 7589 3511 - www.murielskitchen.co.uk - 10h-18h.* Une adresse plébiscitée à tout heure, pour une pause salée ou sucrée dans un cadre chaleureux, entre deux visites de musée. Attention, c'est vite bondé.

North Kensington

Candella Tea Room – Hors plan - *34 Kensington Church St. - W8 4HA - ⊖ Notting Hill Gate - ✆ 020 7937 4161 - www.candellatearoom.com - 12h-18h, w.-end 10h-18h - fermé lun.* Caché derrière le palais de Kensington, ce petit salon de thé au charme rétro *so british* sert un bon *afternoon tea* à prix très abordable *(25 £/pers.)*. Belle sélection de thé (à la vente). Pensez à réserver, car c'est minuscule.

East End

Plan de quartier **p. 98**

19 The Lily Vanilli Bakery – H2 - *6 The Courtyard, Ezra St. - E2 7RH - ⊖ Old Street ou Hoxton (Overground) - ✆ 020 3186 4356 - lilyvanilli.com - jeu.-vend. 11h-17h, sam. 10h-17h, dim. 9h-16h30 - fermé lun.-merc.* Amateurs de gâteaux délicieusement « instagrammables », ce lieu est fait pour vous ! La *bakery* de Lily, nichée au fond d'une charmante cour, est très prisée le dimanche, jour du marché aux fleurs de Columbia Rd. On y vient pour déguster cupcakes, tartes et brownies. Plutôt bec salé ? Mordez dans l'un des énormes *sausage rolls* tout juste sortis du four.

Greenwich

Plan de quartier **p. 106-107**

70 Royal Teas Café – *76 Royal Hill - SE10 8 RT - ⊖ Greenwich - ✆ 020 8691 7240 - www.royalteascafe.co.uk - tlj sf jeu. 9h-16h, sam. 9h-17h, dim. 10h30-17h.* Blotti dans une rue tranquille, ce café discret est un endroit chaleureux pour s'offrir une délicieuse gourmandise maison accompagnée d'un bon café, d'un thé ou d'un chocolat chaud. Cuisine légère végétarienne à midi (soupes, salades, tartes).

PUBS TRADITIONNELS

Les **pubs** (abréviation de *public houses*) sont les dignes descendants des auberges et tavernes médiévales. Nombre d'entre eux, fondés depuis plusieurs siècles, ont conservé leur décoration d'origine. Ils jouent un rôle important dans la vie sociale, accueillant les groupes d'amis, les discussions d'affaires ou les réunions de joueurs (de fléchettes) autour d'une bière (*pint* ou *half pint* pour un demi), servie à la pression *(draught)* ou en bouteille. On y mange aussi très bien. On commande et on paye au comptoir dans la plupart des lieux.

Westminster

Plan de quartier p. 17

7 St Stephen's Tavern – E5 - *10 Bridge St. - SW1A 2JR - ⊖ Westminster - ✆ 020 7925 2286 - www.ststephenstavern.co.uk - 10h-23h.* Situé face à Big Ben, ce joli pub victorien à l'atmosphère cosy constitue une halte agréable lors de votre visite de Westminster.

St James's

Plan de quartier p. 25

8 Golden Lion – D5 - *25 King St. - SW1Y 6QY - ⊖ Green Park - ✆ 020 7925 0007 - www.greeneking-pubs.co.uk - 12h-23h, jeu, 12h-23h30, vend. 11h-23h30, sam. 11h-21h, dim. 12h-18h.*

St Stephen's Tavern

Le St Stephen's Tavern, pub traditionnel.

Si le théâtre voisin a depuis longtemps disparu, ce pub datant de 1762 demeure une institution.

Soho

Plan de quartier p. 28-29

9 Argyll Arms – D3 - *18 Argyll St. - W1F 7TP - ⊖ Oxford Circus - ✆ 020 7734 6117 - www.nicholsonspubs.co.uk - 11h-23h, vend.-sam. 11h-23h30, dim. 11h-22h30.* Ce pub historique (1716) a conservé son superbe décor du 18e s. : immenses miroirs, boiseries et plafonds sculptés, comptoir en bois d'acajou. Sa situation dans le quartier animé d'Oxford Circus explique aussi qu'il soit bondé à toute heure.

Covent garden

Plan de quartier p. 34

10 Lamb & Flag – E4 - *33 Rose St. - WC2E 9EB - ⊖ Covent Garden - ✆ 020 7497 9504 - www.lambandflagcoventgarden.co.uk - P payant - 12h-23h, sam. 11h-23h, dim. 12h-22h30.* Nichée dans une étroite allée, la plus ancienne taverne du quartier (1623) continue d'attirer une foule d'habitués et de touristes grâce à une atmosphère cosy et conviviale ainsi qu'à une bonne sélection de bières.

Holborn

21 Princess Louise – E3 - *208 High Holborn - WC1V 7EP - ⊖ Holborn - ✆ 020 7405 8816 - 12h-23h, dim. 15h-21h.* Ce pub de la fin du 19e s., baptisé en l'honneur de la quatrième fille de la reine Victoria, vaut le détour pour son magnifique décor victorien.

Chancery Lane

Plan de quartier **p. 41**

27 Craft Beer Co – **F3** - *82 Leather Lane - EC1N 7TR - ⊖ Chancery Lane - ✆ 020 7404 7049 - www.thecraftbeerco.com - 12h-23h - fermé w.-end.* Affilié aux meilleures brasseries artisanales du pays, ce pub ne compte pas moins d'une trentaine de pompes manuelles à *casks*, ces petites barriques qui servent à la gazéification naturelle de la *real ale*, bière non pasteurisée et non filtrée. Pour le plus grand bonheur des amateurs !

The City

Plan de quartier **p. 50-51**

26 The Blackfriar – **F4** - *174 Queen Victoria St. - EC4V 4EG - ⊖ Blackfriars - ✆ 020 7236 5474 - www.nicholsonspubs.co.uk - 12h-23h, dim. 12h-18h.* Un étrange bâtiment triangulaire, ce pub historique occupe le site d'un ancien monastère dominicain. Gravures en façade et admirable décor Arts & Crafts (1905) à l'intérieur. Bon choix de *real ales*.

Southwark

Plan de quartier **p. 66-67**

13 The George Inn – **G5** - *75-77 Borough High St. - SE1 1NH - ⊖ London Bridge - ✆ 020 7407 2056 - www.greeneking-pubs.co.uk - 11h-23h, jeu.-sam. 11h-0h, dim. 12h-23h.* Cet établissement niché dans une étroite allée vaut le détour pour son architecture unique et l'atmosphère qui règne dans son dédale de salles patinées par le temps.

Knightsbridge

Plan de quartier **p. 72-73**

14 The Grenadier – **C5** - *18 Wilton Row - SW1X 7NR - ⊖ Knightsbridge ou Hyde Park Corner - ✆ 020 7235 3074 - www.grenadierbelgravia.com - 12h-23h, dim. 12h-22h.* Ce pub historique aux couleurs britanniques était fréquenté en son temps par le duc de Wellington et ses grenadiers. Bonne sélection de bières et vraie cuisine traditionnelle.

Notting Hill

The Cow – **Hors plan** - *89 Westbourne Park Rd - W2 5QH - ⊖ Royal Oak - ✆ 020 7221 0021 - www.thecowlondon.co.uk - 11h-23h, dim. 12h-23h.* L'un des pubs les plus agréables de Notting Hill. La clientèle d'habitués, un rien branchés, ne s'y trompe pas. Fin du fin, on y vient déguster quelques huîtres arrosées d'une Guinness ou savourer la délicieuse cuisine d'influence irlandaise. Belle terrasse.

Camden Town

Plan de quartier **p. 91**

17 Brewdog – **Hors plan détachable** - *113 Bayham St. - NW1 0AG - ⊖ Camden Town - ✆ 020 7284 4626 - www.brewdog.com - 16h-23h, merc.-jeu. 12h-23h, vend.-sam. 12h-0h, dim. 12h-22h.* Une brasserie écossaise avec de nombreuses bières maison, mais pas que ! On saura vous conseiller si vous hésitez et vous pourrez même participer à un atelier d'initiation histoire d'éduquer vos papilles *(réserv. sur le site Internet)*. On y mange aussi très bien, en particulier des hamburgers variés et originaux, et de nombreuses options végétariennes.

Hampstead

The Spaniards Inn – **Hors plan** - *Spaniards Rd - NW3 7JJ - ⊖ Hampstead ou East Finchley et 15mn de marche - ✆ 020 8731 8406 - www.thespaniardshampstead.co.uk - P - 10h-23h, dim. 12h-22h30.* Cette taverne de 1585, que l'on croise au détour d'un chemin, conserve une atmosphère joviale malgré un intérieur sombre et mystérieux. Terrasse avec barbecue le dimanche en été.

The Flask – **Hors plan** - *14 Flask Walk - NW3 1HE - ⊖ Hampstead - ✆ 020 7435 4580 - www.theflaskhampstead.co.uk - 11h-23h, dim. 12h-22h30.*

En hiver, une belle cheminée réchauffe ce pub campagnard, dont Karl Marx fut un habitué.

East End

Plan de quartier p. 98

24 **The Ten Bells** – **H3** - *84 Commercial St. - E1 6LY - ⊖ Liverpool Street - ✆ 020 7247 7532 - www.tenbells.com - 12h-0h, jeu.-sam. 12h-1h.* Ce pub historique de Spitalfields, situé face au marché, est connu pour avoir été le repaire de Jack l'Éventreur ! Un superbe décor de céramiques et de boiseries restaurées qui attire les *yuppies* de la City.

Les quartiers sud

Pop Brixton – **Hors plan** - *49 Brixton Station Rd - SW9 8PQ - ⊖ Brixton - ✆020 3879 8410 - www.popbrixton.org - 9h-23h, jeu.-sam. 9h-0h.* Construit sur un ancien parking, ce village de conteneurs recyclés et modulables est un incubateur de tendances, spot idéal pour goûter aux cuisines du monde, boire une bière et écouter de la musique live. Ambiance festive et décontractée.

30 **Battersea Brewery** – **C8** - *12-14 Arches Lane - SW11 8AB - ⊖ Battersea Power Station ou Battersea Park (Overground) - ✆ 020 8161 2366 - www.batterseabrew.co.uk - 12h-23h, vend.-sam. 12h-0h, dim. 12h-22h30.* Cette micro brasserie se niche sous les arches d'une voie ferrée, à deux pas de Battersea Power Station. On y savoure des bières brassées sur place, une excellente cuisine traditionnelle de pub et de belles planches de charcuteries et fromages britanniques. Briques rouges et déco post industrielle, terrasse extérieure, bonne ambiance.

Docklands

Plan de quartier p. 106-107

22 **The Grapes** – **Hors plan détachable** - *76 Narrow St., Limehouse - E14 8BP - ⊖ Westferry (DLR) - ✆ 020 7987 4396 - thegrapes.co.uk - P - 12h-23h.* Ce charmant pub historique, jadis fréquenté par Dickens, dispose de deux minuscules terrasses surplombant le fleuve. Salle de restaurant à l'étage.

20 **Prospect of Whitby** – **Hors plan détachable** - *57 Wapping Wall - E1W 3SH - ⊖ Wapping - ✆ 020 7481 1095 - www.greeneking-pubs.co.uk - 12h-23h, vend.-sam. 11h-23h, dim. 12h-22h.* Ce vaste pub délicieusement vieillot est l'un des plus touristiques des bords de la Tamise.

Bâti en 1553, il a reçu la visite de Samuel Pepys et de Charles Dickens. Sa grande terrasse profite d'une belle vue sur le fleuve.

39 **The Gun** – **Hors plan détachable** - *27 Coldharbour - E14 9NS - ⊖ Canary Wharf - ✆ 020 7519 0075 - www.thegundocklands.com - P - 11h30-0h, dim.-mar. 11h30-22h.* En bord de Tamise, ce pub historique résiste à l'invasion des gratte-ciel. Cuisine et décor raffinés.

BARS À COCKTAILS

Mayfair

Plan de quartier p. 28-29

6 **The Connaught Bar** – **C4** - *Carlos Pl. - W1K 2AL - ⊖ Bond Street - ✆ 020 7499 7070 - www.the-connaught.co.uk - 16h-0h - fermé dim.* Lumière nacrée, boiseries claires... le bar de ce palace forme un bel écrin pour siroter les cocktails du chef mixologiste, dont de fameux Martini parfumés que l'on préfère ici « *stirred, never shaken* » (à la cuillère, pas au shaker).

The City

Plan de quartier p. 50-51

18 **SushiSamba** – **H3** - *Heron Tower - 110 Bishopsgate - EC2N 4AY - ⊖ Liverpool Street - ✆ 020 3640 7330 - www.sushisamba.com - 12h-22h30.* Un ascenseur véloce vous propulse aux 38 et 39e étages de cette tour, où ce bar dévoile une vue magique à 360° sur la City, notamment depuis la terrasse. Cocktails et bon choix de sakés. Autre adresse à Covent Garden.

Marylebone

Plan de quartier p. 87

40 **Artesian** – **D3** - *The Langham Hotel, 1C Portland Pl. - W1B 1JA - ⊖ Oxford Circus - ✆ 020 7636 1000 - www.artesian-bar.co.uk - P - 16h-0h, jeu.-sam. 16h-1h.* Dans ce salon élégant, le barman en chef invente des cocktails expérimentaux et pointus. La carte inclut aussi vins, bières Bluebird et spiritueux du monde entier.

Les quartiers sud

Frank's Cafe – **Hors plan** - *95A Rye Lane - SE15 4ST - ⊖ Peckham Rye (Overground) - ✆ 075 2860 0924 - www.boldtendencies.com - de mi-mai à mi-sept., se rens.* Aménagé au 10e étage d'un parking, cet immense rooftop est l'endroit parfait pour admirer le coucher du soleil, un cocktail à la main. Possibilité d'y dîner en semaine et d'y bruncher le w.-end. Très prisé, attendez-vous à faire la queue.

Docklands

Plan de quartier p. 106-107

28 **Bokan** – **Hors plan détachable** - *40 Marsh Wall, Isle of Dogs - E14 9TP - ⊖ Canary Wharf (DLR) - ✆ 020 3530 0550 - bokanlondon.co.uk - tlj sf dim.-lun. 18h-23h, sam. 12h30-23h.* Perché au 38e étage du Novotel de Canary Wharf, ce bar offre une vue époustouflante sur la capitale. Cocktails originaux et savoureux, concerts le soir et beau rooftop avec panorama à 360° à l'étage supérieur.

Shopping

Quels que soient votre style et votre budget, vous trouverez votre bonheur : grands magasins d'Oxford Street et de Knightsbridge, maroquineries de luxe, marchands d'art et grands couturiers de Bond Street, boutiques chic à Marylebone et King's Road, magasins *vintage* de l'East End, de Notting Hill et de Camden, zone commerçante de Seven Dials, au nord-est de Covent Garden... Sans oublier les boutiques des musées, qui regorgent d'objets originaux de qualité.

Repérez les adresses sur nos plans grâce aux pastilles numérotées (ex. 1). Les coordonnées en rouge (ex. C2) font référence au plan détachable.

St James's

Plan de quartier p. 25

Chapelier

8 Lock & Co. Hatters – D5 - *6 St James's St. - SW1A 1EF - Green Park - 020 7930 8874 - www.lockhatters.co.uk - fermé dim.* Ouvert depuis 1759, ce chapelier historique de St James's Street a coiffé les grands de ce monde, de l'amiral lord Nelson à Jacqueline Kennedy en passant par Charlie Chaplin, Winston Churchil ou Oscar Wilde, qui laissa même une dette de 3,30 £. Pour le plaisir des yeux ou pour s'équiper en chapeau melon, haut de forme ou casquette en laine.

Grands magasins

4 Fortnum & Mason – D4 - *181 Piccadilly - W1A 1ER - Green Park ou Piccadilly Circus - 020 7734 8040 - www.fortnumandmason.com - tlj.* L'un des grands magasins incontournables. Incroyable choix de thés, biscuits, confiseries, spiritueux, etc. Le tout superbement présenté. Un miel maison est produit sur le toit.

Tailleur

24 Hilditch & Key – D4 - *73 Jermyn St. - SW1Y 6NP - Green Park - 020 7930 2329 - www.hilditchandkey.co.uk - tlj.* Situé dans la légendaire Jermyn Street, voici le domaine du plus ancien chemisier de la ville. Vous ferez votre choix entre du sur mesure ou non. Rayon femmes.

Mayfair et Piccadilly

Plan de quartier p. 28-29

Chocolats

11 Charbonnel et Walker – D4 - *Royal Arcade, 28 Old Bond St.- W1A 1ER - Green Park ou Piccadilly Circus - 020 7318 2075 - charbonnelchocolates.com - fermé dim.* Fondée en 1875, cette maison qui fournit la Cour est l'un des plus anciens chocolatiers du pays, prisé par Wallis Simpson, la princesse Diana ou encore sir Alec Guinness. La boutique à l'ancienne est ravissante et les chocolats (spécialités de truffes) irrésistibles.

giorgiogalano/Getty Images Plus

Le marché de Portobello Road à Notting Hill.

Autres adresses dans Londres, notamment dans les grands magasins Selfridges et Harrods.

Mode

5 Vivienne Westwood Couture – **C4** - *6 Davies St. - W1K 3DN - ⊖ Bond Street - ✆ 020 7629 3757 - www.viviennewestwood.com - fermé dim.* Le temple de la « reine Viv » (1941-2022), qui rendit le punk respectable.

6 Stella McCartney – **D4** - *23 Old Bond St. - W1S 4PZ - ⊖ Green Park - ✆ 020 7518 3100 - www.stellamccartney.com - tlj.* Les créations de la talentueuse Stella ne sont pas forcément à la portée de toutes les bourses, mais la boutique vaut le coup d'œil.

Soho

Plan de quartier **p. 28-29**

Parfums

20 Penhaligon's – **D4** - *125 Regent St.- W1B 4HT - ⊖ Piccadilly Circus - ✆ 020 7434 2608 - www.penhaligons.com - tlj.* Autre vénérable maison très *british* qui fournit la Cour, cette enseigne de parfumerie née en 1870 est à l'origine du célèbre *Blenheim Bouquet*, favori de Winston Churchill, et continue d'innover !

Jouets

38 Hamleys – **D4** - *188-196 Regent St. - W1B 5BT - ⊖ Piccadilly ou Oxford Circus - ✆ 0371 704 1977 - www.hamleys.com - ♿ - tlj.*

Sur sept étages, c'est l'un des plus grands magasins de jouets au monde, débordant d'animation et de féerie. Il faut y jeter un coup d'œil, juste pour le plaisir de retomber en enfance !

Musique

12 **Berwick Street** - **D4** - *Berwick St. - W1F 0PH - ⊖ Piccadilly Circus.* Cette rue est connue pour son marché et ses nombreux disquaires spécialisés (neuf ou d'occasion). Aux n°30 se trouve le fameux **Reckless Records**. Au n°75, **Sister Ray**, spécialisé dans le rock indé, est très bien pourvu en vinyles.

7 **The Rolling Stones Store** - **D4** - *9 Carnaby St. - W1F 9PE - ⊖ Piccadilly Circus ou Oxford Circus - www.therollingstonesshop.co.uk - tlj.* Les Stones ont évidemment choisi Carnaby Street pour implanter leur première boutique. La cultissime langue rouge, logo du groupe depuis les années 1970, donne le ton et se décline sur tous les supports possibles et imaginables. Un incontournable pour les fans.

Covent Garden

Plan de quartier p. 34

Bijoux, accessoires

40 **Tatty Devine** - **E4** - *44 Monmouth St. - WC2H 9EP - ⊖ Covent Garden - ✆ 020 7836 2685 - www.tattydevine.com - fermé dim.* Deux créatrices britanniques célèbres pour leurs bijoux excentriques et leurs *name necklaces*, colliers personnalisés ornés de breloques *(charms)*, fabriqués dans l'heure. Esprit coloré, amusant et décalé à prix doux.

Cosmétiques

15 **Neal's Yard Remedies** - **E3** - *15 Neal's Yard - WC2H 9DP - ⊖ Covent Garden - ✆ 020 7379 7222 - www.nealsyardremedies.com - tlj - Therapy Rooms : 10h-20h, w.-end 10h-18h30.* La maison mère de ce pionnier des cosmétiques bio, qui a depuis essaimé dans tout le Royaume-Uni. Avec des *Therapy Rooms* au 2 Neal's Yard pour se faire chouchouter.

Fromages

14 **Neal's Yard Dairy** - **E4** - *17 Shorts Gardens - WC2H 9AT - ⊖ Covent Garden - ✆ 020 7500 7520 - www.nealsyarddairy.co.uk - tlj.* Mettez de côté vos a priori et venez découvrir dans cette fromagerie plus de 50 variétés d'excellents produits britanniques, tels les cheddar et stilton. Autres adresses dans Londres, notamment près du Borough Market.

Livres

13 **Magma** - **E3** - *29 Shorts Gardens - WC2H 9AP - ⊖ Covent Garden - ✆ 020 7240 7970 - www.magma-shop.com - tlj.* Grand choix de livres relatifs au design, à la typographie, à l'illustration et à l'art. Incontournable.

Bloomsbury

Accessoires

23 **James Smith & Sons** - **E3** - *53 New Oxford St. - WC1A 1BL - ⊖ Tottenham Court Road - ✆ 020 7836 4731 - www.james-smith.co.uk - ♿ - fermé dim.-lun.* Depuis 1830, l'enseigne vend l'attribut indispensable de toute visite à Londres : le parapluie ! Le magasin est resté dans son jus victorien et propose

pléthore de cannes, parapluies pour hommes ou pour femmes, accessoires sur mesure, etc.

Temple

Plan de quartier **p. 41**

Thé

16 **Twinings** – **F4** - *216 The Strand - WC2 R 1AP - ⊖ Temple ou Charing Cross - ✆ 020 7353 3511 - www.twinings.co.uk - tlj.* Deux Chinois flanquant un lion signalent l'entrée de ce magasin où la célèbre marque tient boutique depuis 1706. Vaste choix de thés et petit musée retraçant l'histoire de la maison. Des *master class* invitent aussi à s'initier à l'univers du thé *(réserv. sur le site Internet).*

South Bank

Plan de quartier **p. 66-67**

Mode, déco

45 **Oxo Tower Wharf** – **F4** - *Barge House St. - SE1 9PH - ⊖ Southwark ou Blackfriars - ✆ 020 7021 1600 - www.oxotower.co.uk - horaires selon boutique.* Céramiques, bijoux, textiles, luminaires, design, gadgets... Une trentaine de créateurs et d'artisans se sont installés sur trois étages de l'ancienne tour des bouillons cube Oxo.

Belgravia - Knightsbridge

Plan de quartier **p. 72-73**

Grands magasins

1 **Harvey Nichols** – **C5** - *109-125 Knightsbridge - SW1X 7 RJ - ⊖ Knightsbridge - ✆ 020 7235 5000 - www.harveynichols.com - tlj.* Vous trouverez dans ce grand magasin historique les plus grandes marques de la mode, de produits de beauté ou d'articles pour la maison. Le rayon épicerie propose des produits inédits, d'Angleterre et d'ailleurs.

2 **Harrods** – **B5** - *87-135 Brompton Rd - SW1X 7XL - ⊖ Knightsbridge - ✆ 020 7730 1234 - www.harrods.com - ♿ P payant - tlj.* Harrods se targue de pouvoir tout fournir ! Les rayons d'alimentation présentent un décor impressionnant ; on y trouve aussi un salon de coiffure, un institut de beauté, une agence de voyages et un service d'expédition. À visiter comme un musée.

Notting Hill

Plan de quartier **p. 83**

Mode

Une boutique sur deux ou presque dans la première partie de Portobello Road est occupée par une **friperie**. Dans certaines, les vêtements sont bien organisés et peuvent remonter aux années 1930. Dans d'autres, il faut fouiller et le choix se limite aux années 1970-1980, voire plus récentes. Dans tous les cas, les prix sont assez élevés, mais l'expérience se révèle amusante.

18 **Paul Smith** – **Hors plan détachable** - *122 Kensington Park Rd - W11 2EP - ⊖ Notting Hill Gate - ✆ 020 7727 3553 - www.paulsmith.com - tlj.* À mi-chemin entre le show-room et la boutique, Westbourne House accueille les créations du célèbre couturier. Dans le cadre typique de cet hôtel particulier, on visite, tel un musée,

les pièces décorées d'objets glanés par sir Paul Smith à travers le monde. Les collections sont, elles, à vendre.

Puces

19 Portobello Road – **Hors plan détachable** - *Portobello Rd - W11 1LU - ⊖ Notting Hill Gate - ✆ 020 7727 7684 - www.portobelloroad.co.uk.* De Notting Hill Gate au nord de Portobello Road se succèdent antiquaires et brocanteurs, fripes, bijoux indiens, artisanat, ainsi qu'un marché alimentaire. Aux côtés des souvenirs *british* abordables, des boutiques et passages labyrinthiques recèlent parfois des trésors, hélas à des prix exorbitants (jouets anciens, bijoux, faïences, etc.). **Portobello Market**, le grand marché de Portobello, se déroule quant à lui les vendredi et samedi *(9h-19h)*. **Portobello Green Market** *(lun.-jeu. 9h-18h)* rassemble vêtements et fripes *vintage*.

Marylebone - Regent's Park

Déco

Plan de quartier p. 87

3 The Conran Shop – **C2** - *55 Marylebone High St. - W1U 5HS - ⊖ Regent's Park - ✆ 020 7723 2223 - www.conranshop.co.uk - tlj.* Magasin d'ameublement et de décoration du célèbre designer Terence Conran (créateur d'Habitat).

10 Contemporary Applied Arts – **C3** - *6 Paddington St. - W1U 5QG - ⊖ Baker Street - ✆ 020 7620 0086 - www.caa.org.uk - fermé dim.-lun.* Exposition et vente d'objets d'arts décoratifs et appliqués (poterie, atelier de céramique, verrerie, métaux, bijoux, tissus et mobilier), réalisés par des créateurs britanniques contemporains.

Camden Town

Plan de quartier p. 91

Mode

35 Cyberdog – **Hors plan détachable** - *Stables Market - Chalk Farm Rd - NW1 8AH - ⊖ Camden Town - ✆ 020 7482 2842 - www.cyberdog.net - ♿ - tlj.* Plongé dans la pénombre et résonnant d'une musique assourdissante, un magasin totalement déjanté de vêtements punko-futuristes, tee-shirts fluos, robes argentées, cosmétiques criards et autres gadgets excentriques. Vendeurs au diapason.

Puces

25 Camden Markets – **Hors plan détachable** - *Camden Lock Pl. - Chalk Farm Rd - NW1 8AF - ⊖ Camden Town - ✆ 020 7485 5511 - www.camdenmarket.com - tlj.* Si la plupart des boutiques sont ouvertes en semaine, c'est le week-end que l'ambiance bat son plein. Une des attractions majeures de Londres, même si ces marchés ne sont plus ce qu'ils étaient. Explorer en particulier le Stables Market, aménagé dans d'anciennes écuries.

East End

Plan de quartier p. 98

Marchés

Pour le shopping *vintage* ou artisanal, ne manquez pas **Old Spitalfields Market** *(☛ p. 96)*.

Namaste Store sur Camden High Street.

NAMASTE
RTER
243
NAMASTE
243
245 Tatt
sale

29 Columbia Road Flower Market – **H2** - *Columbia Rd - E2 7RG - ⊖ Hoxton (Overground) - ✆ 020 7613 0876 - www.columbiaroadmarket.co.uk - P - dim. 8h-14h.* Ce marché aux fleurs connaît un revival foudroyant depuis que l'Est londonien est devenu le plus branché des quartiers. Il est complété par des magasins d'artisans, implantés dans les maisons basses de Columbia Road. On y trouve plein d'idées déco, des galeries, cafés et restaurants, dont certains sont aussi ouverts en semaine. Conseil : venez tôt pour éviter la foule.

32 Spitalfields City Farm – **Hors plan détachable** - *Buxton St. - E1 5AR - ⊖ Whitechapel ou Shoreditch High Street (Overground) - ✆ 020 7247 8762 - www.spitalfieldscityfarm.org - fermé lun.* À deux pas de Brick Lane, c'est l'une des fermes urbaines les plus centrales. Construite à l'emplacement d'un ancien dépôt de matériel ferroviaire, elle abrite des pensionnaires hauts en couleurs. Au cœur de ce quartier populaire, la ferme multiplie les actions : cours de cuisine, cueillette de légumes, club des fermiers en herbe, etc.

42 Boxpark Shoreditch – **H2** - *2-10 Bethnal Green Rd - E1 6GY - ⊖ Shoreditch High Street (Overground) - ✆ 020 7186 8800 - www.boxpark.co.uk - tlj.* Une soixantaine de conteneurs abritent des boutiques éphémères de plus d'une cinquantaine de marques connues ou de jeunes créateurs, et des restaurants, dont certains en toit-terrasse.

Mode

31 Sunday Upmarket – **H3** - *Old Truman Brewery - 91 Brick Lane - E1 6QL - ⊖ Shoreditch (Overground) - ✆ 020 7770 6028 - www.sundayupmarket.co.uk - sam. 11h-18h, dim. 10h-18h.* Dans la cour de l'ancienne brasserie Truman, ce vaste entrepôt accueille jeunes créateurs, marchands de fripes et stands de cuisine exotique ou bio. Vous pourrez y dénicher des choses originales et y manger pour trois fois rien.

47 Beyond Retro – **Hors plan détachable**- *110-112 Cheshire St. - E2 6EJ - ⊖ Shoreditch High Street (Overground) - ✆ 020 7729 9001 - www.beyondretro.com - ♿ - tlj.* L'un des temples du *vintage* londonien. Ce gigantesque hangar rassemble vêtements et accessoires pour hommes et femmes des années 1920 à 1990.

Musique

33 Rough Trade East – **H3** - *Old Truman Brewery, 91 Brick Lane - E1 6QL - ⊖ Shoreditch High Street (Overground) ou Aldgate East - ✆ 020 7392 7788 - www.roughtrade.com - ♿ - tlj.* Un magasin de disques indépendant incontournable si vous allez à Brick Lane. Excellents conseils des vendeurs.

Sortir

Londres ne dort jamais, mais à chaque heure de la nuit ses lieux. Les **pubs** (*p. 131*) sont incontournables en début de soirée. Pour les branchés, les **bars** de Soho, Clerkenwell, Islington et de l'East End s'animent en seconde partie de soirée, attirant une clientèle plus jeune. L'ambiance musicale y est souvent assurée par des groupes ou des DJ et il n'est pas rare que l'on puisse y danser jusqu'à 2h. Ils constituent aussi une option économique face aux **clubs**, réputés assez chers, et où l'ambiance démarre rarement avant minuit.

Dans un genre différent, pensez aussi à réserver une place pour une **comédie musicale** ou une pièce de théâtre (*encadré p. 144*), et profitez des nombreux **concerts** donnés dans les églises, dont la célèbre St Martin-in-the-Fields (*p. 22*), ou au prestigieux Opéra royal (*p. 35*).

Repérez les adresses sur nos plans grâce aux pastilles numérotées (ex. 1). Les coordonnées en rouge (ex. C2) font référence au plan détachable.

Soho

Plan de quartier p. 28-29

2 **Bar Rumba** – **D4** - *36 Shaftesbury Ave. - W1D 7EP - Piccadilly Circus - 020 7287 6933 - barrumbadisco.co.uk - 19h30-3h.* Le Rumba est l'un des meilleurs clubs de Londres malgré une piste de danse bien modeste au regard de la popularité des lieux. Atmosphère toujours sympathique et musicale : jazz, house, funk, latino... Comedy club mar., jeu., vend. et sam. en début de soirée.

21 **Cirque le Soir** – **D4** - *15-21 Ganton St. - W1F 9BN - Oxford Circus - 020 7287 8001 - www.cirquelesoir.com - 23h-3h - fermé mar., jeu.et dim.* Ambiance déjantée, voire décadente, pour ce club extravagant axé sur le thème du cabaret burlesque et du cirque. Jongleurs, cracheurs de feu et danseurs se produisent sur les tubes house et hip-hop du moment.

The City

Plan de quartier p. 50-51

7 **Fabric** – **F3** - *77a Charterhouse St. - EC1M 6HJ - Farringdon - 020 7336 8898 - www.fabriclondon.com - vend.-dim. à partir de 23h et selon programmation - âge mini : 19 ans.* Une boîte énorme (trois salles) à l'acoustique exceptionnelle, où se produit la crème des DJs techno-house et drum and bass et qui attire une clientèle de 20-30 ans. Piste de danse « Bodysonic » pour vibrer avec les basses.

Southwark

Plan de quartier p. 66-67

6 **Ministry of Sound** – **G6** - *103 Gaunt St. - SE1 6DP - Elephant and Castle - 020 7740 8600 - www.ministryofsound.com - se rens. pour les horaires et la programmation.* La boîte attire chaque week-end une clientèle

de 20-35 ans. Un son remarquable pour une expérience étourdissante, mais de longues files d'attente à l'entrée. Musique house, garage et techno.

3 **Flat Iron Square** – **G5** - *64 Union St. - SE1 1TD - ⊖ London Bridge - ✆ 020 3179 9800 - www.flatironsquare.co.uk - 12h-23h, dim. 12h-20h - fermé lun.* Bien caché sous l'arche d'un chemin de fer, cet endroit insolite rassemble plusieurs bars et stands de *street food*. On s'installe autour de vastes tables en bois pour manger sur le pouce avant de profiter du club et de son bar à tequila au sous-sol pour faire la fête.

North Kensington

Plan de quartier p. 72-73

4 **Troubadour** – **Hors plan détachable** - *263-267 Old Brompton Rd - SW5 9JA - ⊖ Earl's Court ou West Brompton - ✆ 020 7341 6333 - www.troubadourlondon.com - 12h-0h, jeu. 12h-2h, vend.-sam. 10h-2h.* Ce bar se vante d'avoir accueilli les célèbres Bob Dylan ou Jimi Hendrix. Dans la salle de spectacles, au sous-sol, programmation très éclectique : lectures de poésie, soirées cinéma, concerts de nouveaux talents.

Notting Hill

Plan de quartier p. 83

15 **Electric Cinema** – **Hors plan détachable**- *191 Portobello Rd - W11 2ED - ⊖ Ladbroke Grove - ✆ 020 7908 9696 - www.electriccinema.co.uk.* Pourquoi ne pas profiter d'une soirée à Londres pour s'offrir une toile dans l'un des plus vieux (1910) et des plus beaux cinémas de la ville ? On s'y installe dans les fauteuils rouges un verre à la main, ou, mieux encore, allongé dans un canapé-lit. Réservez.

Camden Town

Plan de quartier p. 91

10 **Jazz Café** – **Hors plan détachable** - *5 Parkway - NW1 7PG - ⊖ Camden Town - ✆ 020 7485 6834 - thejazzcafelondon.com.*L'un des meilleurs clubs de jazz de la capitale. Concerts de jazz, mais aussi de soul, R'n'B, funk, électro ou hip-hop tous les soirs à partir de 19h. Les vend. et sam., à partir de 22h30, la salle se

Une soirée au théâtre

Profitez de votre séjour à Londres pour passer une soirée au théâtre, au concert ou au music-hall. Spécificité toute britannique, la **comédie musicale** s'affiche dans les **théâtres du West End**, autour de Leicester Square, notamment sur le Strand (Savoy, Adelphi) ; Shaftesbury Avenue (Sondheim, Palace, Lyric, Gielgud) ; Charing Cross Road (Phoenix, Garrick, Wyndham's) ; Haymarket (Her Majesty's, Haymarket) ; Catherine Street (Drury Lane) ; Wellington Street (Lyceum), etc. ☺ Pour la programmation, consultez les sites www.timeout.com/london ou officiallondontheatre.co.uk. Des places à demi-tarif pour les représentations du jour sont en vente au **kiosque TKTS** *(www.tkts.co.uk)* à Leicester Square.

fotoVoyager/Getty Images Plus

Soho by night.

transforme en dance-floor. Restaurant au 1er étage.

(22) **Electric Ballroom** – **Hors plan détachable** - *184 Camden High St. - NW1 8QP - ⊖ Camden Town - ✆ 020 7485 9007 - electricballroom.co.uk.* Inaugurée en 1938, cette salle mythique a vu défiler Sid Vicious, Madness, The Clash... et continue à accueillir des artistes de tous horizons. Soirées club le w.-end.

King's Cross-St Pancras

Plan de quartier **p. 91**

(24) **Spiritland** – **E1** - *9-10 Stable St. - N1C 4AB - ⊖ King's Cross - St Pancras - ✆ 020 3319 0050 - www.spiritland.com - 10h-23h, vend. 10h-1h, sam. 11h-1h, dim. 11h-21h.* Dans ce quartier en pleine mutation, un bar-concept pour audiophiles avertis qui se targue de posséder un *sound system* à la pointe de la technologie. Programmation de qualité (jazz, dub, etc.), Dj sets tous les soirs, lancements d'albums, studio d'enregistrement... Parfait pour écouter de la bonne musique en sirotant un cocktail avec des amis.

Islington

The Old Queen's Head – **Hors plan** - *44 Essex Rd - N1 8LN - ⊖ Angel - ✆ 020 7354 9993 - www.theoldqueenshead.com - 16h-0h, jeu. 12h-1h, vend. 12h-2h, sam. 12h-3h, dim. 12h-0h.* Pub sur plusieurs étages avec une bonne programmation de concerts, DJ sets et autres soirées musicales. Au dernier étage, une salle de karaoké peut être réservée gratuitement les dimanche et lundi soirs *(10 pers. mini, payant le reste de la semaine)*.

East End

Plan de quartier p. 98

11 **The Book Club** – **H2** - *100-106 Leonard St. - EC2A 4 RH - ⊖ Old Street ou Shoreditch High Street (Overground) - ✆ 020 7684 8618 - www.wearetbc.com - merc. 17h-0h, jeu. 17h-2h, vend. 16h-3h, sam. 12h-3h - fermé dim.-mar.* Conférences, expositions, soirées, sessions musicales : ce bar-club à succès de l'East End est multifonction. On peut même y jouer au ping-pong! Clientèle plutôt jeune et branchée.

Kristina Kokhanova/Getty Images Plus

Avant le concert.

18 **Queen of Hoxton** – **H2** - *1-5 Curtain Road - EC2A 3JX - ⊖ Shoreditch High Street (Overground) - ✆ 020 7422 0958 - www.queenofhoxton.com - jeu.-sam. 16h-2h; rooftop : jeu.-vend. 16h-21h30, w.-end 14h-21h30.* À la fois bar, club et galerie d'art, le lieu dégage une atmosphère décontractée et *underground*, avec ses graffitis sur les murs et ses *rave-parties* organisées de temps à autre au sous-sol. Aux beaux jours, le rooftop est recouvert de gazon, de fleurs et de tables multicolores; à l'automne, un tipi géant et chauffé accueille les clients.

19 **Xoyo** – **G2** - *32-37 Cowper St. - EC2A 4AP - ⊖ Old Street - ✆ 020 7608 2878 - www.xoyo.co.uk - à partir de 22h, horaires variables, se rens.* Un club très réputé, associant concerts en semaine et soirées clubbing avec DJ de renom le week-end. Programmation musicale variée mais toujours de qualité.

Les quartiers sud

Dogstar – **Hors plan** - *389 Coldharbour Lane - SW9 8LQ - ⊖ Brixton - ✆ 020 7733 7515 - www.dogstarbrixton.com - merc.-jeu. 16h-23h, vend. 16h-3h, sam. 12h-3h, dim. 12h-22h.* Grand pub de trois étages et premier bar DJ de la capitale, voici l'endroit parfait pour venir faire la fête jusque tard dans la nuit. Les couche-tôt pourront aussi assister à des concerts, des spectacles de stand up et des retransmissions sportives. Il y en a pour tous les goûts et à toutes les heures!

Se loger

L'hébergement à Londres est cher, très cher. Pour obtenir des tarifs avantageux, réservez vos nuitées longtemps à l'avance, idéalement en semaine ou le dimanche, et guettez les promotions sur les différents sites de réservation hôtelière.

Les quartiers centraux les plus chic (Mayfair, St James's, The Strand) rassemblent les hôtels luxueux. Très résidentiels, Kensington et Notting Hill affichent une série d'hôtels de charme, la plupart aménagés dans des maisons du 19e s. Bayswater, leur voisin, regorge d'hôtels relativement bon marché. Ceux qui prennent le train peuvent poser leurs valises non loin des gares de King's Cross et St Pancras, vers Bloomsbury. Ce quartier sympathique et central regroupe de nombreux hébergements, dans toutes les gammes de prix, occupant souvent d'anciennes demeures georgiennes. Earl's Court et Victoria proposent des hôtels simples et des B & B relativement abordables.

Les fourchettes de prix mentionnées ci-après, relevées lors de la rédaction du guide, correspondent à une chambre double. Attention, les tarifs peuvent varier énormément en fonction du jour et du taux de remplissage de l'établissement.

Repérez les adresses sur le plan détachable grâce aux pastilles numérotées (ex. 1). Les coordonnées en rouge (ex. D2) font référence à ce même plan.

Covent Garden

Plan de quartier **p. 34**

De 100 à 200 £

8 **Hub by Premier Inn Covent Garden** – **E4** - *110 St Martin's Ln - WC2N 4BA - Leicester Square ou Charing Cross - 033 3321 3104 - www.premierinn.com - - 163 ch. 149/230 £ - 5 £.* « Compact et connecté » : voici la formule des Hub Hotels, qui proposent des chambres petites, mais modernes et ultrafonctionnelles (tout peut y être contrôlé depuis votre smartphone). Une dizaine d'autres adresses dans Londres : Westminster, Tower Bridge, King's Cross, Spitalfields, City, etc.

Bloomsbury

De 50 à 100 £

3 **Generator London** – **E2** - *37 Tavistock Pl. - WC1H 9SE - King's Cross-St Pancras ou Russel Square - 020 7388 7666 - staygenerator.com - ch. et dortoirs 4-12 lits - à partir de 25 £ en dortoir - 9,50 £* Ambiance un peu usine pour cette vaste auberge de jeunesse mais situation parfaite entre le British Museum et les gares de King's Cross et St Pancras.

Plus de 200 £

6 **Bloomsbury Hotel** – **E3** - *16-22 Great Russell St. - WC1B 3NN - Tottenham Court Road - 020 7347 1000 - www.doylecollection.com - - P payant - 153 ch.*

257/566 £ - ☕ 29 £. Près de Covent Garden, un hôtel chic à l'atmosphère typiquement anglaise. Cadre reposant et chambres contemporaines. Accueil aimable et très professionnel.

South Bank

Plan de quartier **p. 66-67**

De 100 à 200 £

12 The Mad Hatter – **F5** - *3-7 Stamford St. - SE1 9NY - ⊖ Southwark - ✆ 020 7401 9222 - www.madhatterhotel.co.uk - ✕ ♿ - P payant - 30 ch. 148/211 £ ☕.* Sur la rive sud de la Tamise, proche de la Tate Modern, cet établissement à l'étage d'un beau pub victorien propose des chambres cosy et bien insonorisées.

Belgravia

De 100 à 200 £

2 The Z Hotel Victoria – **C6** - *5 Lower Belgrave St. - SW1W 0NR - ⊖ Victoria - ✆ 020 3589 3990 - www.thezhotels.com - ♿ - 106 ch. 140/260 £ - ☕ en sus.*
Propre et fonctionnel, cet hôtel se situe à deux pas de la gare de Victoria. Attention, les chambres sont minuscules et ne disposent pas toutes de fenêtres. Accueil sympathique.

South Kensington

Plan de quartier **p. 72-73**

De 100 à 300 £

4 The Resident Kensington – **A6** - *25 Courtfield Gardens - SW5 0PG - ⊖ Earls Court ou Gloucester Road - ✆ 020 7244 2255 - www.residenthotels.com - P payant - 65 ch. 159/322 £.* Installé dans un quartier calme, cet établissement possède des chambres chaleureuses avec petite cuisine équipée (frigo, micro-ondes, bouilloire). Quelques-unes donnent sur la verdure.

Notting Hill

De 100 à 200 £

Vancouver Studios – **Hors plan** - *30 Prince's Square - W2 4NJ - ⊖ Bayswater - ✆ 020 7243 1270 - www.vancouverstudios.co.uk - 47 studios et appart. 170/220 £ ☕.* Cette adresse pleine de charme propose d'agréables studios avec kitchenette. Possibilité de commander quelques courses pour votre arrivée.
Garden Court Hotel – **Hors plan** - *30-31 Kensington Gardens Square - W2 4BG - ⊖ Bayswater - ✆ 020 7229 2553 - www.gardencourthotel.co.uk - 40 ch. 186/252 £ ☕.* Cet hôtel à la façade lumineuse est tenu par la même famille depuis 1954. Chambres meublées avec simplicité et excellent rapport qualité-prix.

Marylebone - Regent's Park

Plan de quartier **p. 87**

De 100 à 200 £

1 Gunmakers – **C3** - *33 Aybrook St. - W1U 4AP - ⊖ Baker Street - ✆ 020 7935 5291 - gunmakershouse.co.uk - 5 ch. 180 £ ☕.* Ne vous y trompez pas : ce pub au décor des plus traditionnels est aussi un petit hôtel de charme aux chambres toutes neuves et grand confort. Idéalement situé entre Regent's Park et la Wallace Collection, il constitue une bonne base pour qui veut découvrir la ville. Ne manquez pas d'y manger à l'occasion : l'ambiance est sympathique et la nourriture savoureuse !

King's Cross-St Pancras

Plan de quartier **p. 91**

De 100 à 200 £

16 **The Angus Hotel** – **E2** - *31-32 Argyle Square - WC1H8AP - ⊖ King's Cross-St Pancras - ✆ 020 7837 3388 - www.angushotel kingscross.com - 35 ch. 129/169 £* . Un petit hôtel tenu par la même famille depuis plus de 40 ans. Installé dans un bel édifice de style georgien, il est bien situé et très propre. Les chambres, calmes, sont tout de même étroites – mais c'est la règle dans la ville ! Très bon rapport qualité-prix.

17 **Studios2Let** – **E2** - *36-37 Cartwright Gardens - WC1H 9EH - ⊖ King's Cross-St Pancras - ✆ 020 7380 8450 - www.serviced.studios2let.com - studios 131/204 £*. Des studios compacts (10-19 m²) mais propres et bien équipés, pour un séjour en toute indépendance, à 5mn à pied de la gare de St Pancras.

18 **The Crestfield Hotel** – **E1** - *2-4 Crestfield St. - WC1H 8AT - ⊖ King's Cross-St Pancras - ✆ 020 7837 0500 - www.crestfieldhotel.com - 52 ch. 149/249 £*. Un établissement propre et fonctionnel, dans une rue assez calme à deux pas des gares. Les chambres ne sont pas très spacieuses, mais l'ensemble est bien tenu et constitue une bonne option.

East End

Plan de quartier **p. 98**

De 100 à 200 £

5 **Point A Hotel Liverpool Street** – **H3** - *13-15 Folgate St. - E1 6BX - ⊖ Liverpool Street ou Shoreditch (DLR) - ✆ 020 7456 0400 - www.pointahotels.com - ♿ - 212 ch. 130/240 £* ☕. Un *compact hotel*, soit un minimum de prestations (lit, douche) pour garantir les tarifs les plus bas et des services facturés (TV, ménage, linge de bain, etc.). Bon plan côté budget et excellente situation. Demandez une chambre avec fenêtre.

De 200 à 300 £

15 **The Hoxton Shoreditch** – **H2** - *81 Great Eastern St. - EC2A 3HU - ⊖ Old Street - ✆ 020 7550 1000 - www.thehoxton.com - ✕ ♿ - 210 ch. 244/329 £ - ☕ en sus.* Dans un quartier en plein renouveau, bel hôtel au design industriel. Aménagements confortables et service en chambre. Location de vélos.

Docklands

Plan de quartier **p. 106-107**

De 100 à 300 £

20 **Novotel Canary Wharf** – **Hors plan détachable** - *40 Marsh Wall, Isle of Dogs - E14 9TP - ⊖ Canary Wharf (DLR) - ✆ 020 3530 0500 - www.accor.com - ✕ ♿ 🏊 - 313 ch. - 151/328 £ - ☕ 25 £* Ce building de 39 étages, au design intérieur moderne, fonctionnel et esthétique, propose des chambres parfaitement équipées avec vue imprenable sur la capitale. Le petit déjeuner servi au bar Bokan (*☛ p. 135)* est une réussite.

WE'RE

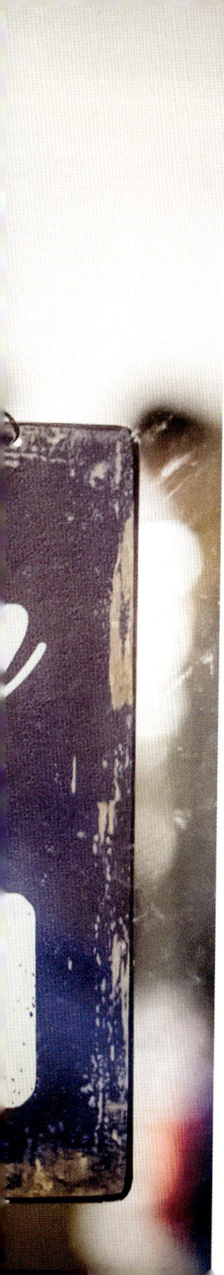

CARNET PRATIQUE

mauro_grigollo/Getty Images Plus

Préparez votre voyage

Formalités d'entrée

Depuis le 1er janvier 2021, le Royaume-Uni est sorti de l'Union douanière européenne, ce qui a modifié les formalités pour les ressortissants européens. Pour vous renseigner sur les règles administratives et sanitaires en vigueur dans le pays, rendez-vous sur **www.diplomatie.gouv.fr**.

Papiers d'identité

Depuis le 1er octobre 2021, un **passeport en cours de validité** est nécessaire pour voyager au Royaume-Uni.

Si vous voyagez avec votre enfant mineur ne portant pas le même nom que vous, pensez à vous munir de votre livret de famille ou d'un extrait de son acte de naissance.

Les mineurs voyageant seuls doivent présenter une autorisation de sortie du territoire (formulaire à télécharger sur www.service-public.fr).

Visa

L'exemption de visa reste en vigueur pour les séjours touristiques de moins de six mois, simples visites professionnelles, formations, conférences, séminaires, etc. Pour tout autre type de séjour (travail, études de plus de six mois, etc.), un visa est requis.

www.gov.uk/check-uk-visa

Une Electronic Travel Authorization (ETA) pourrait également être exigée à partir de 2025 (www.etauk.uk).

Douane

Depuis le 1er janvier 2021, lorsque vous arrivez en France du Royaume-Uni, vous pouvez transporter dans vos bagages des marchandises achetées ou qui vous ont été offertes, sans avoir de déclaration à effectuer, ni de droits et taxes à payer, à condition que la valeur de ces marchandises n'excède pas les seuils suivants : 430 € (en bateau et en avion), 300 € (en voiture et en train), 150 € (enf. -15 ans).

Les voyageurs de plus de 17 ans sont autorisés à importer 200 cigarettes et 1 l d'alcool fort (2 l si le degré d'alcool est inférieur ou égal à 22°).

www.douane.gouv.fr

Aller en train

Eurostar – 01 70 70 60 88 - www.eurostar.com. Jusqu'à 19 trains directs quotidiens entre Londres-**St Pancras International** et Paris-Gare du Nord (2h15). Une dizaine entre Londres et Lille (1h20) ou Bruxelles (1h51). Après achat de votre billet et réception de votre confirmation, enregistrement en ligne sur www.eurostar.com pour générer votre e-billet. Informez-vous de la réglementation sanitaire et en matière de bagages.

Aller en car

Deux compagnies desservent Victoria Station au départ de villes françaises. Comptez env. 9h de Paris à Londres.

BlaBlaCar Bus – www.blablacar.fr/bus

FlixBus – www.flixbus.fr

Aller en avion

Londres étant desservie par six aéroports – Heathrow, Gatwick, Luton, Stansted, London City et Southend (*accès et coordonnées p. 3*) –, vérifiez bien au moment de votre réservation le lieu et horaire d'arrivée de votre vol, afin de pouvoir rejoindre le centre de Londres sans encombre et sans engager trop de frais supplémentaires.

Les compagnies régulières

Au départ de Paris et Bruxelles env. 1h15 de vol, de Genève env. 1h30.
Air France – 09 69 39 36 54 (appel non surtaxé) - www.airfrance.fr.
British Airways (BA) – 0825 825 400 ou 01 86 99 00 01 (non surtaxé) - www.britishairways.fr.
Brussels Airlines – 01 73 23 10 71 (depuis la France), 02 723 23 62 (depuis la Belgique) - www.brusselsairlines.com.
Swiss International Air Lines – 01 57 32 46 52 (depuis la France) ou 0 848 700 700 (depuis la Suisse) - www.swiss.com.

Les compagnies low-cost

easyJet – www.easyjet.com.
Ryanair – www.ryanair.com.
Vueling – www.vueling.com.

Centrales de réservation et comparateurs de vol

Pour une vue d'ensemble des meilleures combinaisons de vols au départ de votre destination, n'hésitez pas à passer par les centrales de réservation et les comparateurs de vol en ligne qui proposent des tarifs souvent très compétitifs, des occasions de dernière minute ou des packages avion + hôtels. www.skyscanner.fr, www.ebookers.fr, www.expedia.fr, www.govoyages.com, www.kayak.fr, www.bourse-des-vols.com, www.lastminute.com, www.lilligo.fr, www.opodo.com, etc.

Climat et saisons

Londres connaît un **climat tempéré maritime** se caractérisant par des températures modérées et une forte humidité toute l'année. Si les averses sont fréquentes, le **printemps** est appréciable pour ses températures plus douces (11-15 °C en moyenne de fin mars à fin mai). En **été**, le climat est généralement agréable (18-20 °C de juin à août), avec de rares pics à 30 °C, mais l'on n'est jamais à l'abri de journées fraîches et brumeuses.
L'**automne** est relativement doux et ensoleillé (11-15 °C en sept.-oct.).
L'**hiver** n'est jamais trop rigoureux (4-6 °C de nov. à fin mars) et les chutes de neige sont assez rares, mais le vent et l'humidité peuvent procurer de grandes sensations de froid. Les semaines précédant **Noël** connaissent une forte affluence touristique, de même que les **soldes** (dès fin déc.).

Pour en savoir plus

Deux sites Internet à retenir : **www.visitbritain.com** (office du tourisme de Grande-Bretagne) et **www.visitlondon.com** (office du tourisme de Londres ; application pour smartphone : Visit London - Official Guide). Pour préparer vos sorties culturelles, vous pouvez également consulter **www.timeout.com/london**, désormais uniquement en ligne, et les nombreux blogs existant sur la ville, tel le populaire **londonist.com**.

Votre séjour de A à Z

Ambassades

France – 58 Knightsbridge, London SW1X 7JT - ⊖ Knightsbridge - ✆ 020 7073 1000 - uk.ambafrance.org.
Belgique – 17 Grosvenor Crescent - London SW1X 7EE - ⊖ Hyde Park Corner - ✆ 020 7470 3700 - unitedkingdom.diplomatie.belgium.be/fr.
Suisse – 16-18 Montagu Place - London W1H 2BQ - ⊖ Baker Street - ✆ 020 7616 6000 - www.eda.admin.ch/london.

Argent

Devise

La monnaie officielle est la **livre sterling** (£), divisée en 100 pence (p) et convertible au taux de 0,86 £ pour 1 € fin juin 2023.
Il existe des billets de 50 £, 20 £, 10 £ et 5 £, et des pièces de 2 £, 1 £, 50 p, 20 p, 10 p, 5 p, 2 p et 1 p.

Pas de panique !
Urgences – ✆ 112 ou ✆ 999 (appels gratuit)
Police (crimes non urgents) – ✆ 101 (appel gratuit)
Perte de cartes bancaires –
American Express : ✆ + 33 (0)1 47 77 72 00
Visa : ✆ 0 800 891 725
Mastercard : ✆ 0 800 964 767
Objets perdus dans les transports (Transport for London) – ✆ 0343 222 1234

Banques

Elles sont généralement ouvertes du lun. au sam. de 9h30 à 16h30.

Cartes de crédit

Une carte de crédit internationale demeure le moyen de paiement le plus souple. **Dans la plupart des lieux, c'est même le seul accepté** : de plus en plus de commerces, restaurants, cafés, musées n'acceptent plus les espèces et l'option sans contact (jusqu'à 100 £) est proposée pratiquement partout. Inutile donc de retirer trop de liquide au distributeur.
Renseignez-vous auprès de votre banque sur les frais appliqués pour les paiements et retraits (sujets à un plafond).

Change

En général, on bénéficie des taux les plus intéressants à la banque, mais on peut également facilement changer ses devises dans les bureaux de change, aéroports et certaines agences de voyages, grands hôtels et grands magasins.

Décalage horaire

Toute l'année, il est une heure de moins à Londres qu'en France.

Électricité

Le voltage standard est de 240 volts AC (50 Hz), donc pas de problème pour les appareils fonctionnant sur du 220 V. En revanche, les prises ayant trois pôles, vous aurez besoin d'un **adaptateur** pour vos appareils électriques. La plupart des hôtels en prêtent, sinon vous en trouvez en magasin.

Horaires

Magasins

Lun.-sam. de 9h30/10h à 18h/19h, parfois plus tard (20h/21h) dans les grandes rues commerçantes (Oxford Street, Kensington High Street, etc.). Ouvert le dim. (de 10h/11h à 16h/17h) dans les lieux touristiques.
« Nos adresses/Shopping » p. 136.

Musées et monuments

Beaucoup ouvrent tous les jours de la semaine, leurs horaires (10h-18h) sont parfois réduits le dimanche et les jours fériés *(bank holidays)*. La plupart ferment le 1er janv., 25 et 26 déc.
Profitez des nocturnes pour découvrir les grands musées londoniens : National Gallery *(vend. jusqu'à 21h, p. 21)*, National Portrait Gallery *(vend.-sam. 21h, p. 22)*, Victoria and Albert Museum *(vend. 22h, p. 76)*, British Museum *(vend. 20h30, p. 46)*, etc. Des soirées thématiques sont aussi régulièrement organisés à la Tate Britain *(p. 18)* et à la Tate Modern *(p. 64)*, au Science Museum *(p. 78)*, au Natural History Museum *(p. 77)* ainsi que des visites aux chandelles au Sir John Soane's Museum *(p. 43)* et à la Dennis Severs'House *(p. 96)*.

Pharmacies

La plupart ouvrent de 9h à 18h.
Boots Piccadilly - 44-46 Regent St. - Piccadilly Circus - 020 7734 6126 - lun.-sam. 8h-23h, dim. 12h30-18h30.
Zafash - 233-235 Old Brompton Rd - West Brompton - 020 7373 2798 - tlj 8h-0h.

Jours fériés

- 1er janvier* (New Year's Day)
- Vendredi saint (Good Friday)
- Lundi de Pâques (Easter Monday)
- Premier lundi de mai (Early May Bank Holiday)
- Dernier lundi de mai (Spring Bank Holiday)
- Dernier lundi d'août (Summer Bank Holiday)
- 25 décembre* (Christmas Day)
- 26 décembre* (Boxing Day)

** Si ces dates tombent un week-end, le lundi ou le mardi suivant sont fériés.*

London pass

En vente dans les centres d'information *(p. 156)* ou sur Internet (www.londonpass.com), il donne accès à plus de 90 sites, musées et attractions, ainsi qu'aux bus Hop-On-Hop-Off.
Tarifs - 1 j. (110 £, 5-15 ans 61 £), 2 j. (184 £, 5-15 ans 91 £), 3 j. (245 £, 5-15 ans 129 £), jusqu'à 10 j. Option avec **transports illimités** sur tout le réseau londonien : comptez respectivement 15, 20 et 30 £ supplémentaires (gratuit -11 ans). Réductions en ligne.
« Transports en commun » p. 160.
À vous de calculer si cette carte est avantageuse, sachant que plusieurs grands musées sont déjà gratuits.

Musées et attractions

La plupart des grands musées de la ville sont gratuits et suggèrent à leurs visiteurs de faire une donation. Si l'entrée est payante, un tarif réduit est toujours proposé aux enfants.

Les musées londoniens sont très bien équipés : restaurants et cafés de qualité, boutiques originales, programme de visites thématiques des collections permanentes, nocturnes (☞ *« Horaires », p. 155)*, audioguides ou documentation en plusieurs langues... Attention : les musées n'acceptent plus de visiteurs entre 30 et 60mn avant leur heure de fermeture.

Offices de tourisme

Office du tourisme de Londres – www.visitlondon.com. Il rassemble plusieurs **Information & Visitor Centres**, dans les gares Victoria et King's Cross-St Pancras, ainsi qu'à Piccadilly Circus.
City of London Information Centre – St Paul's Churchyard - ⊖ St Paul's - ✆ 020 7332 3456 - www.cityoflondon.gov.uk.
Greenwich Tourist Information Centre – Pepys House - 2 Cutty Sark Gardens - ⊖ Cutty Sark (DLR) - ✆ 020 8305 5235 - www.visitgreenwich.org.uk.

Poste

Les **timbres** *(stamps)* sont en vente dans les bureaux de poste et chez les marchands de journaux. Un timbre (lettre jusqu'à 20 g et carte postale) coûte 1,85 £ pour l'international.
Horaires – Lun.-vend. 9h-17h30 et sam. 9h-12h30. Les guichets aménagés chez certains commerçants bénéficient d'horaires plus étendus.
☞ www.royalmail.com

Pourboire

Le service (12,5 %) est la plupart du temps inclus dans l'addition, au **restaurant** et dans les bars. Si ce n'est pas le cas, il est d'usage de laisser un pourboire de 10 à 15 % de la note.
Le service est également compris dans votre note d'**hôtel**, mais comptez de 1 à 2 £ par valise pour les porteurs.
Les chauffeurs de **taxi** apprécient un petit quelque chose (10-15 % de la course).

Presse

Presse quotidienne nationale

Elle se compose de journaux d'information sérieux, tels *The Telegraph*, *The Financial Times*, *The Guardian*, *The I Paper* et *The Times*, par opposition aux tabloïds, plus racoleurs, comme *The Daily Mail*, *The Daily Express*, *The Daily Star*, *The Daily Mirror* ou *The Sun*.

Presse quotidienne locale

Evening Standard est le principal quotidien gratuit londonien. Outre les informations nationales, il s'intéresse particulièrement à la vie à Londres.

Restauration

Le traditionnel petit-déjeuner anglais, l'**English breakfast**, est surtout réservé aux week-ends, mais il n'est pas rare qu'on le serve dans les hôtels et les Bed & Breakfast.
À midi, les Londoniens déjeunent léger : un sandwich, une salade ou une soupe. Lorsqu'il fait beau, le **pique-nique** s'impose ! Pensez au rayon alimentaire des grands magasins, où sont vendus des sandwichs et des salades, ou profitez des **food-trucks** et **étals de cuisine du monde** qui investissent les marchés londoniens, les esplanades et les festivals.

Autrement, certains restaurants proposent un **lunch menu** composé de deux ou trois plats d'un bon rapport qualité-prix ; l'occasion de s'offrir une grande table quand on dispose d'un budget limité ! La plupart servent de 12h à 14h/14h30.
À partir de 16h, la Grande-Bretagne se met à l'**heure du thé**. Pâtisseries et mini-sandwichs accompagnent alors la *cup of tea* (*☛ p. 130 et 185*).
Il est de coutume d'aller prendre une bière dans un **pub** après le travail, à 17h/18h, avant de sortir dîner vers 19h30/21h. Le repas du soir est le plus copieux de la journée. La plupart des restaurants ne servent pas au-delà de 22h/22h30, et il est conseillé de réserver en fin de semaine.
☛ « Nos adresses/Se restaurer » p. 116 et « La table londonienne » p. 185.

Savoir-vivre

Faire la queue
Les Londoniens font la queue dans le bon ordre et le calme.

Au pub
À part dans les établissements qui servent à manger, il faut se rendre au comptoir pour commander et payer.

Tenue de soirée
Si vous dînez dans un bon restaurant et sortez au théâtre, au concert ou à l'opéra, ne négligez pas votre tenue, car dans ces occasions, les Britanniques s'habillent plus que les Français. Pas de panique cependant : les traditions se perdant peu à peu, il n'est généralement pas nécessaire de s'habiller trop classe pour sortir

Des plats « so British »
Le petit-déjeuner traditionnel se compose d'œufs, de bacon et de toasts, d'un jus d'orange et de thé ou de café. Pour être « complet » (full English breakfast), il doit aussi comprendre saucisses, tomates et **beans** (haricots blancs cuits dans une sauce tomate sucrée).
Entre autres plats de résistance, un grand classique est le bœuf en sauce, recouvert de pâte feuilletée cuite au four, cuisiné avec des rognons (**beef and kidney pie**) ou avec des champignons (**beef and mushroom pie**). Le **cornish pasty**, chausson à la viande et aux pommes de terre, est idéal pour manger sur le pouce, tout comme le **fish & chips**, filet de poisson pané servi avec des frites. Autre spécialité : le **fish pie**, parmentier de haddock aux petits pois. Côté fruits de mer, les Anglais apprécient les crevettes (**shrimps**) et les huîtres (**oysters**), qu'ils cuisinent volontiers chaudes. Le fromage, comme le cheddar ou le stilton, se déguste traditionnellement après le dessert, avec un verre de porto. Il entre dans la composition du **Ploughman's lunch**, servi aussi dans les pubs.
Côté desserts, vous ne serez pas déçu par les classiques comme l'**apple pie** (sorte de tarte aux pommes), le **crumble**, le **lime curd** (crème au citron) ou le **trifle** (génoise, crème pâtissière, crème fouettée et fruits). Quant au **pudding**, il en existe plus d'une centaine de recettes.

danser, sauf dans les adresses select. En cas de doute, optez pour le décontracté chic. Certains clubs de rock ne laisseront pas entrer les visiteurs endimanchés...

Taxi

Bien qu'il soit assez cher, le *« cab »* londonien est une attraction en soi.

Black cabs

Les taxis londoniens, traditionnellement noirs, arborent aujourd'hui des couleurs vitaminées. Vous pouvez les héler quand le voyant orange *« For hire »* placé sur le toit est allumé. Ils sont tous dotés d'un compteur et le prix de la course est fonction de la distance parcourue. Comptez 3,80 £ pour la prise en charge. Tarifs majorés après 20h, le week-end et les jours fériés.
La flotte, qui serait responsable de 20 % de la pollution londonienne, est peu à peu remplacée par des utilitaires. Objectif : rouler à l'hydrogène ou à l'électrique.

Minicabs

Pour de longues distances, il est préférable de réserver un minicab. Il faut négocier par avance le montant de la course, car ils n'ont pas de compteur.
Attention, certains taxis privés ne sont pas patentés, ceux qui le sont doivent afficher à l'avant et à l'arrière du véhicule un disque jaune émis par le Public Carriage Office.

Réservation

Dial-A-Cab – ✆ 020 7253 5000 ; **London Radio Cars** – ✆ 020 8204 4444.

Téléphone

De l'étranger

✆ 00 + 44 (indicatif de la Grande-Bretagne) + n° de votre correspondant sans le 0 initial (soit 10 chiffres).

De Londres vers l'étranger

✆ 00 + indicatif du pays (33 pour la France, 32 pour la Belgique, 41 pour la Suisse) + n° de votre correspondant (sans le 0).

Appels internes

Tout appel, local ou interurbain, se compose de 11 chiffres.

Cabines téléphoniques

Si l'on peut encore appeler de certaines cabines rouges traditionnelles (avec une carte bancaire, des pièces ou une carte téléphonique), une partie d'entre elles ont été démantelées ou converties à d'autres usages : micro-bibliothèques, œuvres d'art, coffee-shops, défibrilateurs, ateliers de réparation pour smartphone...
Pour joindre l'étranger, vous avez tout intérêt à téléphoner d'une boutique privée ou à acheter une **carte d'appel internationale** (5, 10 ou 20 £) vendue dans les centres Internet et chez les marchands de journaux. Il en existe plusieurs selon les destinations ; comparez les prix. D'une cabine, vous devez composer un numéro d'appel spécial, puis entrer le code inscrit au dos de votre carte et le numéro de votre correspondant.

Votre portable à l'étranger

Si la plupart des opérateurs britanniques ont décidé de rétablir les **frais d'itinérance** *(roaming)* depuis la sortie du Royaume Uni de l'UE, les principaux opérateurs français ne leur ont toujours pas emboîté le pas en 2023, permettant l'utilisation des données cellulaires au même prix que lorsque vous êtes dans votre pays. Mais les choses pourraient changer, renseignez-vous !

Applications pour smartphones

Vous pouvez télécharger le plan du métro *(Tube map)*, un convertisseur de devises *(XE currency converter)*, un calculateur d'itinéraires *(TfL Go ou Citymapper)*, des plans de ville, une interface pour réserver un minicab, etc. Le site **www.visitlondon.com** référence une dizaine d'applications gratuites.

Toilettes publiques

Elles sont nombreuses à Londres, la plupart accessibles aux personnes en fauteuil roulant.

Transports en commun

Transport for London – ✆ 0343 222 1234 (24h/24 - n° payant) - www.tfl.gov.uk.

☺ En raison des nombreuses **grèves** qui touchent le secteur des transports depuis l'été 2022, il est prudent de vérifier les horaires à l'avance.

Métro

Plan du métro au dos du plan détachable.

Le **Tube** est le moyen le plus rapide pour se déplacer dans la capitale, avec un réseau de 12 lignes. Elles sont identifiées par un nom et une couleur. Les indications *Northbound* (nord), *Southbound* (sud), *Eastbound* (est) ou *Westbound* (ouest) précisent le sens de la ligne. Le terminus est rappelé à l'avant du train et sur le tableau d'affichage du quai.

☺ De nombreuses lignes comportent des « fourches » menant à différents terminus : vérifiez bien où se dirige le métro avant de monter à bord. Attention également à bien conserver votre ticket : il est nécessaire de le valider pour ressortir du métro.

Horaires – Lun.-sam. de 5h/5h30 à 0h30/1h, dim. de 7h à 0h/0h30. Service de nuit (24h/24 vend. et sam.) sur les lignes Victoria, Central, Jubilee, Northern et Piccadilly.

Bus

Les bus rouges à impériale participent au charme de Londres et permettent de mieux découvrir la capitale.
Le réseau compte près de 130 lignes pour le seul centre-ville.
Pour vous y retrouver, procurez-vous la carte *Key bus routes in central London*, disponible gratuitement dans les stations de métro et téléchargeable sur tfl.gov.uk/maps/bus, ou téléchargez les applications TfL Go ou Citymapper qui vous permettront de calculer vos itinéraires.
Une soixantaine de bus de nuit, identifiables à la lettre N précédant leur numéro, prennent le relais du métro et des bus de jour entre minuit et 7h. Leurs horaires demeurent en revanche assez irréguliers et il est nécessaire de faire signe au chauffeur pour qu'il s'arrête.

Dockland Light Railway (DLR)

Ligne de métro indépendante et sans chauffeur desservant l'est de Londres au départ de la City.

Les stations du DLR sont facilement accessibles aux personnes ayant des difficultés pour se déplacer.

Overground

Ce réseau de transports ferroviaires dessert l'agglomération londonienne et compte plusieurs stations en ville, notamment à l'est (Liverpool Street, Shoreditch, etc.) ; elles sont parfois connectées avec le métro. Service de nuit (24h/24 vend. et sam.) entre Highbury & Islington et New Cross Gate.

Tarifs

Les transports en commun se révèlent très onéreux. En outre, les prix varient selon les **zones** et l'**heure** à laquelle vous voyagez, de sorte qu'il n'est pas toujours facile de s'y retrouver. Le billet à tarif plein *(peak ticket)* permet de voyager toute la journée ; le billet hors heures de pointe *(off peak ticket)* peut être utilisé sans restriction le week-end et les jours fériés, mais seulement à partir de 9h30 du lundi au vendredi. Les enfants de moins de 11 ans voyagent gratuitement dans les bus, métro, DLR et Overground.

Les titres de transport s'achètent dans les stations de métro. Si vous êtes contrôlés sans titre de transport, vous êtes passible d'une amende de 80 £. À titre indicatif, le ticket de métro/DLR simple coûte 6,70 £. Le but de ce tarif prohibitif ? Éviter les billets papier. Préférez donc le paiement sans contact, la Travelcard ou l'Oyster Card *(lire ci-après)*.

Attention, quel que soit le mode de paiement choisi, veillez à bien valider votre titre de transport ou votre carte bancaire au début ET à la fin de votre trajet (sauf dans les bus), pour que le tarif correct soit débité, sans quoi on vous fera payer le prix d'un voyage sur l'ensemble de la ligne.

Paiement sans contact – Le paiement sans contact *(contactless)* avec carte bancaire est désormais la formule la plus pratique pour les visiteurs de passage, prévue pour s'adapter aux tarifs les plus avantageux, avec des plafonds ne dépassant pas 8,10 £/j. ou 40,70 £/sem. pour des trajets en zones 1 et 2 par exemple. À l'unité, le trajet en métro en zones 1-2 revient à 3,40 £ (*peak*) ou 2,80 £ (*off peak*), et le trajet en bus à 1,75 £.

Attention cependant aux frais bancaires qui risquent de s'appliquer. Sachez également que le paiement sans contact n'est possible que pour une personne à la fois.

Travelcard – Elle permet un accès illimité au métro, aux bus (de jour et de nuit), au DLR et à l'Overground. One Day Travelcard (1 jour) : 15,20 £ en zones 1 à 4. Seven Day Travelcard (7 jours) : 40,70 £ en zones 1 et 2.

Oyster Card – Il s'agit d'une carte magnétique prépayée que l'on peut utiliser sur tout le réseau de transport londonien (dont quelques trains de banlieue). On y stocke la somme d'argent que l'on souhaite et on la recharge *(top up)* selon ses besoins, en liquide ou par carte de crédit, aux guichets des stations de métro, sur Internet (www.tfl.gov.uk/oyster), via l'application TfL Oyster ou chez de nombreux commerçants. On peut même y stocker une Travelcard. L'Oyster Card est disponible dans les stations de métro moyennant une caution de 7 £ non remboursable, cependant tout crédit inférieur à

10 £ restant sur la carte pourra être remboursé (rens. en station). Prévoyez un crédit de 10 £ pour 1 jour, 15 £ pour 2 jours et 20 £ pour 3 jours. Quel que soit le nombre de voyages effectués dans la journée, la carte est programmée pour s'adapter aux tarifs les plus avantageux (plafonds à 8,10 £/j. ou 40,70 £/sem. pour des trajets en zones 1 et 2).
Visitor Oyster Card – Vendue exclusivement en ligne (visitorshop.tfl.gov.uk) moyennant une caution de 5 £ (remboursable avec tout crédit inférieur à 10 £ restant sur la carte), elle permet de s'équiper avant le départ et fonctionne sensiblement comme l'Oyster sauf qu'on ne peut pas y charger de Travelcard.
« London pass » p. 155.

Bateau

Quoi de plus original que de prendre le bateau pour se déplacer dans Londres ? Profitez ainsi du service régulier de **navettes fluviales** *(River Buses)* opéré par **Uber Boat by Thames Clippers** (www.thamesclippers.com). Plusieurs lignes desservent 24 arrêts le long de la Tamise, permettant par exemple d'aller de la Tate Britain à la Tate Modern, ou de Westminster à Greenwich. Paiement possible avec l'Oyster Card, l'application Uber ou sans contact.
Pour une croisière commentée, voir « Visites guidées » ci-après.

Vélo

Le réseau de pistes cyclables est développé dans certains secteurs de la capitale et il est très agréable de se promener à vélo le long de la Tamise ou dans certains parcs. Soyez sur vos gardes quand vous circulez dans le centre, le trafic y est particulièrement intense. De nombreuses ressources pour les cyclistes, notamment des suggestions de circuits avec cartes détaillées, sont disponibles sur **tfl.gov.uk/modes/cycling/**. Vous y trouverez également toutes les infos pour voyager avec votre vélo dans les transports en commun.
Santander Cycles – www.tfl.gov.uk. Les stations de vélos en libre-service émaillent le centre-ville (paiement par carte de crédit, 1,65 £/30mn). Plusieurs compagnies privées, parmi lesquelles **Lime** (www.li.me), proposent également vélos et trottinettes à assistance électrique en libre-service, que l'on géolocalise et débloque avec son smartphone.

Visites guidées

Attention à la barrière de la langue : la plupart des visites sont en anglais.

À pied

À nous deux Londres ! – www.anousdeuxlondres.co.uk. Découverte d'un quartier avec guide francophone.
London Walks – www.walks.com. Promenades autour d'un quartier ou d'un thème, voire d'un musée.
Bowl of Chalk – www.bowlofchalk.net. Guide à l'humour *so British* proposant plusieurs visites le week-end dans Central et East London (tarif à l'appréciation des visiteurs).
Alternative London Tours – alternativeldn.co.uk. Promenades thématiques dans l'East End autour de la gastronomie, des pubs ou du *street art*.
Pour les visites guidées dédiées au street art, voir aussi p. 100.

LeoPatrizi/Getty Images Plus

Piétons dans le centre de Londres.

En bateau

En plus des navettes fluviales Thames Clippers qui sillonnent la Tamise (*p. ci-contre*), plusieurs compagnies proposent des croisières commentées.

City Cruises – www.cityexperiences.com/london/city-cruises. Nombreuses formules, par exemple de Westminster à Greenwich (1h20, 15,45 £ AS).

Jason's Trip – www.jasons.co.uk. D'avril à octobre, croisières en péniche sur le Grand Union Canal entre Camden Lock et Little Venice (45mn, 15 £ AS, 21 £ AR).

En bus

Certaines agences organisent des visites accompagnées, d'autres vous proposent de monter ou de descendre à volonté avec le même ticket et de planifier vous-même vos visites.

Big Bus Tours – www.bigbustours.com. Trois circuits « hop-on, hop-off ». Billet à partir de 41 £ pour 24h incluant visites guidées à pied et croisière sur la Tamise.

En cab

London Cab Tours – www.londoncabtours.co.uk. Visites de 3h (195 £ par voiture) ou d'une journée (à partir de 395 £), nombreuses options thématiques.

À vélo

BrakeAway Bike Tours – www.biketouroflondon.com. Point de rendez-vous sur les quais 1/2 de Waterloo Station. Deux circuits au choix (3h30) : « Grand London » et « Secret London » (28 £) ; possibilité de tours en français.

Agenda culturel

Expositions 2023-2024

The Courtauld Gallery (p. 37)

- **Claudette Johnson** - jusqu'au 14 janv. 2024.
- **La Serenissima : Drawing in 18th century Venice** - 14 oct. 2023-11 fév. 2024.

Design Museum (p. 81)

- **REBEL : 30 Years of London Fashion** – 16 sept 2023-11 fév. 2024.
- **Skateboard** – à partir du 20 oct. 2023.

Museum of London Docklands (p. 104)

- **Indo + Caribbean : The creation of a culture** - jusqu'au 19 nov. 2023.
- **Fashion City** - 13 oct. 2023-14 avr. 2024.

The National Gallery (p. 21)

- **The Credit Suisse Exhibition : Frans Hals** - jusqu'au 21 janv. 2024.
- **Discover Liotard and the Lavergne Family Breakfast** - 16 nov. 2023-3 mars 2024.
- **Pesellino : A Renaissance Master Revealed** - 7 déc. 2023-10 mars 2024.

National Portrait Gallery (p. 22)

- **David Hockney : Drawing from Life** - 2 nov. 2023-21 janv. 2024.
- **Taylor Wessing Photo Portrait Prize 2023** - 9 nov. 2023-25 fév. 2024.
- **The Time is Always Now : Artists Reframe the Black Figure** - 22 fév.-19 mai 2024.
- **Francesca Woodman and Julia Margaret Cameron : Portraits to Dream In** - 21 mars-30 juin 2024.

Natural History Museum (p. 77)

- **The Polar Silk Road** - jusqu'au 22 déc. 2023.
- **Titanosaur : Life as the Biggest Dinosaur** - jusqu'au 7 janv. 2024.

Queen's House (Greenwich) (p. 110)

- **The Van de Veldes : Greenwich, Art and the Sea** - jusqu'au 14 janv. 2024.

Royal Academy of Arts (p. 30)

- **Marina Abramović** - jusqu'au 10 déc. 2023.
- **Impressionists on Paper : Degas to Toulouse-Lautrec** - 25 nov. 2023-10 mars 2024.

Science Museum (p. 78)

- **Injecting Hope : The Race for a Covid-19 Vaccine** - jusqu'au 7 janv. 2024.
- **Turn It Up : The power of music** – 19 oct. 2023-6 mai 2024.

Tate Britain (p. 18)

- **Sarah Lucas** - jusqu'au 14 janv. 2024.
- **Women in Revolt !** - 8 nov. 2023-7 avr. 2024.

Tate Modern (p. 64)

- **A World in Common : Contemporary African Photography** - jusqu'au 14 janv. 2024.
- **Capturing The Moment** - jusqu'au 28 janv. 2024.

- **Philip Guston** - 5 oct. 2023-25 fév. 2024.
- **Yayoi Kusama : Infinity Mirror Rooms**- jusqu'au 28 avr. 2024.

Victoria and Albert Museum
(*p. 76*)

- **Diva** – à partir de juin 2023.
- **Gabrielle Chanel. Fashion Manifesto** - à partir de sept. 2023.

Young V & A (*p. 100*)

- **Japan : Myths to Manga** - à partir du 14 oct. 2023.

Rendez-vous annuels

Janvier

▶**New Year's Day Parade** – Défilé du Nouvel An, départ à 12h de Parliament Square (Westminster) pour Piccadilly - www.lnydp.com.

▶**London International Mime Festival** – Théâtre visuel : mime, cirque, etc. - www.mimelondon.com.

▶**Burns Night** – Hommage le 25 janv. au poète écossais autour d'un repas traditionnel et diverses manifestations dans la ville, notamment sur le galion *Golden Hinde* (*p. 62*).

▶**Charles I Commemoration** – Procession en costume, départ à 11h30 de St James's Palace pour Banqueting House (dernier dim.).

▶**London Art Fair** – Foire de l'art de Londres au Business Design Centre à Islington - www.londonartfair.co.uk.

Février

▶**Nouvel An chinois** – À Chinatown, dans le quartier de Soho.

Mars

▶**St Patrick's Day** – Parade irlandaise, le 17 mars à South Bank.

Pâques

▶**Hot Cross Buns Service** – Messe et distribution de brioches de Pâques à l'église St Bartholomew-the-Great (Vend. saint).

▶**Easter Parade** – Défilé de carnaval le lundi de Pâques à Battersea Park.

▶**London Harness Horse Parade** – Cortège de chevaux attelés le lundi de Pâques à Battersea Park - www.lhhp.co.uk.

Fin mars-début avril

▶**Oxford-Cambridge Boat Race** – Depuis 1829, les universités d'Oxford et de Cambridge s'affrontent lors d'une course à l'aviron sur la Tamise - www.theboatrace.org.

Avril

▶**London Marathon - The Course** – Entre les Docklands et Westminster - www.tcslondonmarathon.com.

▶**Vaisakhi (Baisakhi)** – Danses et chants du Pendjab pour célébrer le Nouvel An sikh sur Trafalgar Square.

Mai

▶**Open Air Theatre** – Début de la saison de théâtre en plein air à Regent's Park - openairtheatre.com.

▶**RHS Chelsea Flower Show** – Floralies, au Royal Hospital de Chelsea - www.rhs.org.uk.

▶**State Opening of Parliament** – Cérémonie d'ouverture du Parlement par le souverain au palais de Westminster.

Juin

▶**Boishakhi Mela** – Le Nouvel An bengali est célébré dans l'East End, mais le mois et le lieu peuvent varier - www.towerhamlets.gov.uk/mela.

▶**Trooping the Colour** - Défilé à l'occasion de l'anniversaire du souverain - qbp.army.mod.uk.

▶**Horse Guards Parade** - Whitehall (2e sam.).

▶**Hampton Court Festival** - Concerts en tout genre au palais de Hampton Court - www.hamptoncourtpalacefestival.com.

▶**London Open Gardens** - Jardins publics et privés en fête - londongardenstrust.org.

▶**Championnats de tennis de Wimbledon** (2 sem.) - www.wimbledon.org.

▶**Taste of London** - Festival gastronomique à Regent's Park - www.london.tastefestivals.com.

▶**Royal Ascot** - Courses de chevaux très prisées - www.ascot.com.

▶**London Festival of Architecture** - Portes ouvertes, visites guidées dans toute la ville - www.londonfestivalofarchitecture.org.

Juin-juillet

▶**Pride in London** - La marche des fiertés LGBTQ+ londonienne - www.prideinlondon.org.

▶**Hampstead Summer Festival** - Concerts, gastronomie, arts graphiques, etc. - www.hampsteadsummerfestival.com.

▶**Spitalfields Festival** - Fin juin-déb. juil. Concerts de musiques classique, contemporaine, du monde, etc. - www.spitalfieldsmusic.org.uk

Juin-août

▶**Royal Academy Summer Exhibition** - Salon d'été de la Royal Academy of Arts à Burlington House - www.royalacademy.org.uk.

Juillet

▶**Wireless Festival** - Grand festival de musique urbaine, dance, pop et R'n'B au Crystal Palace Park et à Finsbury Park - www.wirelessfestival.co.uk.

▶**RHS Hampton Court Garden Festival** - Floralies au palais de Hampton Court - www.rhs.org.uk.

▶**The Proms** - Musique classique au Royal Albert Hall (jusqu'en sept.) - www.bbc.co.uk/proms.

Août

▶**Notting Hill Carnival** - Grand carnaval jamaïcain, départ de Portobello Road (dernier w.-end).

▶**Greenwich + Docklands International Festival** - Concerts, performances, théâtre en plein air - festival.org/gdif.

Septembre

▶**Totally Thames** - Un festival qui met la Tamise à l'honneur, avec manifestations artistiques et culturelles sur les bords du fleuve, et la fameuse course d'aviron Doggett Coat and Badge Race entre les ponts de Londres et de Chelsea - thamesfestivaltrust.org.

▶**Open House London Festival** - Journées nationales du patrimoine - open-city.org.uk.

▶**The London Design Festival** - Une centaine d'événements à travers la ville - www.londondesignfestival.com.

▶**Goldsmiths' Fair** - Exposition-vente d'orfèvrerie au Goldsmiths' Hall (St Paul's) - www.goldsmithsfair.co.uk.

▶**Pearly Kings and Queens Harvest Festival** - À l'occasion de la fête des moissons, les Pearly Kings and Queens défilent du Guildhall à l'église St Mary-le-Bow dans de somptueux costumes, entièrement réalisés à la main, brodés de milliers de boutons de nacre et pesant plus de 30 kg - www.pearlysociety.co.uk.

Octobre

▶**Michaelmas Law Term** – Ouverture de la session judiciaire par les juges en robe déposant des fleurs à l'abbaye de Westminster.

▶**Trafalgar Day Parade** – Défilé pour la commémoration de la bataille de Trafalgar, au départ de Trafalgar Square (le 21).

▶**London Film Festival** – Au National Film Theatre - bfi.org.uk/lff.

Novembre

▶**Bonfire Night** – Feux d'artifice dans les principaux parcs de la ville (le 5), en souvenir de l'épisode de la Conspiration des poudres (1605) - www.bonfirenight.net.

▶**London Jazz Festival** – Dans toute la ville - efglondonjazzfestival.org.uk.

▶**London to Brighton Veteran Car Run** – Course de voitures anciennes au départ de Hyde Park (1er dim.) - www.vccofgb.co.uk/lontobri.

▶**Lord Mayor's Show** – Parade du lord-maire dans la City (2e sam.) - www.lordmayorsshow.london.

▶**Remembrance Day Service & Parade** – Journée du souvenir (dim. proche du 11 nov.), cérémonies au Cenotaph de Whitehall et dans la plupart des églises de la ville.

▶**Début des illuminations de Noël** – Regent Street à la mi-nov.

Décembre

▶**Illuminations dans les rues et chants de Noël dans les églises.**

▶**Trafalgar Square Christmas Tree** – Installation du sapin de Noël offert par la Norvège.

▶**Winter Wonderland** – Gigantesque fête foraine sur le thème de Noël dans Hyde Park - www.hydeparkwinterwonderland.com.

Galeries d'art

Quelques galeries qui jouent un rôle prépondérant dans la vie artistique londonienne :

St James's

▶ **White Cube** – 25-26 Mason's Yard - ⊖ Piccadilly Circus - whitecube.com. Autre adresse : 144-152 Bermondsey St. - ⊖ Bermondsey.

Soho

▶**The Photographer's Gallery** – 16-18 Ramillies St. - ⊖ Oxford Circus - www.thephotographersgallery.org.uk.

The City

▶ **Barbican Art Gallery** – *p. 52.*

Chelsea

▶**Saatchi Gallery** – *p. 74.*

Kensington

▶**Serpentine Gallery** – *p. 80.*

East London

▶**Whitechapel Gallery** – *p. 99.*

Hoxton

▶**Victoria Miro Gallery** – *p. 100.*

CLEVELAND STADIUM SUNDAY
7:30 p.m. All Seats R
$3.00 $4.00 $5.00
THE STEVE MILLER
CAPTAIN BEEFHEART AND HIS
ROY HARPER
RAIN OR SHINE
DON'T MISS THIS HISTOR
MICK JAGGER
IN CONCERT
FOREST HILLS MUSIC FESTIVAL
AMY WINEHOUSE
RY POTTER
SUPERMAN
Regis College - Denver
April 1
MOTT THE
TICKETS 7.50 AT CA
GRATEFUL DEAD
CONCERT
MADISON SQUARE
NEW YORK C
OCTOBER 13-15
1994
NERY AS JAMES BOND
DR. NO
IMAGINE
HEROES
ALICE IN CHAINS
CONC
BRUCE SPRINGSTEEN
Monday Aug. 28
Tuesday Aug. 29
STANLEY THEATRE
Reserved Seats $7.50
places are like people;
shine and some don't.
JOY DIVISION
UNKNOWN PLEASURES
Traffic
THE SHINING
STANLEY KUBRICK FILM
THE BLUES BROTHERS
Belushi-Dan Aykroyd
METALLICA
AC/DC
The KINKS
PLUS SPECIAL GUEST STARS
SUNDAY EVENING, MAY 12
8PM, ROBERTSON GYM, UCSB
BEATLES
SAN FRANCISCO 1966
Life BEGINS AFTER Coffee
Rolling Stones
CONCERT
SIOUXSIE AND THE BANSHEES
SUNDAY
BLONDIE
WHISKEY A GO GO
LOS ANGELES, CALIFORNIA
FEBRUARY 3RD 1977
FLEETWOOD MAC
TUSK TOUR 1979
ROCKY
TER STALLONE-TALIA SHIRE
CARL PERKINS
ELVIS PRESLEY
JOHNNY CASH
DECEMBER 4 1956
"NIGHTS IN WHITE SATIN" WITH THE
MOODY BLUES
NATALIE PORTMAN GARY OLDMAN
LEON
THE PROFESSIONAL
A LUC BESSON FILM
STEELY DAN
FOO FIGHTERS
FRIDAY
OCT. 31ST
SPECIAL CLOSE UP SEATING
ONLY $6.00 SEATS AVAILABLE
DALLAS COTTON BOWL

POUR EN SAVOIR PLUS

Quand la musique est reine
Jon Arnold Images/hemis.fr

Londres en quelques dates

43 – Fondation de la *Londinium* romaine.
2e s. – Construction du mur romain.
5e s. – Les Romains évacuent la ville.
8e-10e s. – Raids vikings et invasions.
1065 – Fondation de l'**abbaye de Westminster**.
1066 – Invasion normande : défaite des troupes de Harold II à Hastings et couronnement de Guillaume Ier.
1067-1097 – Édification de la **Tour de Londres**.
1157 – Installation des marchands de la Hanse dans la **Cité** de Londres.
1192 – Élection du premier maire de la Cité, Henry Fitzailwin.
1209 – **London Bridge**, premier pont de pierre, remplace le pont romain.
1216 – Les barons obligent le roi Jean sans Terre à ratifier la **Grande Charte** (Magna Carta), fondement des institutions anglaises.
1349 – La **peste noire** dévaste Londres.
1530-1532 – Construction du **palais St James**.
1536-1539 – **Réforme** : rupture de l'Église anglaise avec la papauté.
1555 – Bref rétablissement du catholicisme : 300 protestants périssent sur le bûcher à Smithfield.
1558 – Rétablissement de l'Église protestante anglaise avec l'arrivée sur le trône d'Élisabeth Ire.
1567 – Création de la 1re **Bourse**.
1599 – Inauguration du **Globe Theatre** à Southwark.
1600 – Création de la Compagnie anglaise des Indes orientales.
1642 – Début de la guerre civile. Cavaliers (royalistes) et Têtes rondes (parlementaristes) s'affrontent.
1649 – Exécution de **Charles Ier** devant le palais de Whitehall.
1649-1660 – République, dite « Commonwealth of England ».
1653 – **Cromwell** devient lord-protecteur de la République.
1655 – Retour en force des Juifs, bannis de la City depuis le 13e s.
1660 – Restauration; le roi autorise les représentations théâtrales à **Covent Garden**.
1665 – **Grande Peste** : 75 000 victimes, sur 460 000 habitants.
1666 – **Grand Incendie** et naissance du premier journal londonien.
1666-1723 – Réédification de la **cathédrale St Paul** et des églises de la City par Christopher Wren.
1685 – Arrivée de huguenots français (révocation de l'édit de Nantes).
1688 – Guerre civile : exil de Jacques II; le trône est offert à **Guillaume d'Orange**.
1750 – Construction du **pont de Westminster** (Westminster Bridge).
1753 – Fondation du **British Museum**.
1756-1763 – Guerre de Sept Ans qui oppose la Grande-Bretagne et la Prusse à la France et à l'Autriche.
1812 – John Nash conçoit et bâtit **Regent Street**.
1824 – Ouverture de la **National Gallery**.

1835-1860 – Reconstruction du **palais de Westminster** (Houses of Parliament).
1836 – Fondation de l'université de Londres (University of London).
1851 – Première Exposition universelle à Hyde Park.
1852-1909 – Construction des musées de **South Kensington**, dont le Victoria and Albert Museum.
1863 – Percement de la première ligne de **métro**.
1894 – Inauguration de **Tower Bridge**.
1938 – Création de la **Green Belt** (« ceinture verte » autour de Londres).
1940-1941 – **Blitz** : le bombardement de Londres par les Allemands ouvre la bataille d'Angleterre.
1951 – Le **Festival de Grande-Bretagne** (Festival of Britain) est organisé pour « redynamiser la nation ».
1958 – Les premières femmes entrent à la Chambre des lords.
1979 – **Margaret Thatcher**, 1re femme Premier ministre du pays.
1981 – Création de la **London Docklands Development Corporation** pour réhabiliter les docks ; mariage de Charles et Diana.
1982 – Inauguration du **Barbican Centre**. Construction de la Thames Barrier (barrage sur la Tamise).
1990 – **John Major** Premier ministre.
1994 – Inauguration du tunnel sous la Manche.
1997 – Retour du Parti travailliste (Labour) au pouvoir avec **Tony Blair**. Mort de la princesse Diana à Paris.
1998 – Réouverture du **Globe Theater** ; inauguration de la **British Library**. Référendum : les Londoniens élisent désormais leur maire.
1999 – Travaux du nouveau millénaire : Dôme (Greenwich), prolongement de la ligne du Jubilé, **Millennium Bridge** et **Tate Modern**, London Eye, Grande Cour du **British Museum**.
2003 – 1re ville européenne à adopter le système du péage urbain.
2005 – Attentats terroristes.
2008 – **Crise financière**.
2010 – **David Cameron** Premier ministre.
2011 – Mariage du prince William et de Kate Middleton.
2012 – Londres accueille les **XXXe J.O.** Jubilé de diamant d'Élisabeth II.
2013 – Ouverture du **Shard** au public.
2015 – Élisabeth II bat le record de longévité sur le trône : 63 ans, 7 mois et 2 jours.
2016 – Le travailliste **Sadiq Khan** devient maire de Londres. Victoire du **Brexit** par référendum ; **Theresa May** devient Premier ministre.
2017 – Vague d'attentats terroristes dans le centre de Londres ; incendie de la tour Grenfell.
2018 – Mariage du prince Harry et de Meghan Markle.
2019 – Victoire du Brexit Party aux élections européennes ; démission de Theresa May, remplacée par **Boris Johnson**.
2020 – Le 31 janvier, le Royaume-Uni sort officiellement de l'Union européenne ; pandémie de **Covid-19**.
2021 – Le 1er janvier, le Royaume-Uni quitte l'Union douanière européenne et le marché unique ; **mort du prince Philippe**, époux de la reine Élisabeth II.
2022 – Jubilé de platine de la reine (70 ans de règne). Démission du Premier ministre Boris Johnson, remplacé par Liz Truss, puis **Rishi Sunak**. **Mort de la reine Élisabeth II**.
2023 – Couronnement du roi Charles III.

L'après-Brexit

Le 1er janvier 2021, après quatre ans et demi de négociations houleuses, de batailles juridiques et politiques, le Royaume-Uni est définitivement sorti de l'Union douanière européenne et du marché unique. Cet accord de commerce et de coopération de 1246 pages, conclu entre le Royaume-Uni et l'Union européenne, signe la fin du processus de Brexit proprement dit, de la libre circulation des biens et des personnes, mais aussi le début d'une longue série de difficultés et d'incertitudes, voire de désillusions…

Goodbye EU, hello world !

« Adieu l'Europe, bonjour le monde ! » C'est sous ce slogan que les partisans du Brexit et Boris Johnson ont décidé d'aborder la nouvelle ère qui s'offre à eux. En quittant l'Union européenne et les contraintes de son marché unique, le Royaume-Uni entend bien se repositionner économiquement et géopolitiquement au cœur du monde, en resserrant ses liens avec les États membres du Commonwealth, tels que l'Inde, le Canada ou l'Australie, mais surtout en prenant sa place entre les deux géants économiques que sont la Chine et les États-Unis.

Pour asseoir cette stratégie de **« Global Britain »** (« Grande-Bretagne planétaire »), le Royaume-Uni s'est lancé dans une vaste chasse aux marchés, signant, alors qu'il négociait encore les accords du Brexit, des partenariats commerciaux avec plus d'une soixantaine de pays, parmi lesquels le Japon, Singapour, le Mexique, la Turquie ou le Kenya. L'accord de libre-échange tant espéré avec les États-Unis n'est cependant toujours pas à l'ordre du jour,

Les dates clés du Brexit

23 juin 2016 – Les Britanniques votent à 51,9 % pour la sortie de leur pays de l'Union européenne (Londres vote contre à 59,9 %). David Cameron démissionne, remplacé le 13 juillet par Theresa May.

23 mars 2017 – Le processus du Brexit (pour « British Exit ») est officiellement lancé avec l'activation de l'article 50 du traité européen : le Royaume-Uni a deux ans pour négocier sa sortie.

2019 – Le Parlement britannique rejette à trois reprises l'accord négocié avec Bruxelles. L'Union européenne accorde de nouveaux délais. Theresa May démissionne, remplacée par Boris Johnson, partisan d'un Brexit avec ou sans accord.

31 janvier 2020 – Le Royaume-Uni quitte officiellement l'Union européenne. L'Union Jack est retiré du parvis du Parlement européen, mais une période de transition est observée quant aux relations avec l'Union européenne.

1er janvier 2021 – Le Royaume-Uni quitte l'Union douanière européenne et le marché unique. Fin de la libre circulation des biens et des personnes.

le président Joe Biden n'adhérant nullement à l'esprit « cavalier seul » des Brexiters et préférant rétablir les relations avec l'Union européenne, malmenées par les années Trump.

Course d'obstacles

Pour l'heure, les difficultés économiques et politiques s'accumulent. Alors que les conséquences de la crise financière de 2008 semblaient se tasser, les effets conjugués du Brexit et de la **pandémie de Covid-19** ont provoqué au Royaume-Uni le départ d'une partie des communautés d'Europe centrale et de l'Est (*p. 174*), générant dès l'été 2021 une **pénurie de main-d'œuvre** dans le milieu des transports routiers, de la santé, de l'hôtellerie-restauration et de l'agriculture. Les difficultés qui se sont enchaîné n'ont pas manqué de susciter la désillusion des partisans du Brexit. Tout comme les scandales à répétition, qui ont fini par provoquer la **démission de Boris Johnson** de la tête du Parti conservateur en juillet 2022. Après le mandat éclair de **Liz Truss**, restée seulement 44 jours au 10 Downing Street, le conservateur **Rishi Sunak** devient Premier ministre le 25 octobre 2022 et doit faire face à une **vague de grèves** massive et inédite, démarrée à l'été 2022 et qui s'étend depuis à tous les secteurs. Cheminots, dockers, éboueurs, postiers, avocats, enseignants, etc. réclament une augmentation des salaires pour affronter une **inflation record** de plus de 10 % et une hausse sans précédent des prix de l'énergie et de l'alimentation, encore accrue depuis le début de la guerre en Ukraine.

Troubles de voisinage

Le retour des contrôles douaniers aux frontières et les nouveaux accords commerciaux imposés par le Brexit, dont certains font encore débat, ont exhacerbé les tensions entre le Royaume-Uni et ses voisins, à commencer par ses propres nations constitutives d'**Écosse** et d'**Irlande du Nord**. Après avoir voté en majorité contre le Brexit, Écossais et Irlandais se retrouvent aujourd'hui liés à l'Angleterre dans sa complexe sortie de l'Union européenne, ravivant les velléités d'indépendance des premiers et les désirs de réunification des seconds avec la République d'Irlande. Les relations avec la France, qui ont frôlé la crise diplomatique fin 2021 autour des licences de pêche et du contrôle de l'immigration clandestine, tendent à s'apaiser depuis l'arrivée de Rishi Sunak au poste de Premier ministre.

La City, une place de leader

Même seul et fragilisé, le Royaume-Uni était encore, fin 2022, la **6e puissance économique mondiale**, avec une croissance du PIB de 4,1 % en 2022, lui évitant de justesse la récession. Si les difficultés actuelles et les prévisions de la Banque centrale britannique ne laissent rien présager de bon pour 2023, Londres peut toutefois compter sur ses banques, ses sociétés d'assurances et ses cabinets d'investissement, qui font de la **City** la deuxième place financière mondiale après New York. À Londres, les autres secteurs dominants sont le **tourisme** et surtout les **médias** et la **publicité**.

Une ville-monde

La Grande-Bretagne a toujours prôné la liberté d'expression et la tolérance politique envers les minorités, rendant possible la cohabitation pacifique entre les communautés. À Londres, la seule présence du travailliste **Sadiq Khan**, fils d'immigré pakistanais et musulman de confession, à la tête de la municipalité depuis 2016, témoigne de l'extraordinaire multiculturalisme de la ville. Plus d'un tiers de sa population est en effet née hors du Royaume-Uni, près de 270 nationalités sont représentées dans la capitale et plus de 300 langues y sont en usage. Les plus importantes communautés sont les Indiens, les Noirs africains et les Jamaïcains.

Le multiculturalisme

En Grande-Bretagne, l'intégration passe par le regroupement en quartiers et en microsociétés.
Les immigrés descendant des populations des anciennes colonies font aujourd'hui partie de la classe moyenne, voire des milieux d'affaires, témoignant de l'ambition croissante des jeunes.
Même si les frontières sont avant tout économiques et sociales, chaque communauté possède son quartier historique. Les Noirs africains vivent principalement dans les quartiers populaires du nord et les poches de pauvreté du centre-ville. La population des Caraïbes se concentre elle aussi dans le centre et les quartiers pauvres de la rive sud, comme **Brixton**. La communauté bangladaise se trouve dans l'East End, autour de **Brick Lane** (*☛ p. 97*). Les Chinois ont, quant à eux, investi quelques rues de **Soho** (*☛ p. 31*).Chaque communauté a conservé ses propres fêtes et traditions, comme le célèbre carnaval jamaïcain de Notting Hill et le Nouvel An chinois (*☛ p. 165*). Dans le Grand Londres, vers Wembley, on visite également le plus grand temple hindou hors d'Inde, le **BAPS Shri Swaminarayan Mandir** ou Neasden Temple *(105-119 Brentfield Rd - londonmandir.baps.org)*.

À l'heure post-Brexit

Avec la **fin de la libre circulation des personnes** entre le Royaume-Uni et l'Union européenne, un permis de travail ou d'études est désormais nécessaire pour s'installer durablement à Londres – fini notamment les belles années Erasmus ! Si la majorité des Européens établis jusque-là sur le sol britannique ont fait une demande de statut de résident ou de double nationalité, d'autres ont décidé de quitter le pays… C'est le cas d'une partie des communautés d'Europe centrale et de l'Est, Polonais, Bulgares et Roumains en tête, dont le départ, conséquence conjuguée de la pandémie de Covid-19 et du Brexit, a provoqué une importante pénurie de main d'œuvre dans plusieurs secteurs clés en 2021 *(voir « L'après-Brexit » p. 173)*. On reste cependant loin du « Brexodus » redouté et Londres n'en a rien perdu de son statut de ville-monde.

La famille royale

Comment évoquer Londres sans penser à la monarchie ? Parmi les grandes attractions touristiques de la capitale, on compte bien sûr les défilés des gardes impavides sous leur bonnet en poil d'ours et les boutiques de souvenirs kitsch. La royauté, c'est Buckingham, la Tour de Londres et les joyaux de la Couronne, mais aussi les fêtes comme **Trooping the Colour**, célébration à date fixe de l'anniversaire du monarque.

En pratique, la monarchie britannique est **constitutionnelle** et le pouvoir réel revient au **Premier ministre**, mais le souverain n'en joue pas moins un véritable rôle. Il est le chef de l'État, du Commonwealth et de l'Église d'Angleterre. Il préside à l'ouverture de la session parlementaire, s'entretient chaque semaine avec le Premier ministre, garde le droit constitutionnel de le révoquer et de dissoudre le Parlement.

God Save the... King !

Le 8 septembre 2022, après 70 ans de règne, la reine **Élisabeth II** s'est éteinte à l'âge de 96 ans dans sa résidence écossaise de Balmoral. Montée sur le trône en 1952, elle était la « doyenne » des souverains britanniques – elle avait battu le 9 septembre 2015, le record de son ancêtre Victoria (63 ans, 7 mois et 2 jours de règne) et avait célébré en juin 2022 son Jubilé de platine.
C'est donc son fils aîné, **Charles III,** qui lui succède, à l'âge de 73 ans.
Dans un contexte économique particulièrement tendu, les médias internationaux se sont interrogés, au lendemain de son intronisation, sur sa capacité à maintenir l'unité du royaume et du Commonwealth, dont certaines nations montrent des velléités d'indépendance. Malgré tout, la majorité des Britanniques s'attendent à ce qu'il soit un bon roi et ont afflué en masse pour son couronnement, témoignant de leur attachement à la famille royale.

Toujours à la Une

L'opinion publique vis-à-vis de la famille royale a toujours été ambiguë, allant de la fascination un peu malsaine à l'adhésion inconditionnelle, en passant par l'exaspération devant la frivolité ou les problèmes judiciaires de certains de ses membres. Pour l'heure, le nouveau couple royal, Charles III et Camilla, devenue reine consort, bénéficie encore du capital sympathie d'une grande partie de la population.
Il en va de même pour le **prince William**, premier héritier du trône, qui incarne le visage d'une monarchie plus moderne. Son mariage avec la roturière Kate Middleton en 2011 puis celui de son frère Harry avec l'actrice américaine Meghan Markle en 2018, ainsi que la naissance de leurs enfants, ont suscité l'engouement à travers le pays. Revers de la médaille, c'est parce qu'ils ne supportaient plus la pression médiatique que Harry et Meghan ont décidé de s'installer outre-Atlantique. Depuis 2020, ils ne peuvent plus se prévaloir de leurs titres d'altesses royales.

Architecture et urbanisme

Ce qui frappe le plus le visiteur à Londres, c'est sans doute la multitude des styles, l'absence d'unité architecturale et la vision décomplexée du mélange des genres. L'histoire heurtée de la ville, sa destruction quasi totale lors du Grand Incendie de 1666, les dégâts monstrueux infligés par les bombardements allemands de la Seconde Guerre mondiale et la nature particulière de sa géographie urbaine sont autant de facteurs d'explication. Ainsi, rares sont les traces de son passé architectural. De la **période normande** reste la Tour de Londres (*p. 58*). Le palais et l'abbaye de Westminster (*p. 14 et 16*), eux, témoignent de la **période gothique**.

Un urbanisme dérouté

Londres n'est pas une ville, mais un patchwork de villages, chacun ayant grandi jusqu'à sa rencontre avec le voisin sans qu'aucun plan ne vienne jamais en régler le développement. Le système d'irrigation, un lacis de ruisseaux drainant les villages et charriant les ordures, défia longtemps tous les urbanistes et ne fut organisé qu'à la fin du 19e s. Au niveau administratif, la capitale est bicéphale, écartelée entre Westminster et la City. Difficile aujourd'hui de trouver un quartier qui ne présente pas de rupture architecturale, quand chaque projet est pensé le plus souvent sans prise en compte de son environnement. Cela donne des juxtapositions surprenantes.

Renaissance palladienne

En Angleterre, le style gothique a prévalu tardivement, et la Renaissance n'a laissé sa marque qu'à partir de la fin du 16e s. grâce au travail d'**Inigo Jones** (1573-1652). Cet urbaniste, considéré comme le fondateur de l'architecture anglaise, admirait le style classique de la Renaissance italienne initié par **Andrea Palladio** (1508-1580). C'est à Jones que l'on doit Covent Garden (*p. 33*) ou la Banqueting House de Whitehall (*p. 20*). Le style palladien s'inspire de l'Antiquité, avec des façades sobres, symétriques, rythmées de hautes fenêtres, de colonnes ou d'arcades, et surmontées de balustrades, de corniches ou de frontons et de coupoles.

Le baroque anglais

Au début du 17e s., avec la Contre-Réforme en Europe continentale, la Renaissance évolue peu à peu vers le baroque. Il s'agit d'adoucir la rigueur de l'architecture en la rendant moins symétrique et plus ornée. Après le Grand Incendie de 1666, la reconstruction de Londres offre l'occasion d'appliquer ce nouveau style, sous la férule d'un autre architecte majeur, **Christopher Wren** (1632-1723). Une commission fixe alors la largeur des rues, la hauteur des édifices et les matériaux à utiliser. Wren réalise notamment la cathédrale St Paul (*p. 48*). Son inspiration est un mélange équilibré de baroque italien et de palladien. On retrouve dans son

TonyBaggett/Getty Images plus

L'architecture de style georgien.

style les colonnades, les coupoles et les frontons, auxquels s'ajoute une splendeur manifeste.

Le néoclassicisme

Suivant les traces de Wren, les architectes du 18ᵉ s. font la liaison entre sa version du baroque et l'héritage palladien, donnant le style néoclassique, où l'on retrouve les allures de temple antique avec des ajouts plus ou moins discrets. Parmi eux, Colen Campbell (1676-1729), William Kent (1685-1748) ou **James Gibbs** (1682-1754) qui réalise St Martin-in-the-Fields *(p. 22)*.

Le style georgien

S'inscrivant dans le mouvement général néoclassique, le style georgien est typique de l'Angleterre et couvre les règnes des rois George (de la maison de Hanovre) au 18ᵉ s. Ses plus célèbres représentants sont **William Chambers** (1723-1796) et **Robert Adam** (1728-1792).
Il s'agit d'une réinterprétation des styles antiques auxquels se mêlent peu à peu des fantaisies, petites folies et fausses ruines qui viennent orner les parcs. C'est de cette époque que date le British Museum *(p. 46)*.
Par ailleurs, Londres explose démographiquement et il faut loger les familles : les **terraced houses**, ces rangées de maisons attenantes et semblables qui donnent leur unité aux rues anglaises et signent le caractère georgien, se multiplient.

Le style Regency

À partir de 1811, le prince régent, futur George IV, est au pouvoir. L'heure est aux grands aménagements. Parmi les architectes du style Regency : **Henry Holland** (1745-1806), **John Soane** (1753-1837) ou Thomas Cubitt (1788-1855). Mais le plus important est sans doute **John Nash** (1752-1835), à qui l'on doit Regent Street, les *terraces* qui bordent Regent's Park *(p. 88)*, Carlton House Terrace *(p. 24)* et l'aile ouest de Buckingham Palace *(p. 25)*. Nash s'est distingué par la vision globale qu'il a présentée du développement de tout un quartier de Londres, allant de Regent's Park à Regent Street, Trafalgar Square et St James's Park.

L'éclectisme victorien

Les architectes vont ensuite chercher l'inspiration dans le patrimoine national. On réinvente des références et on les mélange de façon souvent outrancière. Après le gothique, on s'intéresse au roman, au normand anglais. L'exemple le plus imposant de **néogothique** à Londres est Houses of Parliament *(p. 14)*. D'autres associations de styles s'observent au Natural History Museum *(p. 77)* ou à Tower Bridge *(p. 59)*.
Le 19e s. voit aussi la construction de **quartiers résidentiels** : simples maisons attenantes en brique rouge dans les quartiers modestes ou styles plus élaborés, pour les quartiers plus cossus. Cadogan Square *(p. 71)*, près de Knightsbridge, compte parmi les ensembles les plus remarquables.

Jusqu'aux années 1870, les édifices multiplient détails et ornements, puis s'opère un retour à plus de simplicité. Le mouvement **Arts & Crafts** de **William Morris** (1834-1896) privilégie la qualité et la supériorité de l'artisanat d'art sur l'industrie.

Le 20e siècle

Ce siècle marque l'abandon progressif des lourdeurs éclectiques pour préférer les formes évoquant la nature. Sur le continent, ce sera l'Art nouveau ; en Angleterre, on parle de **Modern Style**. À partir des années 1920, le **Style international** rompt avec les excès du 19e s. L'objectif devient la fonctionnalité de l'édifice. Les matériaux sont le béton, le verre et l'acier, les formes géométriques se veulent efficaces, l'espace et la lumière sont optimisés. Mais l'Angleterre a du mal à se défaire de ses styles passéistes, notamment du néogothique pour les constructions officielles. Le modernisme tarde aussi à s'affirmer en ce qui concerne les ensembles résidentiels.
Les destructions massives du Blitz n'ont pas laissé place à la créativité elles non plus. Il suffit de voir la lourde masse du **Barbican Arts Centre** *(p. 52)* pour s'en convaincre ou, plus intéressant, mais tout aussi contesté, l'immeuble de la **Lloyd's** *(p. 56)* de Richard Rogers. Parmi les ensembles urbains, il faut citer le quartier de **Canary Wharf** *(p. 105)*, élégant et futuriste avec ses tours de verre et d'acier. Mais ce sont les réhabilitations qui sont les plus marquantes : celles de **St Katharine's Docks** *(p. 104)*, **Butler's Wharf** *(p. 60)* ou le long de **South Bank** *(p. 65)*.

Le 21e siècle

La multiplication des tours

La première décennie du 21e s. a vu le nombre de **gratte-ciel** croître à Londres. Depuis le début des années 2000, plus d'une centaine de tours dépassant les 100 m ont vu le jour, dont certaines encore en construction, et plusieurs centaines de projets de même envergure sont dans les tuyaux. La ligne d'horizon s'en trouve bouleversée, au point qu'en 2007, la municipalité a dû légiférer afin de protéger certains « **couloirs de vues** ». La cathédrale St-Paul, le Parlement, la Tour de Londres ou bien encore Buckingham Palace font partie de la liste des monuments dont la silhouette doit rester clairement visible. La limite reste ténue. Ainsi, la forme effilée du **Cheesegrater** de Richard Rogers ne gêne pas la vue sur la cathédrale St-Paul depuis Fleet Street. En revanche, **The Shard** de Renzo Piano (2012) a créé la polémique *(p. 61)*. Plus haute tour d'Europe (310 m), elle « écraserait » la cathédrale aux yeux des instances de l'English Heritage (l'équivalent des Monuments historiques).

Green style

Le choix des courbes, formes et dimensions relève parfois d'un souci écologique. Prenez le 30 St Mary Axe, phare de la City, qui a été affublé du sobriquet **The Gherkin** (« cornichon ») *(p. 56)*. Ses lignes aérodynamiques servent, en fait, à canaliser le vent, ce qui permet de ventiler naturellement les bureaux. De même, si la structure ovale du **City Hall** *(p. 61)*, édifiée sur les bords de la Tamise, peut paraître incongrue, elle s'explique notamment par des systèmes très techniques d'exposition aux vents et au soleil, d'économie de matériaux de revêtement, etc. Autre exemple : c'est grâce à ses 148 m de haut que la **Strata Tower** (2010), dans le sud de Londres, accueille des éoliennes capables de générer 8 % de ses besoins en électricité.

Stratford, une forme olympique !

À 5 km à l'est de la City, la ligne d'horizon a aussi connu de profonds bouleversements, consécutivement aux **XXXe J.O.** (2012). En effet, le choix du site s'est arrêté sur cette zone d'usines à l'abandon. Le défi était de taille puisque la superficie totale, d'environ 220 ha, couvrait un terrain plus vaste que Hyde Park. C'est donc là, à **Stratford**, que le site olympique a vu le jour. Pour rendre ce nouveau pôle plus attractif, **Westfield Stratford City**, le plus vaste centre commercial d'Europe, y a ouvert ses portes en 2011. La plupart des infrastructures du parc, désormais appelé **Queen Elizabeth Olympic Park**, sont toujours en cours de réaménagement, tandis que d'autres ont été démantelées. Reste notamment l'emblème des J.O., **The ArcelorMittal Orbit**, sculpture de 115 m conçue par Anish Kapoor, qui accueille depuis 2016 le plus long toboggan du monde et dévoile une vue impressionnante depuis sa plateforme d'observation.
L'**Aquatics Center**, réalisé par Zaha Hadid, continue quant à lui d'accueillir compétitions et entraînements.

Une gentrification galopante

Dans les années 1960, les quartiers pauvres et ouvriers du nord de Londres, comme Islington, voient débarquer une nouvelle population de petits bourgeois, d'artistes et d'intellectuels. En s'installant et en rénovant habitations, commerces et espaces publics, cette classe moyenne va peu à peu faire flamber les prix de l'immobilier et obliger les populations ouvrières d'origine à s'en aller, modifiant ainsi complètement le profil socio-économique de certains quartiers. Un phénomène d'embourgeoisement urbain ou de « boboïsation » qui prend, en 1964, le terme de « gentrification », de l'anglais « gentry » (petite noblesse), sous la plume de Ruth Glass, sociologue américaine alors installée à Islington. Depuis, la gentrification londonienne s'est étendue à l'East End et galope désormais vers les quartiers populaires du sud de la Tamise, comme Brixton ou Peckham.

Alors que les programmes résidentiels se multiplient tout autour, l'ancien parc olympique s'apprête également à accueillir le tout nouveau quartier de **Stratford Riverfront - East Bank**, placé sous le signe de la culture, de la créativité et de l'éducation. Le campus de University College London (UCL East) y a ouvert ses premiers bâtiments fin 2022, le théâtre Sadler's Well inaugurera une académie de hip hop en 2024, avant que ne s'installent, d'ici 2025, deux importantes annexes du Victoria & Albert Museum ainsi que l'orchestre symphonique de la BBC.

Et toujours des projets...

Le plus grand chantier de rénovation urbaine d'Europe se tient actuellement sur la rive sud de la Tamise, en face de Chelsea. Il s'agit du nouveau quartier de **Nine Elms** *(nineelmslondon.com)*, un projet pharaonique centré autour de l'ancienne centrale électrique de **Battersea** *(☛ p. 103)*. Mais Nine Elms ne s'arrête pas là ! Plus d'une quarantaine de chantiers sont en cours ou à venir : édification de nouveaux gratte-ciel, dont plusieurs tours de 160 à 200 m déjà construites à Vauxhall, rénovation complète de l'immense marché alimentaire New Covent Garden Market, aménagement d'espaces verts, nouvelle ambassade des États-Unis (2018), etc. En bref, une nouvelle ville dans la ville, desservie depuis septembre 2021 par la ligne de métro Northern Line et ses deux nouvelles stations (Battersea Power Station et Nine Elms).

Du côté de **Canary Wharf** *(☛ p. 105)*, les architectes continuent de rivaliser pour lancer leurs constructions à l'assaut des nuages, à l'image du **Landmark Pinnacle**, devenu en 2020 l'une des plus hautes tours résidentielles d'Europe avec ses 233 m.

Même chose du côté de la **City** *(☛ p. 48)*, où le *skyline* sera encore transformé d'ici 2026, avec l'apparition d'une dizaine de nouveaux gratte-ciel. Le plus haut, **1 Undershaft**, devrait compter 73 étages pour une hauteur totale de 290 m.

Le Gherkin, l'un des immeubles emblématiques de Londres, réalisé par les architectes Foster + Partners.

Rock, pop & co

Et s'il fallait résumer l'histoire d'amour entre Londres et la musique ? Dans le désordre, ce pourrait être la photo du groupe punk **Sex Pistols** signant un contrat avec le label A & M devant Buckingham Palace, la scène du concert des **Yardbirds** dans *Blow-Up*, le film de Michelangelo Antonioni, Palme d'or à Cannes en 1967. Et bien sûr, toutes ces pochettes de disques liées à la capitale anglaise : les trublions de **Madness**, hilares devant l'entrée de la station de métro Chalk Farm au cœur du quartier de Camden, Battersea Power Station – l'ancienne centrale électrique aujourd'hui réhabilitée – illustrant fièrement l'album *Animals* de **Pink Floyd**, **David Bowie** posant dans la minuscule Heddon Street pour l'une de ses grandes œuvres, *The Rise & Fall Of Ziggy Stardust*, les Beatles traversant Abbey Road pour se rendre aux légendaires studios d'enregistrement du même nom ou encore les **Wings** de Paul McCartney, cheveux au vent avec Tower Bridge en arrière-plan. Alors oui, on pourrait faire ainsi. Mais ça ne dirait pas tout.

L'épicentre du rock

Alors que d'autres villes britanniques ont davantage marqué l'imaginaire des mélomanes – à commencer par les deux rivales du Nord, Liverpool et Manchester –, la capitale britannique reste l'épicentre de mouvements d'envergure nationale et internationale, mais aussi le lieu où sont nés labels, boutiques, studios, salles de concert sans lesquels l'histoire du rock ne se serait pas écrite tout à fait de la même façon.
Si les **Beatles** restent le parangon de la scène musicale des années 1960 et ceux qui ont grandement contribué à l'invention du concept de **« pop music »** – « pop » étant l'abréviation de « populaire » –, c'est bien Londres qui voit naître leur double maléfique, cinq mauvais garçons qui piquent leur nom à une chanson de Muddy Waters. Le quintette en question pioche dans le blues américain pour façonner un rock querelleur, emmené par **Mick Jagger**, un chanteur lippu aux déhanchements suggestifs, à tel point que l'hebdomadaire musical *Melody Maker* pose cette question cruciale : « Laisseriez- vous votre sœur sortir avec un **Rolling Stone** ? »

Le Swinging London

Mais entre 1962 et 1967, Londres est aussi le pré carré du mouvement moderniste, des jeunes gens de la classe ouvrière ou moyenne, qui travaillent la semaine pour mieux profiter du week-end : ils portent les costumes des acteurs de la Nouvelle Vague, chevauchent des scooters italiens et se veulent à la pointe des nouveautés musicales. **The Who** est leur groupe de chevet, avec pour hymne électrique *My Generation*. **The Kinks** est aussi de la partie et le groupe des frères Davies en profite pour écrire l'une des plus belles chansons évoquant la capitale anglaise, *Waterloo Sunset*. C'est l'époque du Swinging London, des mannequins à taille fine comme Twiggy et Penelope Tree qui portent la jupe Mary Quant, du photographe David Bailey qui immortalise les pop stars d'alors...

La génération punk et ses enfants

Puis il faudra attendre une petite décennie, marquée par les identités plurielles de Bowie, l'émergence du rock glam puis du hard-rock – sur les cendres des Yardbirds naîtra **Led Zeppelin**, parrain du genre – avant que Londres ne renoue avec un bouillonnement juvénile.
Dès 1976, les punks n'aiment pas le système, portent à gauche toute, appliquent le principe du *Do it yourself* (« fais-le toi-même » en VF) et sont persuadés à juste titre que les idées sont supérieures à la technique. Dans le sillage des Sex Pistols, ils sont une ribambelle de groupes – **The Clash**, **The Jam**, **Subway Sect**, **Generation X**, etc. – à secouer une industrie qui ronronne. Fanzines et structures indépendantes, à l'instar de l'essentielle Rough Trade, accompagnent cette effervescence musicale qui ne se tarira plus, génitrice d'épiphénomènes comme les néo-romantiques – avec le groupe **Visage** comme ambassadeur – ou des scènes new-wave ou gothique, dont **Siouxsie** est la prêtresse et Robert Smith de **The Cure**, le prince.

Un héritage sous influences

Centre des médias musicaux qui font la pluie et le beau temps jusqu'au début des années 2000, de labels *indies* qui dament le pion aux puissantes majors, d'endroits qui ont marqué la grande comme la petite histoire – la salle The Marquee dans les années 1960, le pub The Good Mixer à Camden, lieu de rendez-vous des vedettes de la britpop (**Blur** en tête), l'école des Beaux-Arts St Martin's –, Londres a souvent réussi le grand écart entre scènes avant-gardistes (la musique dite industrielle) et succès commerciaux taille XXL, à l'instar des pimpantes **Spice Girls** ou de l'incontournable **Robbie Williams**.
Parce que c'est aussi une ville où le passé peut se conjuguer au présent, des artistes ont su s'approprier un héritage pour mieux le transcender, comme **Adele**, digne héritière de l'immense Dusty Springfield, la regrettée **Amy Winehouse**, gardienne d'une soul atemporelle, ou le groupe **The Libertines**, thuriféraire d'une Angleterre fantasmée. Au 21e s., Londres est aussi le berceau d'une scène électronique underground : le **grime**, style qui puise dans la jungle et le hip-hop, illustre à merveille le métissage culturel qui a depuis toujours été l'une des forces créatrices de la capitale britannique, le carnaval de Notting Hill étant là pour le rappeler chaque année à la fin du mois d'août.
Ville tentaculaire aux quartiers à la forte identité, Londres n'est peut-être pas le berceau du rock et de tous ses dérivés, mais elle en est depuis 60 ans l'un des poumons les plus actifs.

La mode

Londres reste l'une des « capitales » incontestées de la mode, avec New York, Milan et Paris. Du parfait costume britannique sur mesure, classique voire quelque peu *old school*, aux créations de jeunes stylistes en passant par la mode de la rue et la fripe, Londres continue de surprendre par sa créativité.

Costumes « bespoke »

Deux rues sont mythiques en matière d'élégance masculine. À **Savile Row** (Mayfair), princes, hommes d'État ou artistes internationaux ont leurs habitudes dans des maisons comme Henry Poole & Co, Gieves & Hawkes, Dege & Skinner, Richard James, etc. Ils s'y font faire des costumes *bespoke*, pièces uniques utilisant des tissus présentés comme des joyaux dans leur écrin (célèbres tweeds anglais ou autres merveilles venues d'ailleurs). **Jermyn Street** (St James's) est, quant à elle, très connue pour ses chemises, mais aussi seschapeliers et ses chausseurs.

Du « Swinging London » aux années punks

En 1955, **Mary Quant** crée la boutique Bazaar sur King's Road, vitrine de ses collections avant-gardistes. Elle lance la minijupe et les collants multicolores. Vers 1975 naît le mouvement punk porté par la créatrice **Vivienne Westwood** *(☛ p. 137)* qui est restée longtemps présente dans les grands défilés, toujours accompagnée d'un brin d'excentricité, avant de s'éteindre en décembre 2022. Autre célébrité de la mode anglaise : **Sir Paul Smith**, qui a débuté en 1976 avec une ligne homme avant d'élargir son offre à la gent féminine *(☛ p. 139)*. Son style classique est « twisté » par un détail coloré ou un motif fleuri. Ses rayures de couleur sont devenues un emblème de la marque.

Mode chic et « chav »

Les collections d'Alexander McQueen (disparu en 2010) comme celles de John Galliano ont longtemps dominé les podiums, tandis que de nouvelles personnalités se mettaient en place. **Stella McCartney**, écologiste convaincue, a notamment imposé sa marque éthique *(☛ p. 137)*, dont sont exclus cuir et fourrure.

Plus récemment, c'est l'ancienne Spice Girl **Victoria Beckham** qui a fait son entrée dans le paysage de la mode anglaise. Sa marque, classe et épurée, habille des stars comme Beyoncé ou Kate Winslet.

Dans la rue, la vogue des grandes marques a indirectement donné naissance au **chav**. Le mot désigne une jeunesse de milieu modeste, cherchant à afficher son insertion sociale par des étiquettes haut de gamme et des bijoux voyants.

Tout autre, le **style vintage** connaît un engouement depuis les années 1990. Dans l'East End, les boutiques recyclant vêtements et accessoires des années 1920 à 1980 sont nombreuses.

La table londonienne

« Modern British »

Longtemps, bonne chère et Grande-Bretagne n'ont pas forcément fait bon ménage… Et puis est arrivée, dans les années 1990, la nouvelle cuisine britannique qui a remis au goût du jour des plats traditionnels en les allégeant et en leur donnant un air inspiré d'ailleurs.Il faut dire que l'ancien Empire britannique a laissé en héritage des recettes venues du Sud de l'Asie, d'Afrique, des Antilles, du Moyen-Orient et de l'Extrême-Orient, d'où le potentiel pour une cuisine cosmopolite. « Modern British » a étiqueté une gastronomie librement inspirée des saveurs du globe, mettant à l'honneur des produits frais biologiques et une présentation raffinée. Une cuisine novatrice, promue par des chefs tels Gordon Ramsay, Marcus Wareing, Bruce Poole ou le très médiatique **Jamie Oliver**. Sans oublier le chef anglo-israélien **Yotam Ottolenghi**, à la tête de 7 restaurants à Londres et dont les livres de recettes orientales s'arrachent dans le monde entier. Depuis les années 2000, les chefs sacrifient de plus en plus à la mode du *street food* et du **restaurant pop-up**, établissement éphémère qui ouvre le temps d'une saison, voire d'une soirée. Pour être tenu au courant, il faut passer par les réseaux sociaux ! Les sites Internet recensant les nouveautés dans la capitale ne manquent pas, à l'image de London Eater *(london.eater.com)*. L'engouement gustatif se popularise aussi à l'occasion de nombreux **festivals gastronomiques**, comme Taste of London *(london.tastefestivals.com)*, les Foodies *(foodiesfestival.com)* ou encore les marchés nocturnes de Street Feast *(www.streetfeast.com)*.

Le rituel de l'« Afternoon tea »

Dans les grands hôtels ou les salons de thé réputés, l'après-midi, c'est *tea time* dans la plus pure tradition britannique (☞ *p. 130*). Un vrai moment de sociabilité qui remonte au début du 19e s. Votre boisson – de préférence un thé noir, mais vous pouvez commander un café ou une coupe de champagne ! – s'accompagne d'une savoureuse collation. Celle-ci comprend en effet des scones moelleux, servis avec de la confiture et de la crème fraîche épaisse légèrement fouettée *(clotted cream)*, ainsi qu'un assortiment de biscuits, pâtisseries et *finger* (ou *tea*) *sandwiches*, de fines tranches de pain de mie blanc garnies au concombre, au œufs, au saumon, etc. Après cela, vous devriez tenir jusqu'au souper !

Le paradis des « végés »

Végétariens, végétaliens, vegan, Londres s'adapte à toutes les confessions. Tous les estomacs trouvent maintenant sans effort leur bonheur un peu partout dans la capitale, qui ne compte pas moins d'une centaine de restaurants spécialisés. Même la *junk food* s'y met avec du *vegan fried chicken* ou un *kebaab vegan*. C'est à s'y méprendre.

T

Crédits photographiques p. 4-5
(de gauche à droite et de haut en bas)

majaiva/Getty Images Plus
John Annett/Getty Images Plus
Jon Arnold Images/hemis.fr
Mauro_Repossini/Getty Images Plus
Vito_Elefante/Getty Images Plus
asmithers/Getty Images Plus
W. Bibikow/hemis.fr
Jon Arnold Images/hemis.fr
Cultura/hemis.fr (architectes Herzog & de Meuron)
scottyh/Getty Images Plus

Collection sous la direction de Philippe Orain

Responsable d'édition et rédactrice en chef du guide : Florence Dyan

Secrétaire d'édition Julie Subtil

Rédaction Christine Barrely, Christophe Basterra, Jonathan Burteaux, Séverine Cachat, Mélanie Cornière, Sandrine Favre, Laurent Gontier, Anath Klipper, Hélène Le Tac, Laura Pertuy, Jérôme Saglio, Julie Subtil, Ronald Wood, Catherine Zerdoun

Ont contribué à ce guide Ionela Aura Mardari, Costina-Ionela Lungu, Theodor Cepraga, Leonard Pandrea (**Cartographie**), Véronique Aissani, Carole Diascorn (**Couverture**), Pierre Olivier Signe, Marie Simonet, Marion Capéra (**Iconographie**), Andra-Florentina Ostafi (**Données objectives**), Bogdan Gheorghiu, Cristian Catona, Gabriel Dragu, Hervé Dubois, Pascal Grougon (**Prépresse**), Dominique Auclair (**Pilotage**)

Conception graphique Laurent Muller (maquette intérieure), Véronique Aissani (couverture)

Régie publicitaire et partenariats contact.clients@editions.michelin.com
Le contenu des pages de publicité insérées dans ce guide n'engage que la responsabilité des annonceurs.

Contacts Vous souhaitez nous contacter ?
Rendez-vous dans la rubrique contact de notre site internet : editions.michelin.com

Parution 2024

MICHELIN Éditions
Société par actions simplifiée au capital de 487 500 EUR
57 rue Gaston Tessier – 75019 Paris (France)
R.C.S. Paris 882 639 354

Dépôt légal : 08-2023 – ISSN 0293-9436
Compograveur : MICHELIN Éditions Voluntari (Roumanie)
Imprimeur : Estimprim, Autechaux
Imprimé en France : 08-2023

Usine certifiée 14001
Sur du papier issu de forêts bien gérées